데이터 경영을
위한   파이썬

Python for MBAs

데이터 경영을 위한 파이썬

성공하는 CEO의 시스템 분석 툴

컬럼비아 MBA는
왜 파이썬을
배우는가?

마탄 그리펠,
대니얼 게타 지음
박찬성 옮김

윌북

일러두기

1. 하단의 주석은 옮긴이 주로 본문에서 *로 표시했다.

2. 이 책의 모든 자료는 웹사이트 pythonformbas.com에서 확인할 수 있다.

차례

머리말

안녕하세요! 여러분에게 파이썬을 알려드릴 마탄 그리펠Mattan Griffel과 대니얼 게타Daniel Guetta입니다. 우선 저희를 소개하기 전에 이 책이 누구를 위한 것인지, 무엇을 배우는지, 이 책의 내용을 십분 활용하는 방법은 무엇인지 이야기하고 싶습니다.

이 책은 아직까지 코드를 작성해본 적이 없는 사람을 위해 쓰였습니다. 그러니까 약간 겁이 나더라도 걱정마세요! 이 책은 '파이썬'이 뱀을 의미한다는 사실 말고는 아무것도 모르는 사람이나, 코딩의 의미를 잘 알지 못하는 사람도 편하게 읽도록 디자인됐습니다. 기술 배경 지식이 없는 사업가들이 코딩하는 방법을 배우려고 하는 이유는 여러 가지입니다. 세상이 코드로 움직인다는 것을 깨닫고 도태되지 않고자 다른 사고 방식을 터득하려는 사람도 있고, 일부 작업을 간소화하거나 자동화하는 스크립트를 작성하고 싶은 사람도 있습니다. 그리고 기술팀이나 프로그래머와 매일 함께 일해야 하는 사람은 이들이 하는 일을 이해하기 위해 코딩을 배워야 한다고 생각하죠. 비즈니스 인텔리전스BI, business intelligence에 시간을 많이 쏟아붓는 사람이라면, 데이터에서 해결책을 찾거나 혹은 알아서 일을 잘하는 사람이 되기 위해 코딩을 배우고 싶어 합니다.

이러한 상황에 처했다면 여러분은 딱 맞는 책을 고르신 겁니다. 이 책은 컬럼비아 경영대학원Columbia Business School에서 경영 전문가들에게 수년간 가르친 내용을 바탕으로 작성됐습니다. 시간과 비용을 절약하기 위해 반복 작업을 자동화하는 방법, 사업상 중요한 질문에 해결책을 구하기 위한 데이터가 매우 크고 복잡해서 스프레드시트로는 다루지 못할 때 데이터 분석을 수행하는 방법 등, 파이썬으로 해낼 수 있는 여러 가지 작업을 살펴봅니다.

여러분이 이 책을 읽으며 기술로 무엇이 가능한지에 대한 통찰력과 실무에 바로 써먹는 역량을 얻어가면 좋겠습니다.

이 책은 1부와 2부로 나뉩니다. 1부에서는 파이썬의 기초(반복문, 변수, 리스트 등)를 배우며, 2부에서는 실제 비즈니스 데이터 분석에 파이썬을 활용하는 방법을 살펴봅니다.

파이썬과 친숙하지 않은 분은 1부부터 끝까지 차례대로 읽기를 권장합니다. 파이썬을 다루는 데 필요한 기본 지식을 얻을 수 있으니까요. 다양한 연습 문제도 수록했으니 직접 해결하며 실력을 갈고닦아 보세요. 실제로 문제를 해결해보지 않으면 뭔가를 배우더라도 금세 잊어버리겠죠. 이 책과 함께 제공되는 웹사이트(pythonformbas.com)에서는 모든 코드 파일을 찾아볼 수 있습니다. 하지만 예제 파일의 코드를 복사해 붙여 넣기보다는 직접 키보드로 타이핑해보기를 권장합니다. 만약 'X를 하면 무슨 일이 일어날까?' 같은 의문이 떠오른다면 직접 실습하며 확인하는 게 가장 좋기 때문입니다. 아마 기껏 작성한 코드가 작동하지 않는 것이 최악의 상황이겠죠. 이때 책으로 돌아와서 해당 내용을 점검해보면 새로운 깨달음을 얻을 것입니다.

2부에서는 파이썬으로 실제 비즈니스 데이터를 분석하는 방법을 다룹니다. 파이썬 코드를 작성하는 다른 방식을 설명하는 5장부터, 뉴욕을 중심으로 운영되는 음식점 체인 디그Dig의 이야기가 계속 등장합니다. 그동안 나온 파이썬 책들은 기본서를 포함해서 대체로 엔지니어를 대상으로 쓰였습니다. 이런 책들은 기능에 초점을 맞추느라 그 기능이 실제로 어떻게 쓰이는지를 간과하죠. 2부는 주입식 방법 대신, 실제 사례 연구로 파이썬의 가능성을 살핍니다. 1부에서 배운 기초 내용에 바탕을 두고 거대한 데이터에서 다양한 해답을 구하는 방법을 알아봅니다.

우리의 목표는 여러분에게 파이썬의 기본 지식을 전달하고, 이를 토대로 스스로 나아갈 방향을 설정하도록 여러분의 능력을 키우는 것입니다. 따라서 설명을 하다가 비공식적인 용어를 사용하거나, 기술적으로 복잡한 내용을 건너뛰기도 합니다. 이는 가능한 한 빠르게 기능을 적용하는 데 필요치 않은 세부 사항 때문에 여러분의 전진이 방해받지 않기 위함입니다. 결론 부분에서는 배운 내용을 좀 더 깊이 들여다보고 실력을 향상시키는 자료를 제시합니다.

파이썬의 큰 장점은 빠른 진화 속도입니다. 전 세계적으로 수천 명에 달하는 개발자가 파이썬을 더 빠르고, 더 풍부한 기능을 제공하며, 더 강력한 언어로 개선하는 데 시간과 열정을 쏟아붓고 있죠. 2부에서 다루는 일부 기능은 이 책을 쓰기 시작했던 시점에는 아직 존재하지 않았을 정도로 파이썬이 발전하는 속도는 매우 빠릅니다. 이 책과 함께 제공되는 웹사이트는 파이썬 언어가 진화함에 따라 책도 최신 내용을 반영할 수 있게끔 만들어졌습니다. 파이썬 언어에 어떤 변화가 일어나면 해당 내용을 웹사이트에 게시하여 모두가 알도록 노력할 것입니다. 추가로 이 웹사이트는 책에 등장한 코드, 2부에서 사용할 데이터세트, 책에서 다루지 못한 주제도 부수적으로 다룹니다.

이 책은 여러 고마운 사람들 덕택에 완성되었습니다. 무엇보다도 이 책의 자료를 만들 때 수업에 참석한 모든 학생분의 피드백은 매우 귀중한 양분이 되었습니다. 이름을 모두 나열하진 않지만, 그분들이 누군지 절대 잊지 않겠습니다. 또한 조앙 알메이다, 조지 커티스, 니콜라스 파빌, 니콜라 콘블루스, 로이드 림, 브렛 마틴, 베로니카 미란다, 제이슨 프레스티나리오, 새런 잇바렉 등 이 책의 초고를 읽고 피드백을 주신 분들께도 특별히 감사의 말을 전하고 싶습니다. 기술과 분석 분야에서 큰 혁신이 일어나던 시기에 컬럼비아 경영대학원에 머무는 특혜를 받은 것도 감사한 일입니다. 컬럼비아 경영대학원은 '전통적인' MBA 수업의 한계를 뛰어넘을 수 있도록 지원을 아끼지 않았고, 그러한 노력의 일환으로 만들어진 것이 바로 이 책이기 때문이죠. 변함없이 지원해주신 학장 코스티스 마글라라스와 결정·위험·운영 분과의 모든 분께 감사의 말을 전합니다. 마지막으로 자진하여 디그의 이야기를 들려주는 데 시간을 할애해준 셔린 애스매트, 몰리 피셔, 디그의 경영진에게도 감사드립니다. 이 책의 많은 세부 내용은 우리의 대화에서 나왔지만, 제시되는 데이터는 그들의 요청에 따라 회사 기밀을 보호하기 위해 사실을 기반으로 재구성했음을 밝힙니다.

저희는 코딩 지식과 저희가 느끼는 흥분을 다른 사람과 공유하기를 좋아합니다. 처음으로 코드 실행에 성공한 학생, 처음으로 데이터 분석을 해낸 학생을 지켜보는 것만큼 흥분되는 일은 없습니다. 교실에서 얻은 경험을 여러분이 읽을 수 있도록 책으로 만들게 되어 정말 기쁩니다. 그리고 여러분 모두와 함께 그 여정을 이어나가기를 기대하겠습니다!

코로나바이러스로 자가 격리 중인
2020년 4월의 뉴욕에서

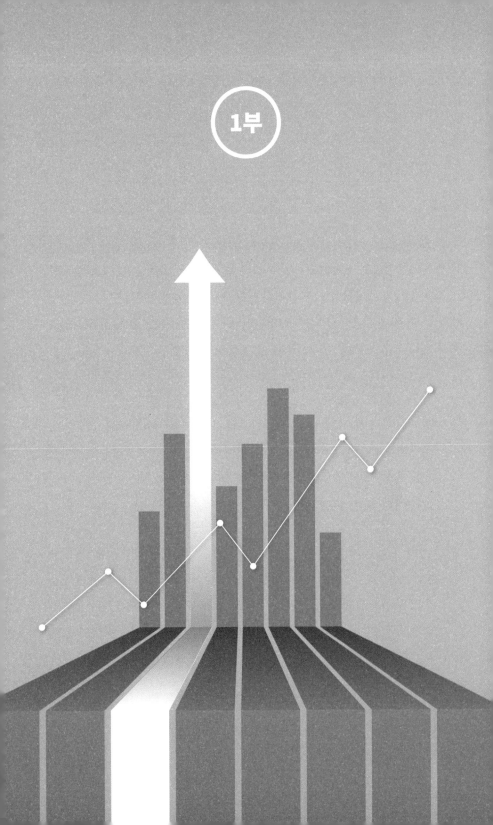

환영합니다. 저는 1부를 맡아 여러분께 파이썬의 기초를 소개해드릴 마탄 그리펠입니다. 지루하게 느껴질 만한 부분까지도 새로운 방식으로 흥미롭게 설명할 생각입니다. 우선 제가 누구인지 소개하겠습니다.

저는 벤처 캐피털 와이 콤비네이터에서 투자처로 두 번 선정된 창업가입니다. 첫 번째로 시작한 회사 원먼스One Month는 사람들에게 30일 동안 코딩을 가르치는 학교 같은 곳입니다. 그리고 지금은 아편 중독을 극복하도록 돕는 오필리아Ophelia라는 원격 의료 회사의 설립자이자 책임자로 있습니다. 또한 컬럼비아 경영대학원의 우수 교수진으로 MBA 학생과 경영진에게 코딩을 교육하기도 합니다. 경력을 보면 알 수 있지만 지금까지 수많은 사람들에게 코딩하는 법을 가르쳐왔습니다.

하지만 한 가지 고백을 하고 싶군요. 저는 프로그래머로 경력을 시작하지 않았고, 컴퓨터 공학 학위를 받은 적도 없습니다. 20대 초반 뉴욕에 살던 당시 한 가지 사업 아이디어가 있었습니다. 대학을 졸업한 후 첫 직장은 마케팅 쪽이었지만, 저녁 시간에는 그 아이디어를 실현하는 데 시간을 쏟았습니다. 그런데 한 가지 문제가 있었습니다. 아이디어를 실현하려면 소프트웨어를 구축해야 하는데 저 대신 프로그래밍을 해줄 사람이 없었죠. 그래서 기술적 배경을 가진 공동 설립자를 찾는 데 많은 공을 들였습니다. 해커톤과 밋업 행사에서 사람들을 설득하려고 부단히 뛰어다녔습니다. 하지만 결과는 좋지 않았죠.

마침내 몇몇 친구들은 개발자를 찾는 게 어렵다는 제 불평에 진절머리를 냈습니다. 그러자 존이 커피를 마시며 저에게 이렇게 말했습니다.

"스스로 코딩을 배워서 소프트웨어를 구축하든지, 더 이상 말을 꺼내지 말든지 둘 중 하나만 해. 네 이야기를 듣는 게 너무 짜증난단 말이야."

저는 그가 말한 방법을 생각조차 해본 적이 없다는 것을 깨달았습니다. 내가 왜 코딩을 배워야 하지? 소프트웨어 공학자나 IT 업계 사람들이 해야 할 일 아닌가?

존은 한 가지 사연을 들려줬죠. 수년 전 고등학교 여름방학 때 존은 친구와 주차 요원으로 일한 적이 있습니다. 근무 중 시간이 날 때마다 그들은 간밤에 일어난 일들로 이야기를 나눴는데, 그중 하나는 친구들과 포로코 몇 잔을 마시며 광란의 밤을 보냈다는 내용이었습니다. 여기서 그들은 '포로코를 마신 사람들의 방탕한 이야기를 공유할 웹사이트가 있으면 어떨까?'라는 생각을 하게 되었습니다.

존은 직장에서의 지루한 틈을 타 스스로 코딩을 배워보기로 결심했습니다. 책 몇 권과 온라인 자료로 공부해서 몇 개월 만에 fourlokostories.com이라는 웹사이트를 만들었습니다. 이 웹사이트는 한동안 수많은 사람들이 방문하고 수천 번의 페이스북 좋아요를 받는 인기를 누렸습니다.

제 친구 존은 현재 더 크고 더 나은 프로젝트를 진행하고 있습니다. 사실 그 후로 여러 다른 회사를 설립했으며, 그중에는 스쳐 지나가는 아이디어를 일주일 동안 코딩해서 구현한 것도 있습니다. 그 이야기를 듣고 나서 저는 너무나도 놀라 말을 잇지 못했죠.

존에게 되물었습니다. "여름방학에 스스로 코딩하는 법을 배웠다고?"

존은 이렇게 말했죠. "맞아, 다만 기초적인 내용을 배우는 데 시간을 너무 많이 들이지는 마. 프로젝트를 선정하고 가능한 한 빨리 그 프로젝트에 착수한 다음, 파이썬이나 루비Ruby 같은 새로운 언어를 배워보는 게 좋아."

이 대화는 제 인생을 완전히 뒤바꿔 놓았습니다. 지금껏 몸담았던 마케

팅을 그만두고, 스스로 코딩을 배워보기로 결심했습니다. 하지만 여름방학처럼 오랜 시간을 들일 여유는 없어서, 스스로 한 달이라는 시간을 설정하고 어디까지 갈 수 있는지 시험해보기로 했죠. 맨 먼저 온라인 강의 웹사이트인 Lynda.com의 영상 시리즈를 일주일간 몰아치듯 보며 공부했습니다. 처음에는 배운 내용 대부분을 제대로 이해하지 못했지만 배우는 일이 재밌었기 때문에 계속 공부해나갔습니다. 두 손으로 직접 무언가를 만든다는 게 즐거웠습니다(실제로 만질 수는 없고 디지털로 나타나는 것이었지만 말이죠).

이 시기를 돌이켜보면 뭔가 안 되서 좌절하다가도 마침내 작동하게 만든 순간 흥분을 주체하지 못했던 기억이 납니다. 어느 날은 작성한 모든 코드를 망가뜨리는 바람에 이틀간 아무것도 제대로 작동하지 않았던 경험이 있습니다. 그러다 그 문제를 해결했지만, 왜 그런 일이 일어났고 제가 어떻게 해결했는지를 전혀 알 수 없었죠. 알고 보니 이런 건 전문 소프트웨어 공학자들도 흔히 겪는 일이었습니다. 이 책을 읽는 여러분도 비슷한 경험을 할 거예요.

꼬박 한 달간 날마다 코딩 공부를 한 결과 제 사업 아이디어를 구현한 첫 번째 버전을 만들어낼 수 있었습니다. 가끔 제대로 작동하지 않는 불안정한 소프트웨어였지만, 그래도 온전히 제 손으로 만들어낸 것이었죠.

작성한 코드가 마침내 원하는 대로 작동했을 때의 느낌을 정확히 표현하기란 어렵습니다. 그 정도로 흥분되는 일이죠. 항상 저는 머릿속에 든 상상(그림, 조각물, 이야기 등)을 현실로 만들어내는 예술가를 존경했는데, 코딩을 하면서 이번에는 제 인생 최초로 스스로를 예술가라고 느낄 수 있었습니다.

여기서 고백할 이야기가 하나 더 있습니다. 저는 아직도 뛰어난 프로그래머가 아닙니다. 저보다 더 낫고 더 빠른 코드를 작성할 수 있는 전문 소프트웨어 공학자가 많습니다. 하지만 이 길에 접어들고 한 가지 알게 된 것은 제가 코딩을 해본 적이 없는 사람들을 가르치는 데 뛰어나고 이를 즐긴다는 사실입니다.

보통 사람들은 고등학교에서 수학이나 과학을 잘 못했기 때문에 코딩도 잘 배울 수 없을 거라고 착각합니다. 하지만 이는 사실이 아닙니다. 코딩을 배우는 것은 수학보다는 프랑스어나 스페인어를 배우는 과정과 비슷합니다. 그리고 생각보다 훨씬 재밌고 창의적인 일이 될 수 있죠.

사람들은 코딩이 너무 어렵다고 생각하는데, 사실 코딩을 가르치는 방식이 잘못된 탓입니다. 제가 코딩을 배우며 경험한 것 중 하나는 대부분의 온라인 가이드와 책들의 진행이 너무 빠르거나 느리다는 점입니다. 학습 대상자의 코딩 경험이 이미 많다고 가정하거나, 반대로 기본기에 너무 많은 시간을 할애하여 유용한 것을 배우기 어려웠죠.

저는 이 책이 재미있고 도움이 되는 파이썬 코딩 가이드가 되면 좋겠습니다. 그럼 함께 즐겨볼까요!

1장

파이썬 시작하기

1장에서 배울 내용

이 장을 마치고 나면 파이썬의 기원, 파이썬으로 할 수 있는 작업을 비롯해 파이썬을 더욱 잘 이해하게 될 것입니다. 구체적으로 컴퓨터에 파이썬과 그 외 도구를 설치하는 법, 명령줄에서 파이썬 코드를 실행하는 기본 사용법을 터득한 다음, 마지막으로 파이썬 스크립트를 직접 실행해보며 파이썬 코딩이란 무엇인지 감을 얻을 것입니다.

파이썬을 사용한 프로그래밍이란

프로그래밍 언어는 처음 배울 때 부담스럽기 마련입니다. 미 국방부 장관이었던 도널드 럼즈펠드는 '모른다는 걸 아는 것'과 '모른다는 걸 모르는 것'이 있다고 말했는데요. 마찬가지로 파이썬을 배우면 배울수록 아직 몰랐던 지식이 더 많음을 깨닫게 될 것입니다. 파이썬 언어의 범위는 매우 방대하지만, 여러분에게 실제로 쓸모 있는 부분은 극히 일부에 불과합니다.

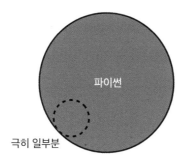

파이썬

극히 일부분

대부분의 숙련된 프로그래머조차도 전체의 표면만 알고 있죠. 개발자들의 질의응답 웹사이트인 스택 오버플로Stack Overflow의 2019년 설문 조사에서는 프로그래머 약 90퍼센트가 프로그래밍을 독학한다고 응답했습니다.[1] 그러니까 전문 프로그래머라도 자신이 모르는 새로운 주제와 개념을 계속 접하며 스스로 학습하는 방법을 생각해야 한다는 말입니다.

이 상황을 영어 같은 사람의 언어에 비유해보죠. 언어 조사 기관 글로벌 랭귀지 모니터Global Language Monitor에 따르면 현재 등록된 영어 단어 수는 1,076,043.4개[2] 정도입니다. 하지만 영어를 유창히 구사하는 일반 성인이 아는 단어는 고작 2만~3.5만 개 수준[3]에 불과합니다. 모든 단어를 다 알지 못한다고 해서 '유창하지' 못하다고 할 수 있을까요? 그렇지 않습니다.

파이썬 같은 프로그래밍 언어를 배우는 것은 영어 같은 언어를 배우는 것에 매우 유사합니다. 물론 단어를 몰라서 생각을 표현하지 못하거나, 코드를 몰라서 어떤 문제를 해결하지 못한다면 꽤 실망스러울 것 같습니다. 그래서 저희가 이렇게 나섰습니다. 앞으로 이 책을 진행하며 저희는 초급 프로그래머가 저지를 만한 흔한 실수를 지적하고, 난처한 상황을 미리 피하도록 도와드리겠습니다.

프로그래밍의 개요

C, 자바Java, C++, PHP, 자바스크립트JavaScript, 파이썬, 펄Perl, 루비, 비주얼 베이직Visual Basic, 고Go 등 프로그래밍 언어는 어마어마하게 많습니다. 그래서 처음에는 무슨 언어로 시작해야 할지 막막하죠.

대다수 코딩 초보자들은 이렇게나 선택지가 많다는 사실에 위축됩니다. 불안할 만도 하죠. 사람들 얘기를 들어보면 잘못된 것을 배우느라 시간을 허비할까 봐 걱정된다는 분이 많았습니다. 여섯 달 동안 열심히 파이썬을 배웠는데 알고 보니 자바스크립트가 필요했다면 어떤 기분일까요?

잠시 시간을 가지고 진정해보죠. 사실 어디서 학습을 시작하더라도 괜찮을 겁니다. 프로그래밍 언어를 처음 배울 때 습득하는 수많은 지식은 그 언어에만 국한되지 않습니다. 이런 건 프로그래밍 언어의 작동 방식에 대한 기초 내용일 테니 말이죠. 대부분의 프로그래밍 언어는 이 부분에서 공통점이 많습니다. 다만 코딩을 전혀 해본 적이 없다면 왜 그런지 이해하기 어려울 수 있습니다.

여러분이 코딩이라는 '블랙박스' 안에서 무슨 일이 벌어지는지 이해하도록 한 가지 예시를 들어보죠. 파이썬 같은 프로그래밍 언어는 우리 모두가 매일 쓰는 것을 만들 때 사용됩니다. 바로 웹사이트입니다.

이 책에서 파이썬으로 웹사이트를 구축하는 방법을 다루지는 않을 겁니다. 파이썬 웹 프로그래밍은 그 자체만 다뤄도 책 한 권이 나올 만큼 복잡한 주제이며, MBA 나온 사람이 파이썬으로 할 수 있는 일 중에서 웹사이트 제작은 우선순위가 아니기 때문입니다. 하지만 웹사이트 제작은 코딩 개념을 소개하기에 적합한 주제입니다. 우리가 웹사이트를 매일 사용하고, 웹은 코딩의 여러 주요 분야와 연관이 있으니까요.

우리가 방문하는 대부분의 웹사이트는 웹 애플리케이션web application 입니다. 애플리케이션이란 스마트폰이나 컴퓨터에서 다운로드하는 앱 같은 것입니다(마이크로소프트 워드나 엑셀처럼요). 다만 웹 애플리케이션은 따로 다운로드하는 것이 아니라 '클라우드'라는 곳의 어딘가 서버에 탑재되어 있다는 점이 다릅니다. 웹 브라우저를 열고 facebook.com 또는 twitter.com 같은 웹사이트를 방문하면 웹 애플리케이션과 상호작용할 수 있습니다.

그렇다면 웹 애플리케이션은 어떻게 구축할까요? 모든 웹 애플리케이션은 프런트엔드front end와 백엔드back end로 구성됩니다. 그중 프런트엔드는 다음과 같이 여러분이 실제 웹 브라우저로 보는 부분을 담당합니다.

프런트엔드와 백엔드 프로그램을 구현하는 데 각기 다른 프로그래밍 언어가 쓰입니다. 일반적으로 웹 애플리케이션의 프런트엔드 부분은 다음 세 가지 프로그래밍 언어로 만들어집니다.

① HTMLHypertext Markup Language
② CSSCascading Style Sheets
③ 자바스크립트

웹에 있는 거의 모든 페이지는 이 세 언어가 서로 엮어져 만들어진 결과물입니다. HTML은 페이지에 나타낼 내용을 표현하고, CSS는 내용의 스타일을 지정해 꾸며주며, 자바스크립트는 페이지가 움직이는 방식(팝업 알림이나 실시간 페이지 갱신 같은 것)을 정의하는 데 쓰입니다.

물론 이보다 훨씬 더 많은 내용이 있지만, 프런트엔드에서 일어나는 일을 간단히 설명하자면 이 정도입니다. 관심이 생긴다면 직접 더 깊게 파고들어보세요. 이제 웹 애플리케이션에서 사람들 눈에는 보이지 않는 백엔드로 눈을 돌려보죠.

백엔드를 비유하자면 코딩의 '블랙박스'입니다. 백엔드를 웹 애플리케이션의 '두뇌'라고 생각해보죠. 여러 무거운 작업을 수행하고, 그 결과를 프런트엔드로 전달해 웹 페이지로 출력되게끔 만들어주는 일을 하는 겁니다. 가령 facebook.com에서 친구를 검색하면 백엔드는 페이스북의 거대한 데이터베이스에서 해당 인물을 찾아보고, 검색이 완료되면 해당 인물의 정보를 프런트엔드로 넘겨줍니다. 그러면 프런트엔드는 인물 정보를 웹 브라우저에서 표시합니다.

백엔드는 크게 데이터베이스database와 일련의 규칙으로 구성됩니다. 특히 데이터베이스는 웹 애플리케이션에 필요한 모든 정보(예를 들어 사용자명, 비밀번호, 사진, 상태 갱신 등)를 저장합니다.

데이터베이스와 웹페이지 사이에 있는 규칙은 웹 애플리케이션이 데이터베이스에서 가져와야 할 정보와, 웹사이트 사용자의 행동에 따라 취할 행동을 파악하는 데 쓰입니다. 데이터베이스를 다루는 언어 중 가장 인기 있는 것은 SQL(에스큐엘 또는 시퀄sequel이라고 부릅니다)입니다. SQL은 이 책의 주제를 벗어나므로 상세히 다루지는 않겠습니다.

여러분이 들어본 대부분의 프로그래밍 언어가 데이터베이스와 웹페이지 사이에서 쓰입니다. 여기에는 파이썬, 루비, PHP, 자바 등이 있을 겁니다. 모든 언어가 다 그렇지는 않지만, 여기서 말한 언어 대부분이 웹 프로

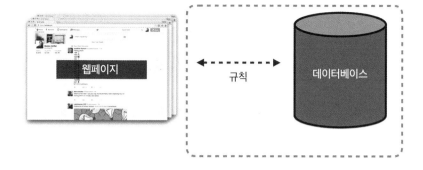

그래밍 목적에 들어맞습니다.

이러한 언어들은 근본적으로 같지만, 약간의 차이점이 있습니다. 사람들이 곧잘 "X라는 아이디어(반려견 산책용 앱, 룸메이트를 찾는 더 나은 방법, 내 지역에서 멋진 이벤트를 찾는 법 등)를 구상 중인데, 어떤 프로그래밍 언어를 배워야 하나요?" 같은 질문을 합니다. 프로그래밍 언어가 실제로 작동하는 방식을 한번 배우고 나면 이 질문이 약간 우습게 들릴지도 모릅니다. 이 질문은 말하자면 "정말로 들려주고 싶은 이야기가 있습니다. 어느 불행한 커플에 관한 이야기인데요. 이걸 어떤 언어로 말해야 할까요? 영어? 프랑스어? 스페인어?"라는 질문과 비슷합니다.

이런 이야기를 무슨 언어로 들려주든 딱히 상관없을 것입니다. 이야기를 표현하려고 언어가 존재하는 것이니까요. 물론 언어가 모두 같지는 않습니다. 프랑스어나 스페인어 같은 언어에는 남성형 또는 여성형 단어가 존재하며, 중국어에서는 문장 마지막에 있는 한 글자로 과거와 미래 시제를 표현하기도 합니다. 프로그래밍 언어도 마찬가지입니다. 대부분의 프로그래밍 언어로 같은 작업을 해낼 수는 있지만, 이들 코드는 약간 다르게 생겼죠. 다음은 PHP, 파이썬, 루비 세 언어로 나타낸 예시입니다.

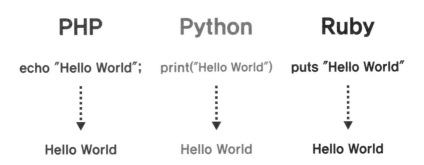

PHP **Python** **Ruby**

echo "Hello World"; print("Hello World") puts "Hello World"

앞 그림은 PHP, 파이썬, 루비라는 서로 다른 세 언어의 코드 조각을 보여줍니다. 이들이 서로 다르다는 사실을 쉽게 알아챌 수 있을 것입니다. 각 언어에서 사용된 단어(echo, print, puts)가 다르며, PHP는 코드 마지막에 세미콜론(;)을 입력했지만, 파이썬과 루비에서는 필요하지 않습니다. 하지만 이 세 코드를 실행하면('코드를 실행한다'는 의미는 잠시 후에 다룹니다), 모두 같은 결과가 나타납니다.

PHP **Python** **Ruby**

echo "Hello World"; print("Hello World") puts "Hello World"

Hello World Hello World Hello World

세 코드 모두 Hello World를 화면에 출력합니다(뜬금없이 웬 Hello World라는 말을 쓰나 싶을 텐데, 관례적으로 프로그래밍 언어를 처음 배울 때 이 말을 출력하는 방법을 배웁니다. 항상 재미없는 부분이죠!)

프로그래밍 언어는 무엇으로 만들어졌을까요? 파이썬과 그 밖의 모든 프로그래밍 언어는 사람이 컴퓨터와 의사소통하는 데 쓰입니다. 최초의 프로그래밍 언어는 컴퓨터 입장에서 만들어졌으며, 사람이 읽기에는 매우 난해했습니다. 컴퓨터에게 이진 코드로 'Winter is coming'을 출력하는 단순한 작업을 시키는 예시는 다음과 같습니다.

```
00000000  7f 45 4c 46 01 01 01 00  00 00 00 00 00 00 00 00  |.ELF............|
00000010  02 00 03 00 01 00 00 00  80 80 04 08 34 00 00 00  |............4...|
00000020  c8 00 00 00 00 00 00 00  34 00 20 00 02 00 28 00  |........4. ...(.|
00000030  04 00 03 00 01 00 00 00  00 00 00 00 00 80 04 08  |................|
00000040  00 80 04 08 9d 00 00 00  9d 00 00 00 05 00 00 00  |................|
00000050  00 10 00 00 a0 90 04 08  a0 00 00 00 a0 90 04 08  |................|
00000060  a0 90 04 08 0e 00 00 00  0e 00 00 00 06 00 00 00  |................|
00000070  00 10 00 00 00 00 00 00  00 00 00 00 00 00 00 00  |................|
00000080  ba 0e 00 00 00 b9 a0 90  04 08 bb 01 00 00 00 b8  |................|
00000090  04 00 00 00 cd 80 b8 01  00 00 00 cd 80 00 00 00  |................|
000000a0  57 69 6e 74 65 72 20 69  73 20 63 6f 6d 69 6e 67  |Winter is coming|
000000b0  73 68 73 74 72 74 61 62  00 2e 74 65 78 74 00 2e  |shstrtab..text..|
000000c0  64 61 74 61 00 00 00 00  00 00 00 00 00 00 00 00  |data............|
000000d0  00 00 00 00 00 00 00 00  00 00 00 00 00 00 00 00  |................|
*
000000f0  0b 00 00 00 01 00 00 00  06 00 00 00 80 80 04 08  |................|
00000100  80 00 00 00 1d 00 00 00  00 00 00 00 00 00 00 00  |................|
00000110  10 00 00 00 00 00 00 00  11 00 00 00 01 00 00 00  |................|
00000120  03 00 00 00 a0 90 04 08  a0 00 00 00 0e 00 00 00  |................|
00000130  00 00 00 00 00 00 00 00  04 00 00 00 00 00 00 00  |................|
00000140  01 00 00 00 03 00 00 00  00 00 00 00 00 00 00 00  |................|
00000150  ae 00 00 00 17 00 00 00  00 00 00 00 00 00 00 00  |................|
00000160  01 00 00 00 00 00 00 00                           |........|
```

컴퓨터에게 무언가를 지시하는 방법 중 가장 저수준 방식*이 이진 코드입니다. 컴퓨터에게는 가장 친숙하지만(매우 빠르게 작동하죠), 사람에게는 가장 난해한 방식이죠(보다시피 기본적으로 판독이 불가능합니다). 한 단계 수준을 올려보죠. 다음은 어셈블리 언어입니다.

```
section .text

    global _start


_start:


    mov edx,len
```

---

* 프로그래밍 언어는 대체로 저수준low level 언어와 고수준high level 언어로 나눕니다. 저수준 언어는 0과 1로 표시되는 이진 코드로 이루어져 컴퓨터가 바로 이해할 수 있습니다. 반대로 고수준 언어는 사람의 말에 가깝습니다.

```
    mov ecx,msg
    mov ebx,1
    mov eax,4
    int 0x80

    mov eax,1
    int 0x80

section .data

msg db 'Winter is coming.',0xa
len equ $ - msg
```

이진 코드보다는 사람이 읽기에 좀 더 쉬운 형태입니다. 일부 친숙한 단어도 눈에 띕니다. 하지만 이 코드는 궁극적으로 컴퓨터가 읽을 수 있는 이진 형태로 변환됩니다. 이번에는 동일한 일을 수행하는 코드를 자바로 작성한 경우를 살펴보겠습니다.

```java
public class WinterIsComing {
    public static void main(String[] args) {
        System.out.println("Winter is coming.");
    }
}
```

어셈블리 언어에 비하면 사람이 판독하기 훨씬 쉬워졌습니다. 하지만 자바조차도 프로그래밍을 시작하는 사람에게 권장되는 언어는 아닙니다.

텍스트를 출력하는 단순한 일을 수행하기까지 여전히 학습 부담이 크기 때문입니다(가령 public, class, static, void, main과 같은 키워드의 의미부터 파악해야 하죠). 다음은 파이썬 코드입니다.

```
print("Winter is coming.")
```

복잡하던 코드가 간단하게 한 줄로 표현됐습니다. 파이썬은 프로그래밍을 시작하는 사람뿐만 아니라 전문가에게조차 가장 인기 있는 언어로 거듭났습니다. 바로 높은 가독성 덕분이죠.

파이썬이란 무엇일까요?

"파이썬은 수많은 사람들이 컴퓨터 프로그래밍을 접하게 해준 일등 공신이다."

《이코노미스트》, 2018년 7월 19일

"월가에서만 쓰는 용어는 잊으라. 시티그룹은 신입 투자은행 분석가가 파이썬을 배우길 원한다."

《블룸버그》, 2018년 6월 14일

파이썬은 뱀이 아니라, 영국의 코미디 그룹인 몬티 파이썬Monty Python의 이름을 따서 지어졌습니다. 1991년 네덜란드 공학자 귀도 반 로섬Guido van Rossum이 만든 언어입니다. 파이썬 커뮤니티에서 그는 '선량한 종신 독재자Benevolent Dictator for Life, BDFL'* 알려진 적이 있습니다.

귀도는 2005년부터 2012년까지 구글에서 일했는데, 이때 업무 시간의 절반을 파이썬 개발에 쏟아부었습니다. 흥미롭게도 파이썬이 인기를 얻은 데는 구글의 덕이 컸습니다. 스탠퍼드대학교 대학원생이던 세르게이 브린과 래리 페이지가 구글을 창업하면서, 상대적으로 신생 언어였던 귀도의 파이썬을 이용해 크롤링 소프트웨어를 개발했거든요.[4] 구글은 회사가 성장하면서 귀도를 고용하는 현명한 결정을 내렸습니다. 또한 파이썬으로 데이터과학 도구를 만드는 데도 상당히 투자했고, 이러한 도구를 오픈소스로 무료 배포했습니다. 그 결과 파이썬을 배우고 싶어 한 야심차고 훌륭한 개발자들이 구글에 입사하도록 끌어들였습니다. 덕분에 구글은 역량이 뛰어난 프로그래머를 고용하는 경쟁 우위를 확보할 수 있었습니다.

파이썬을 사용하는 대기업으로는 어떤 회사가 있냐고 많이들 물어봅니다. 대답을 드리자면 대부분의 대기업을 비롯해 거의 모든 기술 회사가 파이썬을 사용합니다. 구글, 페이스북, 유튜브, 스포티파이, 넷플릭스, 드롭박스, 야후, NASA, IBM, 인스타그램, 레딧 등 셀 수 없을 정도로 많은 회사에서 파이썬이 사용되고 있습니다. 파이썬이 널리 활용되는 이유는 다양한 작업에 범용적으로 사용될 뿐 아니라 다른 프로그래밍 언어와 병행해서 쓰기도 쉽기 때문입니다. 예를 들어 회사의 주요 제품이 파이썬으로 개발되지 않았더라도, 그 이면에서 머신러닝, 인공지능, 데이터 분석 용도로 파이썬을 사용할 가능성이 높습니다.

그 결과 파이썬은 현재 가장 빠르게 성장하는 주요 프로그래밍 언어입니다.[5] 또한 온라인 개발자 커뮤니티인 스택 오버플로의 설문조사에 따르면, 파이썬은 현재 사람들이 가장 배우고 싶어 하는 프로그래밍 언어이기도 합니다.[6]

시티그룹과 골드만삭스 같은 회사는 비즈니스 분석가 훈련 프로그램에

---

*   커뮤니티에서 논쟁이 있을 때 최종 결론을 내려주는 사람을 의미합니다. 귀도는 2018년 7월 12일부로 BDFL을 내려놓는다고 선언했습니다.

파이썬을 도입하기 시작했습니다. 미국의 거대 모기지 금융기관인 패니메이의 최고 운영 책임자 킴벌리 존슨은 파이썬을 (특히 MBA를 위한) 미래의 언어로 꼽습니다. "프로그래밍은 학창 시절의 글쓰기 과목과 같은 위상을 차지할 것입니다."[7] 저희가 파이썬을 가르치는 컬럼비아 경영대학원의 MBA 학생 및 공학도 사이에서 가장 인기 있는 언어도 바로 파이썬입니다.

개발 환경 꾸리기

파이썬 코드를 작성하기 전 먼저 해야 할 작업이 있습니다. 이 작업을 흔히 '개발 환경'을 꾸린다고 하는데, 일반적으로 다음의 세 단계로 구성됩니다.

① 텍스트 편집기 설치
② 파이썬 설치
③ 명령줄 설정

컴퓨터 환경에 따라 누구는 세 단계를 빠르게 진행할 수도 있지만, 어떤 사람은 몇 가지 문제에 부딪힐 수도 있습니다. 개발 환경 꾸리기에는 약 한 시간 정도 소요되지만, 간혹 이보다 더 많은 시간이 필요할 수도 있습니다. 이 책에서 사용하는 소프트웨어는 윈도우와 맥 컴퓨터 모두에서 잘 작동합니다(다만 크롬북과 같은 클라우드 기반 랩톱 컴퓨터에서는 작동하지 않습니다).

텍스트 편집기 설치

코드를 작성하려면 텍스트 편집기가 필요합니다. 저희는 인기 있는 VS Code라는 소프트웨어를 주로 사용합니다. 하지만 어떤 편집기를 사용해도 좋습니다. 각자 이미 선호하는 텍스트 편집기가 있다면 그것을 써도 무방합니다.

때로는 숙련된 개발자조차도 필요한 도구를 설치하는 데 어려움을 겪습니다. 가령 새로운 회사에 입사할 때 모든 소프트웨어를 적절히 설치하는 데 며칠씩 걸리는 경우도 드물지 않습니다. 조언을 드리자면, 문제를 마주쳤을 때 그 문제를 해결하는 능력을 연마해보세요(책과 웹사이트에도 문제 해결에 대한 몇몇 조언이 담겨 있습니다). 일단 문제를 해결하면 그다음부터는 모든 게 훨씬 쉽게 느껴질 것입니다.

VS Code 설치 방법

1. code.visualstudio.com에 접속하여 Download 버튼을 클릭합니다.
2. VS Code를 설치한 뒤 실행 가능 여부를 확인합니다.

VS Code를 처음 실행하면 여러 알림, 소식이 나타나는데 이들은 닫습니다. 그러면 다음과 같이 텅 빈 화면을 확인할 수 있습니다.

이제 코드를 작성할 수 있습니다. 하지만 당장 작성하지는 않습니다. 따라서 당분간 VS Code 편집기를 닫아둬도 좋습니다.

파이썬 설치

이번에는 파이썬을 설치할 차례입니다. 맥 사용자라면 사실 파이썬은 이미 설치되어 있습니다(단 운영체제 버전에 따라 최신 버전이 아닐 수 있습니다). 반면 윈도우에는 파이썬이 기본적으로 설치되어 있지 않습니다.

무슨 운영체제Operating System를 사용하더라도 pythonformbas.com/install 페이지의 설치 절차를 따라, 최신 버전의 파이썬을 내려받습니다. 만약 다른 방식으로 파이썬을 설치한다면 이 책을 완전 똑같이 따라하기 힘든 부분이 나타날 수도 있습니다.

여기서는 아나콘다Anaconda라는 간단한 설치 파일을 사용합니다.

① 윈도우(또는 OSX, 리눅스)용으로 최신 버전의 아나콘다 설치 파일을 다운로드합니다.

② 대부분의 기본 설정default을 그대로 설치합니다(전 과정에서 Continue 또는 Next만 클릭하면 됩니다).

③ 맥 사용자: 다음 그림과 같은 오류가 발생한다면, Install for me only 를 클릭하고 설치를 이어갑니다.

명령줄 설정

명령줄은 파이썬 코드를 실행하는 데 쓰이는 애플리케이션입니다(파이썬 코드의 실행 외에도 다양한 일을 수행할 수 있습니다). 여기서는 명령줄에 빠르게 접근하는 설정 방법과 그 작동 방식을 알아봅니다.

맥OS

맥OS의 명령줄은 터미널Terminal이라는 프로그램으로, 운영체제에 포함되어 있습니다. 이 프로그램은 다음 절차를 따라 실행됩니다.

① 화면 오른쪽 상단의 돋보기 아이콘을 클릭합니다(또는 커맨드 키와 스페이스 바를 동시에 누릅니다). 그러면 검색창이 나타납니다.
② 검색창에 'Terminal'을 입력합니다.
③ 아이콘이 검은 창처럼 생긴 터미널 애플리케이션을 선택합니다. 그러면 터미널 프로그램이 열립니다.

④ 화면 하단 독Dock에 생긴 터미널 아이콘에서 마우스 오른쪽 버튼(또는 컨트롤 키를 누른 채 마우스 왼쪽 버튼)을 누릅니다. 그러면 나타나는 메뉴에서 '옵션 > Dock에 유지'를 선택합니다.

이러면 터미널 애플리케이션이 열렸고, 종료 후에도 독에 그대로 남기 때문에 쉽게 접근할 수 있습니다.

윈도우

윈도우에서는 아나콘다 설치 파일에 포함된 아나콘다 파워셸 프롬프트 프로그램을 사용합니다.

① 윈도우 '시작' 버튼을 클릭합니다.
② 'Anaconda Powershell Prompt'를 검색합니다.
③ 검은 창처럼 생긴 아나콘다 파워셸 프롬프트 애플리케이션을 선택해 실행합니다. 그러면 검은색 바탕에 흰색으로 텍스트를 표현하는 창이 열립니다(윈도우에는 유사하게 생긴 다른 애플리케이션이 내장되어 있다는 점에 주의하세요. 예를 들어 아나콘다 프롬프트, 윈도우 파워셸, 윈도우 파워셸 ISE 같은 것들이 있습니다. 이 중 하나를 고르지 말고, 정확히 아나콘다 파워셸 프롬프트 애플리케이션을 선택해야 합니다).
④ 모니터 화면 하단의 작업 표시줄에 나타난 아나콘다 파워셸 프롬프트 아이콘에서 마우스 오른쪽 버튼을 클릭합니다. 그러면 나타나는 메뉴에서 '작업 표시줄에 고정'을 선택합니다.

아나콘다 파워셸 프롬프트가 열렸고, 종료 후에도 작업 표시줄에 그대로 남기 때문에 쉽게 접근할 수 있습니다.

온전성 검사

파이썬이 제대로 설치됐는지 보려면 명령줄 창(터미널 또는 아나콘다 파워셸 프롬프트)을 연 다음, python --version(두 개의 하이픈 또는 대시)을 입력하고 엔터 키*를 누릅니다. 혹시 'zsh: command not found: python'과 같이 오류 메시지가 나타난다면 python3 --version이라고 입력합니다.

명령줄이 앞의 스크린샷과 정확히 일치하지 않더라도 걱정 마세요.

또 파이썬 버전 정확히 일치하지 않아도 걱정하지 마세요. Python 뒤에 3.8보다 큰 숫자가 나타나기만 하면 이 책의 모든 코드를 실행하는 데 문제가 없습니다.

---

*   다른 말로 '반환Return 키'라고도 합니다.

명령줄 프로그램을 연 김에 pip --version도 입력해보죠. 버전이 무엇이든 간에 오류 메시지가 출력되지만 않는다면 이후의 내용 진행에 특별한 문제는 없습니다. 이번에도 오류 메시지가 나타난다면 pip3 --version을 입력해보세요. 이는 파이썬 패키지 설치 프로그램인 pip(피아이피)가 올바르게 설치되었는지를 확인하는 과정입니다.

모든 설치를 올바르게 마쳤다면 어떤 오류 메시지도 출력돼서는 안 됩니다. 오류 메시지가 하나라도 나온다면 잘못된 부분이 있는 것입니다(흔히 겪는 문제죠). 이 경우 웹사이트 pythonformbas.com/install의 '몇 가지 흔한 문제들Some Common Issues' 목록을 확인해보세요. 아마도 해결책을 찾을 수 있을 것입니다.

명령줄의 기초 사용법

맥OS 사용자라면 터미널을, 윈도우 PC 사용자라면 아나콘다 파워셸 프롬프트 창을 엽니다. 이렇게 명령줄 프로그램을 실행한 상태를 명령줄 속에 들어와 있다고 종종 표현하곤 합니다. 명령줄을 처음으로 접해본다면 왠지 모르게 꽤 겁이 날지도 모릅니다. 그 두려움을 하나씩 부수어나가 보겠습니다.

맥OS(윈도우의 경우는 잠시 후 살펴봅니다)에서는 터미널을 실행하면 맨 처음에 다음과 같은 텍스트가 출력됩니다(구체적인 출력 내용은 크게 중요치 않습니다. 여러분의 터미널에 나타난 내용이 조금 다르더라도 괜찮습니다).

```
Last login: Wed Sep 19 13:24:00 on ttys001
(base) mattan@Mattans-Macbook-Pro ~ %
```

첫 번째 줄은 명령줄에 마지막으로 로그인한 시간을 표시합니다. 무시해도 좋은 정보죠. 이 정보가 출력되지 않도록 끌 수도 있지만, 이 책에서는 그 내용을 다루지 않습니다. 다만 여러분이 직접 찾고 적용해보는 도전 과제로 남겨두고 싶군요. 한편 두 번째 줄은 훨씬 더 흥미로운 정보를 담고 있습니다.

```
(base) mattan@Mattans-Macbook-Pro ~ %
```

이 한 줄은 하나 이상의 정보를 표현합니다. 첫 번째 부분인 (base)는 아나콘다 설치 프로그램 기능에 연관된 것입니다. 컴퓨터에 서로 다른 버전의 파이썬을 여러 개 설치할 수 있는데, 이와 관련된 정보죠.[*] 다만 여기서는 이 기능을 사용하지 않으므로 무시해도 좋습니다.[8]

당장은 다른 개발자의 조언에 귀 기울이지 마세요

이미 코딩을 할 줄 하는 친구나 동료가 곁에 있다면 여러분에게 코딩을 어디서 어떻게 배워야 하는지 조언하려고 할지도 모릅니다. 더욱 기본적인 프로그래밍 언어인 C++, 자바 같은 것을 배워야 파이썬으로 갈아타기 전에 저수준에서 일어나는 일을 '확실히 이해할 수 있다'고 주장하는 사람도 있습니다. 일단 당장은 저희가 드리는 조언 외에 다른 말은 무시하세요.
개발자들은 주로 자신이 해온 방식을 배워보라고 충고합니다. 좀 더 기본적인 프로그래밍 언어를 우선 배우라는 충고에는 문제가 있는데, 이 경우 실제 배운 것을 써먹기까지(가령 비즈니스 문제에 적용하는 등) 정말 많은 시간을 기초 공부에 투자해야 합니다.

---

[*] 흔히 '가상 환경'이라고 불리며 각 가상 환경마다 서로 다른 파이썬 개발 환경을 구축할 수 있습니다. 그리고 특정 가상 환경을 선택했다면 (base) 대신 선택된 가상 환경이 표시됩니다.

당장은 어쨌거나 코딩을 시작해서 가능한 한 빨리 유용한 내용을 배워야 합니다. 이 책은 그런 방식에 맞춰 썼습니다. 걱정 마세요. 일단 파이썬으로 프로그래밍의 쓰임새와 재미를 체감하면 나중에라도 기초를 배울 시간은 충분히 있으니까요.

그다음 출력된 mattan은 컴퓨터의 사용자 이름을 의미합니다. 그리고 @(앳)과 Mattans-Macbook-Pro는 컴퓨터의 이름을 뜻합니다. 그리고 이어지는 공백과 ~(물결표)는 컴퓨터에서 현재 여러분이 있는 위치 정보를 표현합니다. 맞습니다. 명령줄을 열면 여러분은 컴퓨터의 어딘가에 있게 됩니다. 이 내용은 잠시 후 더 알아보기로 하죠. 그다음으로 %, 공백, 네모(커서)가 이어서 표시됩니다.

지금까지 맥OS에서 명령줄을 살펴봤습니다. 윈도우 컴퓨터를 사용한다면 다음과 같이 다른 형식으로 텍스트가 출력됩니다.

```
(base) PS C:\Users\mattan>
```

프롬프트는 (base)로 시작하는데, 이는 맥OS에서 살펴본 것과 의미가 같습니다. 그리고 PS는 파워셸PowerShell의 줄임말에 불과합니다. 그다음 출력된 C:\Users\mattan은 컴퓨터에서 현재 여러분이 있는 위치 정보입니다. 마지막에는 >(부등호), 공백, 깜빡이는 선(커서)이 이어서 나타납니다.

실제 키보드 입력은 깜빡이는 커서의 다음 영역에서 할 수 있습니다. 이 영역을 '프롬프트'라고도 합니다(가령 뭔가를 입력할 수 있도록 프롬프트가 뜬다고 표현하기도 합니다). 프롬프트에서 여러분이 기억하거나, 검색으로 찾은 명령어를 입력한 뒤 엔터 키를 누르면 입력된 명령어의 결과가 출력됩니다.

pwd 명령어

예를 들어보죠. pwd라는 세 문자를 입력한 뒤 엔터 키를 눌러봅시다. 맥OS에서는 다음과 비슷한 결과가 출력됩니다. /Users/ 다음에 오는 내용이 여러분 컴퓨터의 사용자 이름입니다.

```
/Users/mattan
```

만약 윈도우 PC라면 다음과 비슷할 것입니다.*

```
Path
------
C:\Users\mattan
```

pwd가 어떤 일을 했을까요? pwd 명령어는 작업 디렉터리 출력print working directory의 줄임말로, 컴퓨터에게 현재 내가 속한 폴더의 위치를 알려달라는 명령을 내립니다.

지금부터는 명령어를 '실행'한다는 말을 명령줄 애플리케이션을 열고, 명령어를 프롬프트에 입력하고, 엔터 키를 누르는 과정을 모두 포함하는 의미로 사용하겠습니다. 가령 다음처럼 표현됩니다.

```
% pwd
/Users/mattan
```

---

*   컴퓨터의 사용자 이름에 따라 출력되는 내용이 약간씩 다릅니다.

여기서 %는 프롬프트를 간략히 표현한 것입니다(그 외 명령줄에 나타나는 정보는 편의상 제거했습니다). 온라인에서 예제 코드를 찾다 보면 흔히 발견하는 형식이죠. 만약 가장 앞에 %가 있는 코드를 본다면 이는 %을 제외한 내용을 복사해서 명령줄에 붙여 넣으라는 뜻입니다.[*] 때로는 %가 없기도 하죠. 이 경우는 명령줄에서 실행해야 하는 내용임을 알아서 파악해야 합니다. 처음에는 헷갈리지만 경험이 쌓이면 꽤 직관적으로 받아들일 수 있습니다.

open . 과 start . 명령어

방금까지 우리는 명령줄 프로그램을 열면 여러분이 컴퓨터의 '어딘가에 있다'는 표현을 수차례 사용했습니다. 그런데 이 말의 정확한 의미는 무엇일까요? 맥OS를 사용한다면 다음의 명령어를 한번 실행해보세요(%는 입력하지 않아도 된다는 것을 기억하세요). open, 공백, 마침표를 입력하세요.

```
% open .
```

윈도우 사용자라면 다음 명령어를 대신 실행합니다. start, 공백, 마침표를 입력하세요.

```
% start .
```

그러면 몇 개의 폴더가 포함된 새 창이 열립니다. 이 창이 곧 여러분이 현재 위치한 폴더며, 명령줄 애플리케이션이 켜졌을 때 여러분이 기본

---

[*]   %와 함께 $도 많이 사용됩니다.

적으로 속한 곳입니다. 종종 '홈 디렉터리'라고도 불리죠.

(책이 진행됨에 따라 다양한 용어를 소개하지만 이걸 모두 기억하려고 애쓸 필요는 없습니다. 필요할 때마다 용어의 의미를 알려드리고 사용하면서 더 친숙해지도록 도울 생각입니다. 새로운 용어를 쓰거나 기억하는 데 긴장하거나 스트레스를 받지 않으면 좋겠습니다. 만약 기억해야 할 만큼 중요한 용어가 등장한다면 그 사실을 여러분께 분명히 알려드리겠습니다.)

ls 명령어

이번에는 ls 명령어를 시도해보죠. 다음 실행 결과를 보고 이 명령어가 하는 일을 짐작해보세요.

```
% ls
Applications
Movies
Music
Desktop
Documents
Pictures
Downloads
Public
anaconda3
Library
```

윈도우에서 ls 명령어를 실행하면 마지막으로 파일을 수정한 시간, 크기 등 맥OS보다 더 많은 정보가 출력됩니다. 그런 많은 정보가 혼란스럽게 느껴진다면 무시해도 좋습니다. 이 출력 내용을 open . (맥OS) 또는

start . (윈도우) 명령어로 열린 창의 내용과 비교하면 모두 동일한 폴더 목록이 화면에 나타난다는 사실을 알 수 있습니다.

ls 명령어는 리스트list를 줄인 것으로 '현재 폴더에 속한 폴더와 파일의 목록을 알려주세요'라고 요청한다는 뜻입니다.

cd 명령어

마지막으로 알아볼 명령어는 cd입니다. 디렉터리 변경change directory의 줄임말이죠.[*] cd 명령어는 현재 폴더에서 다른 폴더로 이동하는 데 쓰입니다. 예를 들어 다음과 같이 말이죠.

```
% cd Desktop
```

***

*   이 책에서는 폴더와 디렉터리를 같은 의미로 사용합니다.

이 명령어는 실행 후 아무런 내용도 출력하지 않습니다. 하지만 pwd 명령어를 실행하면 그 변화를 확인할 수 있습니다.

```
% pwd
/Users/mattan/Desktop
```

cd 명령어는 여러분이 현재 속한 폴더에서 그 안에 존재하는 다른 폴더로 이동하게 해줍니다(기술적으로 cd는 명령어이고, 공백 다음에 입력한 폴더명을 매개변수라고 합니다).

만약 공백 문자를 포함한 폴더로 이동해야 한다면 다음처럼 폴더명을 큰따옴표로 감싸야 합니다.

```
% cd "Work Documents"
```

명령줄 해석기는 각 공백을 새로운 매개변수의 시작으로 인식하기 때문에, 큰따옴표로 감싸지 않는 이상 폴더 이름이라고 알 길이 없습니다. 실무에서 개발자들은 폴더나 파일 이름을 정할 때 공백이 필요한 경우 혼동을 피하기 위해 공백 대신 _(언더스코어)를 사용하곤 합니다.

만약 이동한 폴더가 텅 비어서 하위 폴더가 없다면 다시 뒤로 돌아가고 싶겠죠. 이 경우 cd 명령어를 사용하면 한 단계 상위 폴더로 이동할 수 있습니다. cd, 공백, 마침표 두 개(..)를 입력하세요.

```
% cd ..
```

..는 현재 속한 폴더 입장에서 한 단계 상위 폴더(때로는 부모parent 폴더, 동봉하는enclosing 폴더라고도 합니다)를 의미합니다. 따라서 cd ..는 '한 단

계 상위 폴더로 되돌아가자'라고 명령하는 것과 같습니다.

이렇게 pwd, ls, cd 명령어를 익혔습니다. 이들을 적절히 사용하면 명령줄로 컴퓨터의 이곳저곳으로 이동할 수 있습니다. 사실 명령어의 종류는 수백 가지에 달하지만, 당장 여러분이 파이썬 코드를 실행하는 데 알아야 할 명령어는 이 세 개로 충분합니다.

이 명령어들을 연습하는 데 약간의 시간을 할애해보세요. 컴퓨터의 아무 폴더나 하나를 골라서, 명령줄로 해당 폴더를 여는 방법을 스스로 떠올릴 수 있는지 점검해보세요. 그러다 길을 잃은 것 같다면, 다음 명령어는 여러분을 다시 시작 지점으로 되돌려놓습니다.

```
% cd ~
```

~(물결표)를 매개변수로 갖는 cd 명령어는 항상 여러분을 홈 디렉터리로 이동시킵니다(명령줄을 열었을 때 시작하는 위치죠). 최악의 상황에는 명령줄을 종료한 뒤 다시 열어야 할지도 모릅니다. 그러면 다시 시작할 수 있습니다.

clear 명령어

clear가 특별히 중요한 명령어는 아니지만, 앞서 실행한 명령어들의 출력 내역을 삭제하는 청소 기능이 있습니다.

```
% clear
```

명령줄을 사용할 때마다 나타나는 수많은 텍스트가 어지러워 보기 싫다면 유용하게 쓰일 수 있습니다.

작성할 코드를 보관할 폴더 생성

지금까지 몇 가지 기본적인 명령어를 배웠습니다. 이번에는 이들을 활용해, 책을 진행하며 작성할 코드가 저장될 폴더를 데스크톱에 생성해보겠습니다. 해당 폴더를 데스크톱에 만드는 이유는 위치를 파악하기 쉬워서 접근하기도 편하기 때문입니다. 접근하기에 편한 다른 폴더가 있다면 여러분이 원하는 어느 곳에 폴더를 만들어도 괜찮습니다.

우선 새로운 명령줄 프로그램을 열거나, cd ~를 실행해 현재 여러분이 홈 디렉터리에 위치하도록 만듭니다.

```
% cd ~
% pwd
/Users/mattan
```

그리고 데스크톱Desktop(바탕 화면)폴더로 이동합니다.

```
% cd Desktop
% pwd
/Users/mattan/Desktop
```

그다음 아래 명령어를 실행합니다.

```
% mkdir code
```

데스크톱 폴더를 확인합니다. 그러면 code라는 이름의 빈 폴더가 생긴 것을 알 수 있습니다. mkdir는 아직 다룬 적 없는 명령어입니다. 데스크톱에서 마우스 오른쪽 버튼을 클릭해 새 폴더를 생성하는 편이 더 쉬울 수도 있지만, 명령줄을 사용하는 재미를 느끼기 위해 보여드렸습니다.

명령줄에서 새 폴더를 생성했으나 만든 즉시 해당 폴더 속에 자동으로 들어가지는 않습니다. 이때 cd 명령어를 써야 합니다.

```
% cd code
% pwd
/Users/mattan/Desktop/code
```

해냈습니다. 그러면 명령줄 프로그램을 닫고, 다시 연 다음, 방금 만든 신규 폴더로 이동해보세요. 좀 더 연습하고 싶다면 이 과정을 세 번 반복해 보세요.

이제 즐길 시간입니다

여기까지 명령줄에 관한 내용을 살펴봤습니다. 이번에는 잠시 명령줄에서 물러나 첫 번째 파이썬 코드를 실행해보겠습니다. 당장은 '파이썬 코드를 실행한다'는 말이 무슨 뜻인지 몰라도 괜찮습니다. 그냥 그런 표현이 있구나 하고 넘어가세요. 곧 그 의미에 대해 감을 잡을 거예요.

여기서는 pythonformbas.com/code에 접속해서 'this zip file'을 클릭해 예제 파일을 다운로드한 뒤 압축 파일을 푸세요. Part 1 폴더에 있는 happy_hour.py 파일을 앞서 만든 code 폴더로 옮깁니다. 이처럼 파이썬에서는 실행할 수 있는 코드가 담긴 파일을 스크립트script라고도 합니다.* 파일에 담긴 코드 내용에 대한 걱정은 접어두세요. 일단 code 폴더에

---

*   스크립트, 파이썬 스크립트, 파이썬 파일(*.py) 등 모두 같은 말입니다.

happy_hour.py 파일이 있는지 확인하기 위해 새 명령줄 창을 엽니다.

cd 명령어로 code 폴더에 이동합니다. cd 명령어의 사용법이 기억나나요? 잊어버렸다면 39쪽으로 되돌아가 그 내용을 다시 읽어보세요. 그 다음 pwd와 ls 명령어를 사용해 해당 폴더에 제대로 이동했는지 확인합니다.

```
% pwd
/Users/mattan/Desktop/code
% ls
happy_hour.py
```

ls 명령어로 앞서 code 폴더에 넣은 happy_hour.py 파일이 있는지 확인해보세요. 파일이 없으면 이후의 작업에 차질이 생길 테니까요. 이 파일이 보이지 않는다면 파일을 폴더로 이동시키지 않았거나, 명령줄에서 code 폴더로 이동하지 않았거나 둘 중 하나일 것입니다.

그러면 이제 python happy_hour.py 명령어를 명령줄에 입력한 뒤 엔터 키를 눌러 해당 파일을 실행해보겠습니다. 이때도 python 명령어가 적용되지 않으면 python3 happy_hour.py를 입력해보세요.

```
% python happy_hour.py
How about you go to McSorley's Old Ale House with Mattan?
```

흠… 흥미롭군요. 여러분도 저와 동일한 결과가 출력되었나요? 다른 텍스트가 출력되었을 수도 있습니다. 한편 명령어를 실행했을 때 오류가 발생했을지도 모릅니다. 하지만 괜찮습니다. 오류가 발생하지 않았더라도 다양한 오류를 배워두는 것은 꽤 중요합니다. 언젠가는 겪게 될 가능성이 높기 때문이죠.

가령 다음과 같은 오류가 발생할 수 있습니다.

```
can't open file 'happy_hour.py': [Errno 2] No such file or
directory.
```

이 오류는 실행하고자 하는 파일을 찾을 수 없다는 말입니다. 즉 명령어를 잘못된 폴더에서 실행했거나, 이동시켰다고 생각한 파일이 실제로는 이동되지 않았을 가능성이 있습니다. 다시 앞 단계로 돌아가서, 해당 파일(happy_hour.py)이 있어야 할 폴더(Desktop의 code 폴더)에 들어갔는지 확인해보세요.

또 다른 오류로 다음과 같은 것도 발생할 수 있습니다.

```
% python
Python 3.8.3 (default, Jul 2 2019, 16:54:48)
[Clang 10.0.0 ] :: Anaconda, Inc. on darwin
Type "help", "copyright", "credits" or "license" for more
information.
>>> happy_hour.py
NameError: name 'happy_hour' is not defined
>>> python happy_hour.py
SyntaxError: invalid syntax
```

이 오류는 좀 더 흥미롭지만, 설명은 꽤 복잡합니다. 만약 happy_hour.py를 끝에 붙이지 않은 채 python(아니면 python3)까지만 입력한 뒤 엔터 키를 눌렀다면 우연히 '대화형 모드'라는 것을 열어버린 것입니다. 대화형 모드는 잠시 후 좀 더 다루겠지만 당장은 exit()를 입력한 뒤 엔터 키를 누르거나, 컨트롤 키와 D키를 함께 누르거나(맥OS), 컨트롤 키와 Z키를 함께 누른 다음 엔터 키를 눌러서(윈도우) 대화형 모드를 빠져나옵니다. 그러면 다시 명령줄 프롬프트로 돌아갈 수 있습니다.

이제는 파일이 정상적으로 실행됐다고 가정하겠습니다. 하지만 그렇다 해도 여러분의 프롬프트에는 책에서 본 것과 동일한 결과가 출력되지 않을 수 있습니다. 같은 명령어를 여러 번 실행하고, 어떤 일이 일어나는지 확인해봐야 할 것 같습니다. 명령줄에서 위쪽 방향 키를 누르면 마지막에 실행한 코드가 명령줄에 나타납니다. 같은 명령어를 수동으로 일일이 다시 입력할 필요가 없죠.

```
% python happy_hour.py
How about you go to The Back Room with Mattan?
% python happy_hour.py
How about you go to Death & Company with Samule L. Jackson?
% python happy_hour.py
How about you go to The Back Room with that person you forgot
to text back?
```

실행할 때마다 출력 내용이 다르다는 것을 눈치챘을 겁니다. 무슨 일이 일어나는 걸까요? 직접 여러분께 답을 알려드리기 전에 여러분이 다음을 시도해봤으면 합니다. 텍스트 편집기에서 happy_hour.py 파일을 연 뒤 스스로 코드를 읽어내려가 보세요. 두 가지 방법이 있습니다.

① VS Code 편집기를 연 뒤 File > Open(파일 > '열기' 또는 '파일 열기') 메뉴를 선택합니다. 그리고 원하는 파일을 찾은 뒤 Open(열기) 버튼

을 클릭합니다.

② happy_hour.py 파일을 찾아서 마우스 오른쪽 버튼을 클릭한 뒤 나타나는 메뉴에서 '다음으로 열기'(또는 '연결 프로그램')를 선택합니다. 여러 애플리케이션 목록이 표시되는데 이 중 VS Code를 선택합니다.

아쉽지만 단순히 마우스 왼쪽 버튼을 두 번 클릭하는 것으로는 happy_hour.py 파일을 VS Code 편집기로 열 수 없습니다(무엇이든 컴퓨터에 지정된 기본 편집기로 열립니다).

.py 파일을 여는 기본 텍스트 편집기 바꾸기

맥OS에서 .py 파일을 여는 기본 텍스트 편집기를 변경하려면 무엇이든 .py 확장자를 가진 파일에 대해 마우스 오른쪽 버튼을 클릭한 다음 '정보 가져오기'를 선택합니다. '다음으로 열기' 부분에서 'VS Code'를 찾은 뒤 '모두 변경' 버튼을 클릭합니다. 그러면 모든 .py 파일에 대해 변경 사항이 적용됩니다.

윈도우에서는 시작 메뉴에서 '기본 앱'을 검색한 뒤 클릭합니다. 창의 아랫부분까지 스크롤을 내려서 '파일 형식별 기본 앱 선택'을 클릭합니다. 여기서 또 스크롤을 내려서 .py 파일을 여는 기본 앱으로 'VS Code'를 선택합니다.

운영체제가 업데이트되면서 이 절차도 바뀔 수 있습니다. 이 경우 구글에 검색해보는 것이 가장 좋습니다.

happy_hour.py 파일을 열었다면 다음 같은 코드를 확인할 수 있습니다.

```
import random


bars = ["McSorley's Old Ale House",
```

```
    "Death & Company",

    "The Back Room",

    "PDT"]


people = ["Mattan",

    "Sarah",

    "that person you forgot to text back",

    "Samule L. Jackson"]


random_bar = random.choice(bars)

random_person = random.choice(people)


print(f"How about you go to {random_bar} with {random_person}?")
```

지금 보는 것이 바로 파이썬 코드입니다. 아직 파이썬이니 코딩이니 뭐라도 알려드린 게 없지만 걱정 마세요. 단지 1분 정도만 할애해서 한 줄 한 줄 코드를 읽어보세요. 그리고 코드가 말하고자 하는 게 무엇일지 생각해보세요.

알 수 없는 내용으로 가득 차 보이겠지만, 포기하지 마세요. 각 부분이 무슨 일을 하는지 스스로 질문해봅시다. 반복적으로 나타나는 패턴 같은 게 보이나요? 당장은 잘 이해되지 않더라도 어떤 단서라도 찾으려고 노력해보세요. 지금 해보세요!

여러분 스스로 코드를 읽어보세요. 만약 그러지 않았더라면 지금이라도 꼭 시도해보면 좋겠습니다. 한 번도 본 적 없고, 무슨 일을 하는지조차 파악하기 어려운 다른 사람의 코드를 읽는 것 또한 코딩 기술의 한 부분입니다. 따라서 코드를 읽는 근육을 단련시킬 필요가 있습니다.

다음처럼 전체를 세 부분으로 쪼개서 파일을 읽을 수 있습니다.

① 상단
② 중간
③ 하단

상단 부분은 일종의 설정을 수행하는 것처럼 보입니다.

```python
import random

bars = ["McSorley's Old Ale House",
    "Death & Company",
    "The Back Room",
    "PDT"]

people = ["Mattan",
    "Sarah",
    "that person you forgot to text back",
    "Samule L. Jackson"]
```

가장 첫 줄에는 import random과 같은 코드가 적혀 있습니다. 어떤 일을 수행하는지는 아직 모릅니다. 그리고 bars와 people이라는 두 목록을 생성하는 것처럼 보입니다. 물론 아직 정확한 특성을 파악하기는 어렵습니다(왜 대괄호와 큰따옴표가 있을까요?). 하지만 상식적인 수준에서 짐작해 볼 수는 있죠.

코드의 중간 부분은 뭔가 작업을 수행하는 것처럼 보입니다.

```
random_bar = random.choice(bars)
random_person = random.choice(people)
```

이 코드는 각 bars와 people 목록에서 무작위로 하나씩을 추출하는 것이 아닐까 하고 추측할 수 있습니다. 앞서 본 import random을 기억하시나요? 왠지 random.choice와 어떤 연관이 있을 것 같군요.

마지막으로 하단 부분은 명령줄에서 본 실행 결과와 비슷한 내용을 담습니다.

```
print(f"How about you go to {random_bar} with {random_person}?")
```

단 {random_bar}와 {random_person}만 달라 보이죠. 중간 부분에서 무작위로 선택된 random_bar와 random_person으로 이 부분이 채워지는 것이 아닐까 추측해볼 수 있습니다.

여러분이 코드를 상단, 중간, 하단 부분으로 나눠 읽었는지가 중요한 것은 아닙니다. 일생 동안 수천 개의 코드 파일을 읽어본 경험에 기초해서, 단지 저희라면 어떤 방식으로 코드를 읽었을지 그 방법을 공유했을 뿐입니다.

코드를 읽고 이해하는 법을 배우는 것 말고도 여러분이 배울 또 한 가지는 문제를 작은 단위로 자르는 방법입니다. 즉 읽고 분석하는 과정에서 여러분에게 가장 잘 들어맞는 방법을 알아가는 것이죠.

비슷한 방식으로 구조가 잡힌 코드를 접하는 경우가 많습니다. 먼저 어떤 설정을 수행하는 코드가 있겠죠(비유하자면 요리 레시피의 재료를 모으는 것처럼요). 그리고 실제로 어떤 작업을 수행하는 코드가 필요할 것입니다(레시피를 따라 실제로 만드는 단계). 마지막으로 어떤 결과를 얻게 되겠죠

(서빙할 만한 수준의 맛있는 음식).

이제 파이썬에 대해 무언가를 실제로 배우기 시작했다는 느낌을 받았을지도 모릅니다. 하지만 더 진행하기 전에, 여러분이 한 가지 도전 과제를 풀어보면 좋겠습니다.

도전 과제 1: Happy Hour 고치기

이번 도전 과제에서는 다음 나열된 세 가지 일을 하고 싶습니다.

① 이런! 새뮤얼 L. 잭슨Samuel L. Jackson의 이름이 잘못 표기됐군요. 고칠 수 있나요?
② 목록에 친구를 한 명 추가해보세요. 오류가 발생하나요?
③ 한 명 대신 두 명을 무작위로 고른 뒤 출력해보세요.

약간의 시간을 두고 이 작업들을 직접 해보세요. 하지만 5분 이상은 쓰지 않는 게 좋습니다. 잘 풀리지 않더라도 계속해보세요. 해결 방법을 떠올리지 못하더라도 너무 좌절하지 않으면 좋겠습니다. 이번 도전 과제의 취지는 지금 여러분이 어디까지 아는지 확인하는 것이며, 그렇게 해서 여러분의 지능을 더 확장하고 새로운 걸 배울 기회를 얻도록 하는 것입니다. 따라서 포기할 정도로 지나치게 좌절하지 마세요.

해결 방법이 떠올랐나요? 이 도전 과제의 첫 번째는 꽤 쉬웠을 것으로 생각됩니다. 단순히 새뮤얼 L. 잭슨 이름이 적힌 코드(11번째 행)에서 l과 e의 위치를 바꿔주면 됩니다.

```
"Samule L. Jackson"]
```

다음과 같이 말이죠.

```
"Samuel L. Jackson"]
```

처음으로 코드를 수정한 것을 축하합니다! 코드를 수정한 뒤 저장하는 것을 잊지 마세요. 코딩 초보자가 많이들 잊어버리곤 하는 습관입니다. 코드를 바꿨는데 왜 여전히 코드가 작동하지 않는지 의아해하곤 하죠. 코드가 포함된 파일은 마이크로소프트의 워드나 엑셀 파일과 크게 다르지 않습니다. 뭔가를 수정했지만 저장하는 걸 까먹었다면 수정된 사항이 전혀 반영되지 않습니다.

그리고 파일을 닫기 전까지는 일종의 중간 상태에 머무릅니다. 파일을 닫으려고 할 때면 '변경된 파일을 저장하시겠습니까?'와 같이 대화상자가 나타나서 사용자에게 물어보곤 하는 상황을 알 것입니다.

마이크로소프트 워드 파일을 변경했지만 저장하지 않은 채 친구나 동료에게 이메일을 보낸 상황을 상상해봅시다. 그들이 변경된 사항을 확인할 수 있을까요? 아니면 변경 이전의 옛날 버전을 확인하게 될까요? 변경 사항을 저장하지 않는 한 당연히 옛날 버전을 보게 될 것입니다. 코드도 마찬가지입니다. 다시 말해 명령줄에서 변경된 코드가 적용된 파일을 실행하고 싶다면 반드시 코드를 먼저 저장하세요.

happy_hour.py 파일로 돌아갑시다. 사람 목록에 친구 이름을 추가하는 문제는 어떤가요? 만약 여러분이 사소한 디테일을 잘 파악할 줄 안다면 사람 목록의 각 요소가 큰따옴표로 감싸졌고 그 뒤에 쉼표가 있다는 사실(마지막 요소를 제외하고)을 눈치챘을 겁니다. 따라서 이 목록에 Daniel을 추가하고 싶다면 다음처럼 코드를 변경해야 한다고 추측할 수 있습니다.

```
people = ["Mattan",
    "Sarah",
    "that person you forgot to text back",
```

```
    "Samuel L. Jackson",
    "Daniel"]
```

한편 여기서는 다음과 같은 실수를 흔히 저지릅니다.

```
people = ["Mattan",
    "Sarah",
    "that person you forgot to text back",
    "Samuel L. Jackson"
    "Daniel"]
```

어떤 차이점이 눈에 띄나요? 자세히 보면 다음 코드의 마지막에서 두 번째 요소 끝에 쉼표가 빠져 있습니다.

```
    "Samuel L. Jackson"
```

문제가 있는 코드를 실행하면 오류가 발생하므로, 이렇게 발견하기 어려운 버그는 다루기가 까다롭습니다.

```
% python happy_hour.py
How about you go to Death & Company with that person you forgot
to text back?
% python happy_hour.py
How about you go to PDT with Samuel L. JacksonDaniel?
```

이 파일을 두 번째로 실행했을 때 어떤 일이 일어났는지 눈치챘나요?

Samuel L. Jackson과 Daniel을 한 덩어리처럼 뭉뚱그려서 Samuel L. JacksonDaniel이 출력됐죠. 왜 이런 일이 일어나는지는 나중에 print() 함수와 문자열을 배울 때 더 자세히 알게 될 것입니다. 지금 당장은 각 요소 사이에 쉼표가 없을 때 프로그램이 올바르게 작동하지 않는다는 사실만 알고 넘어가도 좋습니다.

프로그래밍 초심자는 쉼표 쓰기를 잊어버리는 것처럼 사소한 실수로 인해 코드가 아예(혹은 제대로) 작동하지 않는 상황을 곧잘 경험합니다. 컴퓨터는 사람처럼 텍스트를 해석할 수 없습니다. 사람은 쉼표가 빠진 텍스트를 보더라도 쉼표를 넣을 의도가 있구나 하고 판단할 수 있습니다. 반면 컴퓨터는 여러분의 의도를 추측하지 못합니다. 작성된 그대로만 이해할 수 있죠. 코드에 누락된 부분이 있다면 컴퓨터는 단순히 누락된 부분을 수행하지 않을 뿐입니다. 이는 좋은 일입니다. 왜냐하면 여러분이 명령을 내리지 않은 일은 아예 시도조차 하지 않기 때문입니다. 하지만 모든 면에서 꼼꼼해져야 하기 때문에 때로는 꽤 짜증나기도 합니다. 이를 영어로 가장 잘 표현한 문장은 "할머니를 먹어치워 버리자Let's eat Grandma!"인데, "같이 먹어요, 할머니Let's eat, Grandma!"와 꽤 의미가 달라져버리죠. 쉼표가 이렇게 사람 목숨도 구합니다.

만약 여러분이 꼼꼼하지 않다는 이유로 겁을 먹었다면 그래도 괜찮습니다. 익숙해지는 데 약간은 시간이 걸리기는 하지만 결국에는 너무 신경 쓰지 않더라도 자연스럽게 이런 사소한 것들을 눈치채게 될 것입니다.

마지막 문제로 돌아가보죠. 한 명 대신 두 명의 이름을 무작위로 선택해 출력하도록 바꾸는 문제인데요. 이번 도전 과제 중 가장 까다로운 문제일 겁니다. 그러니 해결책이 떠오르지 않더라도 자책하지 마세요.

이 문제를 풀려면 다음 코드를 집중해서 봐야 합니다.

```
random_person = random.choice(people)
```

이와 똑같은 코드를 한 줄 더 포함하면 다른 사람을 한 명 더 무작위로 선택할 수 있겠다고 짐작이 되나요? 다음과 같이 말이죠.

```
random_person2 = random.choice(people)
```

이때 사람 목록을 담은 또 다른 목록을 생성할 수도 있을 겁니다. 하지만 여기서는 불필요한 과정입니다. 동일한 목록에서 다른 한 명을 더 끄집어내면 됩니다.

바꿔야 할 또 다른 부분은 마지막의 출력을 담당하는 코드입니다. 두 번째로 선택된 사람도 출력에 포함해야 하기 때문이죠.

```
print(f"How about you go to {random_bar} with {random_person}?")
```

다음처럼 두 번째로 선택된 사람을 추가합니다.

```
print(f"How about you go to {random_bar} with {random_person}
and {random_person2}?")
```

코드가 벌써 길어지기 시작하는군요. 이쯤 되면 파이썬에서 줄 바꿈이 중요하다는 사실을 얘기해야겠네요. 종이에 인쇄된 책에서 바로 앞의 코드를 두 줄로 표현했지만, 사실 한 줄로 적혀야만 합니다. 그러지 않으면 파이썬이 이 코드를 실행할 수 없습니다. 이 주제는 나중에 좀 더 알아봅니다. 다만 저희는 보이는 그대로 실습할 수 있도록 긴 코드를 가능한 한 짧게 표현하려고 노력했습니다. 하지만 일부 경우, 지면의 공간 제약상 한 줄로 표현하는 것이 불가능하기도 했습니다.

어쨌든 다시 happy_hour.py 파일로 돌아가서 변경된 코드를 수 차례 실행해 봅시다.

```
% python happy_hour.py
How about you go to McSorley's Old Ale House with Mattan and
Daniel?
% python happy_hour.py
How about you go to The Back Room with Samuel L. Jackson and
Sarah?
```

모든 문제가 해결된 것처럼 보입니다. 그런데 코드를 계속 실행하다 보면 아직까지 다음과 같은 문제가 남았음을 알 수 있습니다.

```
% python happy_hour.py
How about you go to McSorley's Old Ale House with Daniel and
Daniel?
```

때로는 무작위로 선택된 두 사람이 동일 인물일 수 있습니다. 컴퓨터 프로그래밍에서는 이런 종류의 오류를 버그 또는 에지 케이스edge case라고 부릅니다. 에지 케이스란 코드가 대체로 잘 작동하지만 가끔씩 잘못된 행동을 할 때를 의미합니다.

어떻게 이 문제를 해결할까요? 약간의 시간을 두고 해결법을 개념적으로라도 생각해보세요. 파이썬에 대한 지식이 부족하기 때문에 코드로 풀기에는 역부족일 수도 있습니다. 이 문제는 135쪽에서 다시 살펴보겠습니다.

도전 과제 2: 무작위 추출자 스크립트 만들기
마지막으로 도전해야 할 과제를 제시합니다. 약 10분 정도 들여 여러분만의 무작위 추출자 스크립트를 만들어보세요(스크립트는 파이썬 코드가 담긴 파일로, 실행될 수 있는 것을 의미합니다).

인터넷을 검색해보면 다양한 무작위 추출자 스크립트의 아이디어를 발견할 수 있습니다. 그리고 그중 일부는 꽤 유명하기도 하죠. 여러분에게 자극을 주기 위해, 두 가지 사례를 뽑아봤습니다.

It's This for That(itsthisforthat.com)은 유행하는 전문 용어와 틈새시장을 조합하여 무작위로 스타트업 아이디어를 생성해줍니다.

What the f*** is my social media strategy?(whatthefuckismysocial mediastrategy.com)는 유행하는 전문 용어들을 엮어 소셜 미디어 운영 전략을 무작위로 생성해줍니다. 놀랍게도 생성된 대부분은 실제 소셜 미디어 전략처럼 보입니다.

happy_hour.py 파일에 기반해 10분 정도 시간을 투자해서, 여러분만의 무작위 추출자용 스크립트를 만들어보세요. 여러분 스스로 자부심을 느낄 만한 스크립트를 만들었다면 이를 authors@pythonformbas.com

으로 공유해주세요. 여러분이 만든 결과물을 보게 될 생각에 벌써부터 가슴이 두근두근 뛰네요.

요약

이 장에서는 파이썬 프로그래밍 언어란 무엇이고, 이를 가지고 무엇을 할 수 있는지를 간략히 살펴봤습니다. 또한 파이썬과 텍스트 편집기를 설치하는 등 개발 환경을 설정했으며, 명령줄도 살펴봤습니다. 마지막으로는 첫 번째 파이썬 스크립트를 실행해보고, 실제 코드를 살펴보기도 했죠. 또한 코드의 일부를 바꿔가며 재밌는 실험을 해봤으며, 우리만의 파이썬 스크립트를 만드는 토대로 사용하기도 했습니다.

다음 장에서는 파이썬의 기본기와, 흔히 접하는 개념과 도구를 더 이해하는 시간을 가져보겠습니다.

2장

파이썬의 기본기 1

1장에서 우리는 파이썬 코드를 '실행한다'는 의미를 배웠습니다. 하지만 파이썬 스크립트 작성에 필요한 기본 구성 요소에는 아직 접근하지도 않았습니다. 이 장에서는 파이썬의 기초적인 내용을 배우는 데 집중합니다.

2장에서 배울 내용

이 장을 끝마칠 때쯤에는 사용자의 입력을 받아 어떤 작업을 수행한 다음 그 작업의 결과를 출력하는 간단한 파이썬 스크립트를 만들 수 있습니다. 또한 파이썬 코드를 실행하는 두 방식과, print() 함수의 사용법, 파이썬의 오류를 읽고 문제를 해결troubleshoot하는 법, 사용자의 입력을 받는 법, 주석과 변수의 개념, 파이썬에서 제공하는 자료형 중 부동소수점 수, 정수, 문자열에 관한 내용을 배웁니다.

파이썬 코드를 실행하는 두 가지 방법

파이썬 코드는 두 가지 방법으로 실행할 수 있습니다. 그중 첫 번째는 앞서 이미 본 방식으로, 명령줄에서 스크립트를 실행하는 것입니다. 아나콘다 파워셸 프롬프트를 실행해 다음처럼 입력하면 됩니다.

```
% python script.py
```

여기서 스크립트란 .py 확장자 파일에 저장된 유효한 파이썬 코드 뭉치를 의미합니다. 파이썬 스크립트는 누군가 만들어둔 것을 다운로드하거나, 텍스트 편집기(VS Code 등)로 작성할 수 있습니다. 여러분은 '.py 파일 확장자가 어떤 특별한 의미를 가질까?'라는 의문이 들 수도 있지만, 사실 여기에는 아무런 의미도 없습니다.

가령 원한다면 happy_hour.py 파일을 happy_hour.txt 또는 happy_hour.html로 바꿔도 전혀 상관이 없습니다. 요즘 운영체제는 파일의 확장자를 숨기는 경우가 많습니다. 대부분의 사람들이 파일 확장자가 표시되지 않는 것을 선호한다고 판단했기 때문이죠. 따라서 파일 확장자가 표시되기를 원한다면 이와 관련된 시스템 설정의 일부를 변경해야 합니다.

파일명 마지막에 붙은 확장자는 해당 파일을 더블클릭했을 때 컴퓨터가 어느 애플리케이션으로 이 파일을 열지 알려주는 정보입니다. 가령 .txt 확장자를 가진 파일은 컴퓨터에 기본으로 설치된 텍스트 편집기로 열리며, .html 확장자를 가진 파일은 기본 브라우저로 열리죠. .py 파일 확장자는 파일이 파이썬 코드를 담은 텍스트 파일이라는 사실과, 기본 텍스트 편집기로 열려야 한다는 사실을 컴퓨터에게 알려줍니다. 특정 확장자를 가진 파일을 열어야 하는 애플리케이션의 종류는 기본적으로 내정됐지만, 설정으로 바꿀 수 있습니다.

파이썬 코드를 실행하는 두 번째 방법은 대화형 모드를 사용하는 것입니다. 명령줄에 python(아니면 python3)을 입력한 후 엔터 키를 눌러 대화형 모드에 진입합니다(python 다음에 파일명을 입력하지 않습니다).

```
% python
Python 3.8.3 (default, Jul 2 2019, 16:54:48)
[Clang 10.0.0 ] :: Anaconda, Inc. on darwin
Type "help", "copyright", "credits" or "license" for more
information.
>>>
```

보다시피 여기서 출력된 내용은 설치된 파이썬의 버전, 더 많은 정보를 원한다면 help를 입력하는 등 추가 행동이 필요하다는 정보를 사용자에게 알려줍니다. 다만 크게 중요한 것은 아니어서 앞으로의 책 내용에서는 다음처럼 이 정부를 의두적으로 뺐습니다.

```
% python
>>>
```

프롬프트가 >>>로 바뀐 사실에 유의하세요. 명령줄에서 파이썬의 대화형 모드로 진입했다는 것을 의미하며, 이 모드에서는 명령줄에서 사용되는 명령어(pwd, ls, cd 등)가 작동하지 않습니다.

```
% python
>>> pwd
Traceback (most recent call last):
```

```
    File "<stdin>", line 1, in <module>
NameError: name 'pwd' is not defined
>>>
```

하지만 파이썬의 대화형 모드에서는 파이썬 코드를 작동할 수 있습니다. 다음을 시도해보죠.

```
% python
>>> 1 + 1
2
>>> print("Winter is coming.")
Winter is coming.
>>> "Mattan" * 1000
'MattanMattanMattanMattanMattanMattanMattanMattanMattanMatta
nMattan ...
```

Mattan이 정말 많이 출력되었습니다. 한편 파이썬의 대화형 모드는 다음 방식으로 종료할 수 있습니다.

- 컨트롤과 D 키를 함께 누르기(맥OS)
- 컨트롤과 Z 키를 함께 누른 다음 엔터 키 누르기(윈도우)
- exit()를 입력한 뒤 엔터 키 누르기

만약 종료 방법을 잊었다면 exit를 입력한 뒤 엔터 키를 눌러보세요. 그러면 종료 방법을 여러분에게 친절히 알려줍니다.

```
>>> exit
Use exit() or Ctrl-D (i.e. EOF) to exit
```

여기서 EOF란 파일의 끝end of file의 줄임말입니다. 즉 파이썬에게 더 이상 실행할 코드가 없다는 사실을 알린다는 의미입니다.

그렇다면 대화형 모드 대신 파일 스크립트를 사용하거나, 또는 파일 스크립트 대신 대화형 모드를 사용해야 할 이유가 있을까요? 파이썬의 대화형 모드는 코드 실험이 필요한 경우 시간을 많이 절약할 좋은 수단입니다. 스스로 무엇을 해야 할지 정확히 잘 모를 때나 문제를 풀어나갈 방법을 잘 모를 때 대화형 모드에서 여러 다양한 실험을 할 수 있습니다. 그러다 괜찮은 코드를 파악했다면 그 코드를 다듬어서 파일 스크립트로 저장할 수 있겠죠. 만약 나중에 해당 코드를 다시 실행해야 한다면 매번 같은 코드를 재작성할 필요 없이 해당 파일을 실행하기만 하면 됩니다.

지금은 대화형 모드가 있다는 사실만 알아두겠습니다. 당장은 아니지만 나중에 사용합니다.

출력

다음 방법에 따라 print.py라는 새 파일을 생성한 뒤 code 폴더에 저장합니다.

① VS Code 편집기를 엽니다. 기본적으로 빈 파일이 열리지만, 만약 그러지 않는다면 File > New File(파일 > 새 텍스트 파일) 메뉴를 클릭합니다.

② File > Save(파일 > 저장) 메뉴를 클릭합니다(맥OS에서는 커맨드+S 키, 윈도우에서는 컨트롤+S 키를 눌러도 좋습니다).

③ 데스크톱에 위치한 code 폴더를 살펴봅니다.

④ 파일 이름을 print.py로 변경합니다(마지막에 .py 확장자를 추가하는 것을 잊지 마세요).

⑤ '저장' 버튼을 클릭합니다.

code 폴더를 더블클릭해서, 방금 만든 새 파일이 있는지 확인하세요. 확인했으면 다음 내용을 print.py 파일에 입력합니다.

```
print("Winter is coming.")
```

그리고 파일을 저장한 다음, 명령줄에서 해당 파일을 실행합니다.

```
% python print.py
Winter is coming.
```

잘 작동했나요? 만약 그러지 않는다면 파일이 올바른 폴더에 저장됐는지, 해당 폴더 속에서 명령줄을 실행했는지 확인해보세요(알다시피 ls 명령어를 사용하면 됩니다). print()는 기본적으로 명령줄로 무언가를 출력하기 위한 함수입니다. 앞으로 더 많은 함수를 사용하게 될 텐데, 각 함수의 깊은 내용은 4장의 '함수에 대한 소개'에서 다룰 예정입니다. 당장은 함수가 소괄호 속의 내용을 입력으로 처리한다는 것만 알아두세요. 그리고 함수와 변수(곧 다룹니다)를 구분짓기 위해서, 항상 함수 이름 다음에는 print()처럼 소괄호를 써줘야 합니다.

편집기로 돌아가 이어서 다음 내용을 print.py 파일에 추가합니다(다음 두 줄의 코드 중 두 번째 요소에는 여러분의 이름이 들어가도록 자유롭게 바꿔도 좋습니다).

```
print("Winter is coming.")
print("You know nothing", "Mattan Griffel")
```

그리고 바뀐 파일을 다시 실행합니다(만약 출력 결과가 이와 동일하지 않다면 파일이 잘 저장됐는지를 확인해보세요).

```
% python print.py
Winter is coming.
You know nothing Mattan Griffel
```

두 번째 print()에 "You know nothing"과 "Mattan Griffel" 두 텍스트를 쉼표로 구분해서 추가했지만, 파이썬은 쉼표를 공백 문자로 해석하여 두 텍스트를 이어 붙여 출력했습니다.

파이썬2에서 print 함수

파이썬2(이전 버전)에서는 소괄호 없이 print "hi"만 입력해도 hi를 출력할 수 있습니다. 하지만 이 방식은 파이썬3에서는 작동하지 않습니다. 만약 파이썬2 코드를 파이썬3에서 실행하면 다음과 같은 오류가 발생합니다.

```
>>> print "hi"
  File "<stdin>", line 1
    print "hi"
         ^
SyntaxError: Missing
parentheses in call to 'print'
```

이 같은 오류를 보면 파이썬2 환경에서 작성된 코드를 파이썬3에서 실행하다가 문제가 발생했다고 간주할 수 있습니다. 이 문제를 고치는 가장 쉬운 방법은 출력될 텍스트를 소괄호로 감싸주는 것입니다.

```
>>> print("hi")
hi
```

출력 도전 과제

print.py의 코드를 변경하여 여러분이 가장 좋아하는 노래 가사 또는 시 구절을 출력해보세요. 다 하셨나요? 아래는 저희가 작성한 예입니다(이 중 하나는 굵게 표시했는데, 그 이유는 곧 밝힙니다)

```
print("since feeling is first")
print("who pays any attention")
print("to the syntax of things")
print("will never wholly kiss you;")
print("wholly to be a fool")
print("while Spring is in the world")

print("my blood approves")
print("and kisses are a better fate")
print("than wisdom")
print("lady i swear by all flowers. Don't cry")
print("--the best gesture of my brain is less than"
print("your eyelids' flutter which says")
```

```
print("we are for each other: then")

print("laugh, leaning back in my arms"

print("for life's not a paragraph")


print("and death i think is no parenthesis")
```

위 내용은 E. E. 커밍스가 쓴 시 「느낌이 우선이므로Since Feeling is First」입니다. 위 코드를 실행하면 어떤 결과가 나올까요?

```
% python print.py
    File "print.py", line 13
            print("your eyelids' flutter which says")
                ^
SyntaxError: invalid syntax
```

이런! 뭔가가 잘못됐네요. 무슨 일이 일어난 걸까요? 사실 이 오류는 저희가 예로 든 코드에서 발생한 것으로, 여러분이 직접 작성한 코드에서는 발생하지 않을 수 있습니다. 하지만 파이썬 코드를 디버깅하는 과정을 보여주기 위한 것이기 때문에 설명에 주목해보세요.

처음으로 오류 메시지를 본다면 두 손 들고 포기를 선언할지도 모릅니다. 하지만 그러지 마세요. 오류 메시지는 우리의 친구입니다. 문제점을 알려주기 때문이죠. 또한 파이썬 코드를 작성하며 수많은 오류 메시지를 만날 것이기 때문에, 오류 메시지와 친숙해지고 이를 다루는 방법도 익혀두는 것이 좋습니다. 그러면 파이썬 오류를 좀 더 깊이 들여다보죠.

오류의 디버깅과 구글링

다음 오류를 다른 시각으로 바라봅시다.

```
File "print.py", line 13
    print("your eyelids' flutter which says")
        ^

SyntaxError: invalid syntax
```

이 오류 메시지는 무엇을 말하고 싶은 것일까요? 첫 번째 줄에 출력된 File "print.py"는 파이썬이 실행하다가 오류가 발생한 파일을 의미합니다. 그런데 이 정보는 꽤 당연해 보이죠. 바로 우리가 실행한 바로 그 파일이니까요. 하지만 수많은 코드를 작성하는 상황을 상상해봅시다. 그러면 방대한 양의 코드를 어떤 구조화된 방식으로 정리할 필요가 있겠죠. 그 방식 중 하나는 코드를 여러 파일로 나누고, 각 파일에 포함된 코드를 서로 공유하도록 만드는 것입니다(4장의 '파이썬 패키지 불러오기'에서 이 방법을 다룹니다). 그리고 여러 파일에 코드를 나누어 담으면 특정 오류가 발생한 파일을 추적하기도 편리합니다. 두 번째 줄에 출력된 line 13은 오류가 발생한 행 번호를 알려줍니다. 이어지는 다음 두 줄을 살펴보죠.

```
print("your eyelids' flutter which says")
    ^
```

이 정보는 실행 중 오류가 발생한 파이썬 코드의 위치를 보여줍니다. 그리고 ^(캐럿)은 파이썬이 추측할 때 오류가 발생한 코드의 위치를 표시하는 기호로 쓰였습니다. 이 정보가 항상 옳지는 않지만, 파이썬이 할 수 있는 최선의 진단 결과입니다.

오류 메시지의 마지막에는 SyntaxError: invalid syntax가 출력됐습니다. 이는 오류의 종류(앞으로 더 다양한 종류를 배웁니다)와 그 종류의 의미를 풀어서 설명합니다.

이 오류 메시지에서 무엇을 알 수 있을까요? 파이썬 오류 메시지가 매우 도움이 될 때도 있지만, 아쉽게도 이번 예제에서 보여준 정보로는 많은 것을 알 수는 없습니다. 오류 메시지에 따라 13번째 행의 코드(굵게 표시된 부분)를 확인해도 모든 것이 정상으로 보이죠. 그렇다면 이제는 무엇을 해야 할까요?

이럴 때는 구글링이 답입니다.[1] 믿기지 않겠지만 좋은 프로그래머가 되려면 구글에서 문제의 해결책을 검색해 찾는 능력이 반드시 필요합니다. 책으로는 모든 답을 구할 수 없기 때문에, 여러분이 겪는 문제를 스스로 파악하고 해결하려는 노력이 가장 중요합니다. 제가 처음 보는 파이썬 오류를 맞닥뜨렸을 때 먼저 하는 일은 항상 구글링입니다. 단, 이때 오류 메시지와 마지막에 python 키워드를 붙여서 검색합니다.

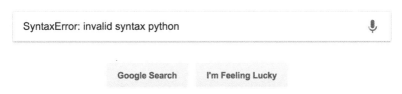

이렇게 검색하면 상당수 검색 결과가 스택 오버플로 사이트로 나온다는 것을 알 수 있습니다.

스택 오버플로는 질문과 답을 올려 개발자들이 겪는 문제를 공유하는 유명한 웹사이트입니다. 심지어 돈도 받지 않죠. 무료 기술 지원이라니, 대단하지 않나요? 파이썬은 인기 있는 프로그래밍 언어여서, 누군가 여러분과 동일한 문제를 이미 겪고 해결했던 이력이 남아 있을 가능성이 높습니다.

다음은 앞서 구글링한 결과 중 첫 번째에 나타난 스택 오버플로 페이지의 스크린샷입니다.[2]

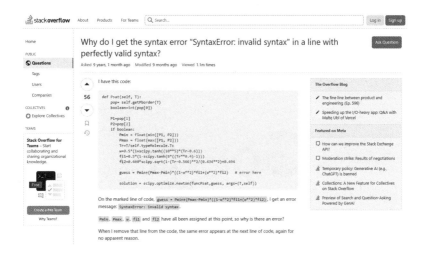

질문의 제목인 '왜 "문법 오류: 유효하지 않은 문법"이란 오류가 생길까요Why do I get the syntax error "SyntaxError: invalid syntax"'에 주목하세요. 우리가 겪는 문제와 매우 비슷해 보입니다. 그리고 이어서 질문자가 겪는 문제를 써둔 것을 볼 수 있습니다. 오류가 발생한 실제 코드 조각도 있죠. 유용한 답을 빠르게 구하고 싶다면 질문의 질도 굉장히 좋아야 합니다. 다음은 좋은 질문의 세 가지 요소입니다.

① 무엇을 하려고 했고 어떤 일이 발생했는지 문제를 간략히 기술합니다. 실제로 발생한 오류 메시지를 포함하는 것이 좋습니다.

② 다른 사람들이 문제를 재현할 수 있도록, 문제가 발생하기까지 수행한 모든 단계를 명확히 기술합니다. 가장 이상적인 방법으로 파이썬 코드 자체를 그대로 복사, 붙여 넣기 하면 다른 사람도 같은 코드를 실행해볼 수 있습니다.

③ 문제와 관련된 정보라면 사소한 내용이라도 모두 제공합니다.

문제를 게시하기 전 스택 오버플로의 '좋은 질문을 하는 법How do I ask a good question?'을 먼저 읽어보길 강력히 권합니다.[3]

이 질문에서 질문자가 문제를 요약한 방식, 그리고 문제가 발생한 코드를 포함한 방식을 살펴보죠.

On the marked line of code, `guess = Pmin+(Pmax-Pmin)*((1-w**2)*fi1+(w**2)*fi2)` , I get an error message: `SyntaxError: invalid syntax` .

`Pmin` , `Pmax` , `w` , `fi1` and `fi2` have all been assigned at this point, so why is there an error?

When I remove that line from the code, the same error appears at the next line of code, again for no apparent reason.

이 질문에는 코드가 많이 포함되어 있지만 걱정하지 마세요. 지금 여러분이 어떤 일이 일어나는지를 정확히 이해할 필요는 없습니다. 스택 오버플로에 게시된 질문 아래쪽을 보면 사람들이 더 많은 정보나 명확성을 요구하기 위해 달아둔 댓글을 확인할 수 있습니다. 그리고 문제에 대해 누군가 제시한 답은 댓글로 달립니다.

이 책을 쓰는 시점에 가장 많은 사람이 공감한 답은 2014년 6월 16일에

paxdiablo라는 사용자가 작성한 것으로, 답변 왼쪽에 초록색 체크 표시가 달렸습니다. 이 체크 표시는 질문을 올린 사람이 채택한 답변이라는 뜻입니다. 그러면 paxdiablo가 제시한 답을 보겠습니다.

4 Answers

Sorted by: Highest score (default) ⬍

102

When an error is reported on a line that appears correct, try removing (or commenting out) the line where the error appears to be. If the error moves to the next line, there are two possibilities:

- Either *both* lines have a problem (and the second may have been hidden by the first); or
- The *previous* line has a problem which is being carried forward.

The latter is *more likely*, especially if removing another line causes the error to move again.

For example, code like the following, saved as `twisty_passages.py` :

```
xyzzy = (1 +
plugh = 7
```

will produce an error on line 2, even though the problem is clearly caused by line 1:

```
File "twisty_passages.py", line 2
    plugh = 7
          ^
SyntaxError: invalid syntax
```

The code in the question has a similar problem: the code on the previous line has unbalanced parentheses. Annotated to make it clearer:

```
# open parentheses: 1  2              3
#                    v  v             v
fi2=0.460*scipy.sqrt(1-(Tr-0.566)**2/(0.434**2)+0.494
#                                 ^            ^
# close parentheses:              1            2
```

There isn't really a *general* solution for this - the code needs to be analyzed and *understood*, in order to determine *how* the parentheses should be altered.

Share Improve this answer Follow   edited Oct 17, 2022 at 0:26   answered Jun 16, 2014 at 5:34

paxdiablo
853k ● 234 ● 1573 ●
1951

이 답변은 이렇게 말합니다. 파이썬이 때로는 특정 오류가 특정 코드 행에서 발견됐다고 알려주지만, 만약 해당 코드 행을 제거하면 이번에는 그다음 코드 행에서 오류가 발생한다고 말이죠. 그리고 다음 예제 코드도 함께 제시합니다.

```
xyzzy = (1 +
plugh = 7
```

아니나 다를까 위 코드를 직접 실행하면 앞서 본 SyntaxError: invalid syntax와 동일한 오류 메시지가 발생합니다. 왜 그럴까요? 파이썬 파일을 실행하면 파이썬은 파일의 가장 윗부분부터 가장 아랫부분까지 왼쪽에서 오른쪽으로 차례대로 읽습니다. 다시 답변에 달린 위 코드로 돌아가보죠. 첫 번째 행인 xyzzy = (1 +는 불완전한 코드입니다. 파이썬이 이 코드 행의 마지막에 도달하면 더할 어떤 숫자나, 열린 소괄호를 닫는 문자를 발견할 수 없습니다. 그러면 파이썬은 이 두 내용 중 하나가 그다음 행에 있을 것이라 생각하고 다음 코드 행을 읽기 시작합니다. 그런데 다음 행의 내용은 plugh = 7이죠. 따라서 파이썬은 뭔가 잘못됐다고 판단을 내리고 오류 메시지를 내놓습니다.

그러면 다시 우리가 작성했던 print.py 파일의 12번째 코드 행으로 돌아가보죠(도전 과제에 대해 저희가 작성한 것이므로, 여러분이 직접 작성한 것과 다를 수 있습니다).

```
print("--the best gesture of my brain is less than"
```

마지막에 소괄호 닫는 것을 깜박했음을 눈치챘나요? 이 부분을 재빨리 수정해보죠.

```
print("--the best gesture of my brain is less than")
```

그리고 다시 코드를 실행합니다.

```
% python print.py
    File "print.py", line 17
        Print("for life's not a paragraph")
                    ^
SyntaxError: invalid syntax
```

이번에는 또 무슨 일이 일어난 것일까요? 문제를 해결하지 않았나요? 이런 일은 꽤 자주 일어납니다. 그리고 꽤 유심히 들여다보지 않으면 쉽게 좌절할 수 있죠. 주의 깊게 살펴보세요. 그러면 앞서 발생한 오류와는 또 다른 오류가 발생한 것을 알 수 있습니다. 이번에는 17번째 코드 행에서 문제가 발생했다고 알려줍니다.

코드를 작성하다 보면 하나 이상의 실수를 저지르는 일은 꽤 흔합니다. 이 경우 하나의 실수가 다른 실수를 가리는 현상이 발생합니다.* 다음 오류를 파악하는 유일한 방법은 오류를 하나씩 차근차근 해결해나가는 것입니다. 믿기지 않겠지만 이런 과정을 따라야만 합니다. 좌절하지 말고 계속 앞으로 나아가는 수밖에 없습니다.

따라서 코드를 한 번에 모두 작성하지 말고, 조금씩 점진적으로 작성하면서 동시에 실행을 같이 해보는 것이 좋습니다. 마지막에 모든 문제를 한 번에 해결하기보다 지속적으로 오류를 발견하고 고쳐나갈 수 있도록 말이죠. 한 번에 모든 것을 고치려고 하면 오류가 발행한 지점을 정확히 파악하

---

*   파이썬은 파일 내용을 순차적으로 해석하기 때문에, 먼저 오류가 발생하면 해당 부분만을 강조하여 보여주며 그 이후의 코드는 신경 쓰지 않습니다.

기 어려워집니다.

아니나 다를까 오류가 발생한 지점의 앞 코드 행(16)을 살펴보면 소괄
호가 닫히지 않은 것을 알 수 있습니다.

```
print("laugh, leaning back in my arms"
```

소괄호를 마지막에 추가해서 문제를 해결한 뒤 다시 코드를 실행해보
면 모든 것이 잘 출력됩니다.

```
% python print.py
since feeling is first
who pays any attention
to the syntax of things
will never wholly kiss you;
wholly to be a fool
while Spring is in the world
my blood approves
and kisses are a better fate
than wisdom
lady i swear by all flowers. Don't cry
--the best gesture of my brain is less than
your eyelids' flutter which says
we are for each other: then
laugh, leaning back in my arms
for life's not a paragraph
and death i think is no parenthesis
```

이번에 다룬 예제로 알 수 있는 또 한 가지 사실은 파이썬 코드의 빈 행 (아무것도 작성되지 않은 행)은 명령줄에 출력되지 않는다는 것입니다. 빈 행을 완전히 건너뛰어버리죠. 만약 빈 행을 명령줄에 출력하고 싶다면 어떻게 해야 할까요? 이는 여러분이 직접 찾아서 해볼 실험 과제로 남겨두겠습니다.

주석

앞서 본 print.py 파일에 몇 가지 속성을 추가해보겠습니다(다음은 예시이며, 여러분이 고른 노래/시의 내용에 맞는 제목과 작가를 작성해도 좋습니다).

```
# "느낌이 우선이므로" by E. E. 커밍스
...
```

여기서 …은 코드의 나머지 생략된 부분을 나타냅니다. 책에서는 매번 모든 코드를 불필요하게 다시 보여주지 않기 위해 썼을 뿐, 실제 코드에서는 이렇게 작성하면 안 됩니다.

파이썬에서는 행 앞에 #(우물정자)*가 붙은 행을 주석이라고 합니다. 주석은 파이썬이 해석을 건너뛰는 부분으로, 실행되지 않습니다. 코드의 속성, 여러분의 코드를 읽을지도 모를 다른 개발자에게 남겨두는 메모, 또는 여러분 자신에게 남겨두는 메모(예: 할 일 목록) 등을 쓰는 데 유용합니다.

사실 주석은 다음처럼 코드 행의 마지막에 작성되기도 합니다.

---

*   해시, 숫자 사인, 파운드 사인이라고도 합니다.

```
print("lady i swear by all flowers. Don't cry") # 내가 제일 좋아
하는 부분
```

주석은 문제를 풀어나갈 때도 유용합니다. 파이썬이 # 이후에 적힌 모든 것을 건너뛰기 때문에, 작성된 코드 뭉치를 지우는 대신 '주석 처리'를 하여 문제가 있을 것으로 추정되는 행 없이 코드의 작동을 살펴볼 수 있습니다.

```
# "느끼는 것이 우선이기 때문에" by E. E.커밍스
print("since feeling is first")
print("who pays any attention")
print("to the syntax of things")
print("will never wholly kiss you;")
print("wholly to be a fool")
print("while Spring is in the world")

# print("my blood approves")
# print("and kisses are a better fate")
# print("than wisdom")
# print("lady i swear by all flowers. Don't cry") # 내가 제일 좋
아하는 부분
# print("--the best gesture of my brain is less than")
# print("your eyelids' flutter which says")

print("we are for each other: then")
print("laugh, leaning back in my arms")
```

```
print("for life's not a paragraph")

print("and death i think is no parenthesis")
```

앞처럼 일부가 주석 처리된 코드를 실행한 결과는 다음과 같습니다.

```
% python print.py
since feeling is first
who pays any attention
to the syntax of things
will never wholly kiss you;
wholly to be a fool
while Spring is in the world
we are for each other: then
laugh, leaning back in my arms
for life's not a paragraph
and death i think is no parenthesis
```

VS Code 편집기는 코드를 주석 처리하는 단축키를 제공합니다. 주석으로 처리하고 싶은 코드 행들을 선택한 다음, 맥OS에서는 커맨드 키와 /(슬래시)를, 윈도우에서는 컨트롤 키와 /를 동시에 누르면 됩니다. 한번 눌러보세요. 만약 키보드 단축키가 기억나지 않는다면 VS Code 편집기 Edit(편집) 메뉴의 Toggle Line Comments(줄 주석 설정/해제) 항목을 확인해보세요.

변수

이번에는 파이썬에서 매우 중요한 개념인 변수를 알아봅니다. 만약 대수학algebra 수업을 들어본 적이 있다면 이미 변수의 작동 방식을 알고 있을 가능성이 큽니다. 간단한 퀴즈를 풀어보죠.

```
a = 1
b = 2
c = a + b
```

c의 값이 무엇일까요? 3이라고 답했다면 정답입니다. 바로 변수가 작동하는 원리죠. 변수는 단순히 코드 안에서 무언가를 저장하는 방법입니다. 숫자나 텍스트와 같은 것을 담아두는 작은 상자쯤으로 봐도 좋습니다. 변수를 사용하는 연습을 조금 해보겠습니다. variables.py라는 새 파일을 생성한 뒤 다음 내용을 추가해보세요.

```
# 변수는 별칭입니다
# 보통 변수 이름은 소문자로 씁니다

name = "Mattan Griffel"
orphan_fee = 200
teddy_bear_fee = 121.80
total = orphan_fee + teddy_bear_fee

print(name, "the total will be", total)
```

코드를 실행하면 다음과 같은 출력 결과를 얻습니다.

```
% python variables.py
Mattan Griffel the total will be 321.8
```

'상자 비유'는 변수가 무엇인지를 떠올리는 좋은 방법입니다. 만약 여러분이 이사를 간다면 옮길 물건을 상자에 넣은 뒤, 나중에 그 안에 든 물건이 무엇인지 알기 위해 상자마다 꼬리표를 붙여두겠죠. 파이썬의 변수도이와 비슷합니다. 변수는 텍스트, 숫자, 그 외 다른 것들(잠시 후 다룹니다)을 담아두는 상자와도 같습니다.

변수와 파이썬의 스타일 가이드

파이썬의 공식 스타일 지침에 따르면 변수 이름은 '가독성을 위해 소문자 단어로, 단어가 여러 개일 때는 각 단어를 언더스코어로 구분'하여 작성해야 합니다.[4] 이 책도 이 규칙을 따릅니다.

프로그래밍의 세계에는 두 종류의 규칙이 있습니다. 반드시 따라야 하는 규칙과 따르도록 권장하는 관례죠. 여기서 관례란 사용자 커뮤니티가 명시적 또는 암묵적으로 코드를 작성하는 표준적인 방법을 합의한 결과입니다. 그 목표는 바로 다른 사람의 코드를 쉽게 읽고, 이해하고, 공유하기 위함입니다. 변수에 이름을 붙이는 지침 또한 이런 관례이며, 따르는 것이 좋습니다.

2001년에 파이썬의 스타일 가이드가 공개되기 수년 전에 작성된 코드에는 카멜케이스camelCase나 표준화되지 않은 축약 규칙 등에 따라 변수 이름이 정해진 다양한 경우가 있습니다. 여전히 이런 식으로 작성된 코드가 존재하지만, 저희는 여러분이 단어를 언더스코어로 구분하는 표준 방식을 권장합니다.

새 변수를 만든 뒤 값을 넣으면 '변수에 값을 할당'했다고 표현합니다

(친숙해지도록 할당이라는 용어를 책 전반에 걸쳐 사용합니다). 변수에 뭔가를 할당했다면 코드 안 어디서든 해당 변수를 사용할 수 있습니다. 변수에 무엇을 담았든 간에 코드가 실행되면 변수의 내용을 끄집어내게 됩니다. 그렇다면 아직 생성되지 않은 변수를 사용하려고 시도하면 하면 어떤 일이 일어날까요? 가령 다음처럼 말이죠.

```
...
print(subtotal)
```

위 코드를 실행하면 아래와 같은 오류가 발생합니다.

```
File "variables.py", line 9, in <module>
    print(subtotal)
NameError: name 'subtotal' is not defined
```

오류의 종류는 NameError, 오류 메시지는 'name 'subtotal' is not defined('subtotal'이라는 이름은 정의되지 않았습니다)'라는 것에 주목합시다. 변수 이름을 실수로 잘못 쓴 경우에도 빈번히 보게 되는 오류입니다. 오류 없이 variables.py를 실행하고 싶다면 subtotal을 정의하거나 print(subtotal) 코드를 삭제 또는 주석 처리해야 합니다.

```
...
# print(subtotal)
```

변수 할당에 사용된 등호(=) 주위에 공백이 꼭 필요한 것은 아닙니다. 하지만 관례적으로 가독성을 위해 추가되곤 합니다(예를 들어 orphan_ fee=200보다는 orphan_fee = 200이 보기 편합니다).

'X를 했을 때 잘 작동할까요?'와 같은 궁금함이 생겼다면 스스로 직접 시도해보고 어떤 일이 일어나는지 관찰해보세요. 쉽게 고치지 못할 문제가 발생할 가능성은 희박하며 '…을 했을 때?' 같은 질문의 답은 꽤 중구난방인 경우가 많습니다. '이런 식으로 작성한 코드는 문제없이 실행되는데, 왜 저런 방식은 작동하지 않나요?' 같은 것이죠. 그 이유는 파이썬 언어를 만든 사람들이 그렇게 작성해야 한다고 결정했기 때문입니다.

파이썬과 같은 프로그래밍 언어를 배우고 친숙해진다는 것은 다른 상황에서도 일어날 일을 추정할 수 있을 만큼 수많은 시도를 해본다는 뜻입니다. 즉 아직까지 확신이 서지 않는다면 스스로 해보고 어떤 일이 일어나는지 확인해야 하죠.

숫자와 수학

파이썬에서는 이미 친숙한 수학 기호로 연산을 할 수 있습니다. 그리 놀라운 일은 아니죠. 이번 절의 내용을 실습하기 위해 math2.py 파일을 생성합니다(파이썬에는 math라는 내장 모듈이 존재합니다. 따라서 파일 이름을 math.py로 지으면 문제가 될 수 있습니다. 이 문제를 우회할 방법이 있지만 지금은 이름을 다르게 지정하는 방식으로 문제를 방지합니다. 한편 내장 모듈은 207쪽에서 더 자세히 다룹니다). math2.py 파일에 다음 코드를 입력합니다.

```
# 파이썬에서는 아래의 기호로 수학 계산을 할 수 있습니다
# + 덧셈
# - 뺄셈
# * 곱셈
# / 나눗셈
```

```
# ** 거듭제곱(^이 아님)

print("What is the answer to life, the universe, and everything?",
40 + 30 - 7 * 2 / 3)
print("Is it true that 5 * 2 > 3 * 4?")
print(5 * 2 > 3 * 4)
```

코드를 실행한 결과는 다음과 같습니다.

```
% python math2.py
What is the answer to life, the universe, and everything?
65.33333333333333
Is it true that 5 * 2 > 3 * 4?
False
```

눈치챘겠지만 math2.py의 첫 번째 줄의 길이가 약간 깁니다.

```
print("What is the answer to life, the universe, and everything?",
40 + 30 - 7 * 2 / 3)
```

파이썬 스타일 가이드에 따르면 코드 한 줄은 문자 80개를 넘지 않는 선에서 작성되어야 한다는 관례가 있습니다. 이 책에서는 한 줄의 코드를 가독성을 높이기 위해 여러 줄로 표현하기도 합니다. 하지만 실제로 파이썬 코드를 이런 식으로 줄 바꿈 해서 작성하면 작동하지 않는 경우가 있습니다.

코드를 여러 줄로 작성하는 한 가지 방법은 괄호를 사용하는 것입니다.

바로 앞 예제의 코드에서는 everything?",와 40 + 사이에 줄을 바꿔서 두 줄로 만들 수 있습니다. print() 함수가 출력할 내용을 소괄호로 감싸기 때문에 문제가 발생하지 않습니다.

```
print("What is the answer to life, the universe, and everything?",
40 + 30 - 7 * 2 / 3)
```

다만 큰따옴표(")의 시작과 끝 사이에서 줄을 바꾸면 작동하지 않습니다. 파이썬이 코드를 해석하는 과정에서 첫 번째 줄 마지막에 도달했을 때, 열린 소괄호가 닫히지 않은 것을 파악하면 그다음 줄에서 내용이 이어진다고 추측합니다.

두 번째 방법은 변수를 사용해 코드를 작은 단위로 분리하는 것입니다. 다음 코드가 그 예입니다.

```
...
answer = 40 + 30 - 7 * 2 / 3
print("What is the answer to life, the universe, and everything?",
answer)
...
```

이렇게 쓰면 코드가 읽기 쉬워지는 이점이 있습니다. 그리고 잘 지은 변수 이름은 다른 부분에서 꼬리표 역할을 하기 때문에 코드를 훨씬 더 명확하게 표현할 수 있습니다.

이 두 방식을 모두 시도한 코드를 실행해보면 출력 결과는 전과 바뀌지 않았다는 사실을 알 수 있습니다.

```
% python math2.py
```
What is the answer to life, the universe, and everything?

65.33333333333333

Is it true that 5 * 2 > 3 * 4?

False

『은하수를 여행하는 히치하이커를 위한 안내서』를 읽어본 사람이라면 삶과 우주 그리고 모든 것에 대한 답이 65.333…이 아니라 42가 되어야 한다는 것을 알고 있습니다. 앞 코드에서 덧셈, 뺄셈, 곱셈, 나눗셈을 처리할 때 어느 연산부터 먼저 처리해야 할지 순서가 정리되지 않았습니다(통상적인 방식대로 곱셈과 나눗셈을 먼저 했죠). 따라서 math2.py 파일의 40 + 30 - 7을 소괄호로 감싸도록 수정합니다.

```
...
answer = (40 + 30 - 7) * 2 / 3
...
```

그리고 다시 math2.py를 실행해보죠.

```
% python math2.py
```
What is the answer to life, the universe, and everything? 42.0

```
...
```

원하는 결과를 얻었습니다. 그런데 이상한 점이 보이나요? 42 대신 42.0을 출력합니다. 왜 그럴까요?

정수 대 부동소수점 수

앞의 연산 결과에서 42 대신 42.0이 출력된 이유를 이해하려면 정수와 부동소수점 수(실수)가 어떻게 다른지를 기술적으로 파악해야 합니다. 파이썬의 대화형 모드를 잠시 열어보죠.

```
% python
>>> 1 * 1
1
```

왜 대화형 모드를 사용할까요? 그 이유는 파일로 작성하는 경우 코드를 쓰고 명령줄로 돌아가서 파일을 실행하는 과정을 계속 반복하기가 번거롭기 때문입니다. 대화형 모드로는 이 두 단계의 반복 작업을 간소화해서 빠르게 아이디어를 검증할 수 있습니다.

```
>>> 11 * 11
121
>>> 111 * 111
12321
>>> 1111 * 1111
1234321
>>> 111111111 * 111111111 # 아홉 개의 1
12345678987654321
```

앞 코드는 정수와 부동소수점 수의 다른 점을 보여주는 코드는 아닙니다. 단지 정수 간 연산을 대화형 모드에서 수행한 것에 불과합니다. 그러면 다시 정수와 부동소수점 수의 내용으로 돌아가봅시다.

```
>>> 42
42
>>> 42.0
42.0
>>> 42.000000
42.0
```

사람이 보기에는 42와 42.0이 같은 숫자일지 모르지만, 컴퓨터는 이 둘을 다르게 인식합니다. 그 이유를 이해하기 위해 10진수를 저장하는 상황을 생각해보죠. 파이썬은 정수를 저장하기 위한 공간과 나머지 숫자 부분(여기서는 소수점 이하의 0)을 저장하는 별도의 공간을 둡니다. 만약 소수점 이하가 존재하지 않는다면 파이썬은 정수만 저장하면 됩니다.

다시 상자 비유로 돌아가보죠. 이사를 갈 때는 물건 크기에 따라(예: 큰 램프나 작은 주방 도구), 서로 다른 크기의 상자에 넣곤 합니다. 이는 파이썬에서도 같습니다. 변수를 만들 때 파이썬은 변수를 저장하는 데 필요한 크기의 상자를 파악한 뒤 그에 맞게 변수를 생성합니다(만약 C++ 같은 다른 프로그래밍 언어를 안다면 이 사실이 꽤 흥미롭게 들릴 수 있습니다. 일부 언어는 상자 크기를 자동으로 파악하지 않으며, 사람이 직접 상자의 종류/크기를 지정해야 하기 때문이죠).

프로그래밍 언어에서는 변수를 담는 상자의 종류를 자료형data type이라고 부릅니다. 파이썬에서는 정수 자료형을 정수integer, 소수 자료형을 부동소수점 수float라고 합니다. 그 외 문자열, 리스트, 딕셔너리 등 다른 자료형은 나중에 배울 주제입니다. 다만 초심자에게는 이 개념이 꽤 추상적이며 이상하게 들리기 때문에, 더 많은 내용을 배우기 전까지 익숙해질 시간이 필요합니다. 파이썬은 이 복잡성을 잘 다룹니다. 가령 다음 세 줄의 코드를 실행해보죠.

```
>>> 2 + 2
4
>>> 2 + 2.0
4.0
>>> 4 / 2
2.0
```

첫 번째 줄에서는 두 정수를 더했고, 그 결과로 정수를 얻었습니다. 두 번째 줄에서는 정수와 부동소수점 수를 더했고, 그 결과로 부동소수점 수를 얻었습니다. 마지막 세 번째 줄에서는 두 정수로 나눗셈을 수행했는데, 정수로만 연산을 했음에도 그 결과로는 부동소수점 수를 얻었습니다.

약간 이상한 발상일 수 있지만 '이사'의 비유를 좀 더 확장해보겠습니다. 램프를 포장한 상자와 주방 도구를 포장한 상자를 합친다는 상상을 해보죠. 그러면 두 패키지를 모두 담을 수 있는 더 큰 상자가 필요할 것입니다. 이와 유사하게 정수와 부동소수점 수를 더하면 파이썬은 그 결과가 부동소수점 수가 된다는 것을 인식하고, 나눗셈의 결과로 소수점 이하의 숫자가 생기는 경우를 대비해 파이썬은 그 결과를 부동소수점 수로 만듭니다. 나눗셈의 결과가 설령 나머지 없이 딱 맞아떨어지더라도 말이죠. 한편 때로는 정수를 부동소수점 수로, 부동소수점 수를 정수로 바꾸고 싶은 경우도 있습니다. 이는 다음과 같이 해결할 수 있습니다.

```
>>> float(42)
42.0
>>> int(42.0)
42
>>> int(10.58)
```

10

한 가지 유의할 점은 int() 함수가 반올림을 하지 않는다는 것입니다. 반올림을 원하면 round() 함수를 대신 사용해야 합니다.

```
>>> round(10.58)
11
```

int() 함수는 단순히 소수점 이하의 부분을 제거합니다. 반면 round() 함수는 가까운 숫자로 반올림을 수행합니다. 한편 round() 함수는 두 번째 매개변수(매개변수는 4장에서 자세히 다룹니다)를 둘 수 있는데, 이를 통해 반올림을 수행할 소수점 자릿수를 결정할 수 있습니다.

```
>>> round(10.58, 1) # 소숫점 1자리까지 쓰고 그 아래에서 반올림
10.6
```

그러면 어떻게 int() 함수를 math2.py에 적용해야 42.0 대신 42가 출력되게 할 수 있을까요? 출력하기 전 변수 answer를 정수로 변환하면 됩니다.

```
...
answer = (40 + 30 - 7) * 2 / 3
print("What is the answer to life, the universe, and everything?", int(answer))
...
```

물론 round()를 대신 사용할 수도 있습니다. 또는 다음처럼, int() 함수를 answer 변수를 생성한 시점에 사용할 수도 있겠죠.

```
...
answer = int((40 + 30 - 7) * 2 / 3)
print("What is the answer to life, the universe, and everything?", answer)
...
```

위 두 방식 모두 동일한 결과를 출력합니다. 다른 게 있다면 answer 변수가 첫 번째 방식에서 부동소수점 수를, 두 번째 방식에서는 정수를 담는다는 것입니다. 다시 파일을 실행해 동일한 결과를 얻는지 확인해보죠.

```
% python math2.py
What is the answer to life, the universe, and everything? 42
...
```

기대한 결과를 얻었습니다!

문자열

strings.py라는 새 파일을 만들고 다음의 내용을 채워 넣습니다.

```
# 문자열은 따옴표로 감싸진 텍스트입니다
# 작은따옴표와 큰따옴표 모두 사용할 수 있습니다
```

```
kanye_quote = 'My greatest pain in life is that I will never be
able to see myself perform live.'

print(kanye_quote)
```

문자열은 파이썬에서 텍스트를 이르는 전문 용어입니다. 지금까지는 큰따옴표(")만을 사용해 코드에서 문자열을 표현했지만, strings.py에서 볼 수 있듯이 작은따옴표(')도 사용할 수 있습니다. 이 두 방식의 의미는 같지만 텍스트의 시작과 끝에는 같은 따옴표를 쌍으로 사용해야 합니다.

kanye_quote 변수를 선언한 행이 꽤 길어서, 두 줄로 분리하면 더 좋을 것입니다. 그 방법은 이미 앞서 살펴본대로, 두 문자열로 분리한 다음 소괄호로 감싸면 됩니다.

```
...
kanye_quote = ('My greatest pain in life is that I will never '
'be able to see myself perform live.')

print(kanye_quote)
```

한편 작은따옴표 또는 큰따옴표 중 하나가 더 유용한 상황이 있을까요? 때로는 문자열 안에 따옴표를 포함하고 싶을 수 있습니다. 가령 대화를 인용하거나 아포스트로피를 사용하는 경우가 있겠죠.

strings.py에 다음 코드를 추가합니다.

```
...
hamilton_quote = "Well, the word got around, they said, "This
kid is insane, man""

print(hamilton_quote)
```

코드가 작동하지 않는 이유를 설명할 수 있나요? 그 이유는 파이썬이 "Well, the word got around, they said, "를 문자열로 읽기 때문입니다. 파이썬은 큰따옴표(")로 시작되는 문자열 중간에 또 다른 큰따옴표가 포함되는 경우 이 부분이 문자열의 마지막이 아니라는 것을 파악할 정도로 똑똑하지 않습니다.

이를 해결하는 간단한 방법은 문자열의 시작과 끝에 큰따옴표 대신 작은따옴표를 사용하는 것입니다.

```python
# 문자열이 큰따옴표를 포함한다면 문자열의 시작과 끝에는 작은따옴표를
사용합니다
hamilton_quote = 'Well, the word got around, they said, "This
kid is insane, man"'
print(hamilton_quote)
```

그러면 다음과 같은 결과가 출력됩니다.

```
% python strings.py
...
Well, the word got around, they said, "This kid is insane, man"
```

큰따옴표가 잘 출력됐죠?

문자열에 '수학' 연산하기

파이썬에서는 직관적인 방식으로 두 문자열을 합칠 수 있습니다.

```
>>> "Hello" + "Mattan"
'HelloMattan'
```

파이썬은 자동으로 두 문자열을 '더하는' 것이 곧 두 문자열을 이어 붙인다는 의미라고 파악합니다. 다만 이어 붙인 두 단어 사이에 공백이 없음에 유의해야 합니다. 어떻게 공백을 추가할까요? 또 문자열에 정수를 더하면 어떤 일이 일어날까요?

```
>>> "The meaning of life is " + 42
Traceback (most recent call last):
    File "<stdin>", line 1, in <module>
TypeError: can only concatenate str (not "int") to str
```

문자열에 정수를 더하면 작동하지 않고 오류를 출력합니다. 파이썬에게 문자열과 정수를 조합하라고 요청한 꼴입니다. 다시 이사 비유를 들어서 설명하자면, 문자열과 정수를 조합하는 것은 마치 덤벨을 포장한 상자와 유리 꽃병을 포장한 상자를 함께 포장하는 것과 같습니다. 서로 완전히 다르기 때문에 두 상자를 정확히 조합할 방법은 불분명합니다. 따라서 파이썬은 이 요청을 포기하고 오류를 반환합니다.

이 상황은 str() 함수로 정수를 문자열로 변환한 후 이 둘을 이어 붙여 해결할 수 있습니다.

```
>>> "The meaning of life is " + str(42)
'The meaning of life is 42'
```

또 하나 알아두면 좋은 내용으로, 문자열에 정수를 곱할 수도 있습니다.

```
>>> "candy" * 4
'candycandycandycandy'
```

candy가 많이 출력되었네요! 문자열을 곱한 숫자만큼 복제하기 때문에, 여기
서는 candy가 네 번 반복해서 나타났습니다.

문자열 함수

함수는 나중에 깊게 다루겠지만, 당장은 파이썬이 문자열을 조작하는
데 유용한 여러 함수를 제공한다는 사실을 알아두는 게 좋습니다. 지금까
지 본 여타 함수와는 다르게, 문자열 관련 함수는 문자열에 직접 사용해야
합니다. 다음처럼 문자열 다음에 마침표(.)를 찍은 뒤 함수 이름을 적어주
는 식으로 사용합니다.

```
# 몇 가지 문자열 관련 함수
print(kanye_quote.upper())
print(kanye_quote.lower())
print("ok fine".replace("fine", "great").upper())
```

앞 코드를 strings.py 파일에 추가한 뒤 실행하면 다음과 같은 결과가
출력됩니다.

```
% python strings.py
...
MY GREATEST PAIN IN LIFE IS THAT I WILL NEVER BE ABLE TO SEE
MYSELF PERFORM LIVE.
```

```
my greatest pain in life is that i will never be able to see
myself perform live.
OK GREAT
```

어떤 일이 일어난 것일까요? 우선 첫 번째 줄은 kanye_quote의 모든 글자를 대문자로 출력합니다. 여기서 문자열 전체를 대문자로 바꾸는 데 .upper() 함수가 사용되었습니다. 그다음 줄은 .lower() 함수를 사용해 문자열의 모든 문자를 소문자로 출력했습니다. 그리고 마지막 줄은 "ok fine" 문자열에 대해 fine을 great로 대체한 다음 문자열의 모든 문자를 대문자로 바꾸는 두 작업이 적용된 결과를 출력합니다.

지금까지 본 함수들과 달라 보이는 이유는 문자열 또는 문자열을 담은 변수 마지막에 점과 함수 이름을 입력해, 문자열에 직접 함수를 호출했기 때문입니다. 사실 엄밀히 따지면 이런 함수들은 '메서드method'라고 불러야 합니다. 특정 자료형에만 사용 가능하며(다른 자료형으로는 나중에 다룰 리스트와 딕셔너리가 있습니다), .replace()와 .upper() 메서드를 사용한 앞의 예제처럼 연속으로 사용할 수 있습니다. 이처럼 연속으로 메서드를 사용하는 행위를 체이닝(연쇄)chaining한다고 표현하곤 합니다.

문자열 함수로 여러 가지 유용한 일을 할 수 있는데, 좀 더 구체적인 예는 나중에 다루겠습니다. 가령 136쪽에서는 .split()과 .join() 같은 문자열 함수로 문자열을 리스트로 분할하거나, 리스트를 문자열로 합치는 방식을 배울 것입니다.

이 책에서 다루지는 않지만 그 밖에도 유용한 문자열 함수가 많습니다. 파이썬 공식 문서를 읽는 데 흥미가 생긴다면 직접 문자열 함수들을 탐방해 보길 권장합니다. 공식 문서 웹페이지[5]를 방문해 String Method(문자열 메서드) 섹션을 읽어보면 더욱 다양한 문자열 함수를 접할 수 있습니다.

f-문자열

happy_hour.py의 예제로 돌아가보겠습니다. 다음과 같이 작성된 문자열을 기억하나요?

```
print(f"How about you go to {random_bar} with {random_person}?")
```

문자열 시작 전의 f 문자와, 문자열 내 중괄호({ })가 지닌 의미는 무엇일까요? 이는 문자열 속에 파이썬 코드를 삽입하는 방식입니다. strings. py 마지막에 다음 코드를 추가해보죠.

```
...
# f-문자열은 중괄호({ })를 사용해 문자열 속에서 파이썬 코드를
# 직접 사용할 수 있게 해줍니다
print(f"1 + 1 equals {1 + 1}")
```

이렇게 작성된 문자열을 f-문자열이라고 합니다. 앞 코드를 실행하면 다음처럼 결과가 출력되죠.

```
% python strings.py
...
1 + 1 equals 2
```

f라는 문자가 왜 필요한지 궁금하다면 직접 f를 제거한 뒤 코드를 실행하는 실험을 해보세요.

```
print("1 + 1 equals {1 + 1}")
```

문자열 앞의 f 문자를 제거한 뒤 실행한 코드는 다음 내용을 출력합니다. 중괄호 안에 있는 1+1이 연산되지 않고 문자열 그대로 출력된 것을 알 수 있습니다.

```
% python strings.py
...
1 + 1 equals {1 + 1}
```

즉 문자열 앞의 f 문자는 매우 중요한 역할을 합니다. 문자열에 중괄호가 포함된 경우, 중괄호 속 내용을 그대로 출력하지 말고 코드로서 실행한 뒤의 결과를 출력하라고 파이썬에게 알려주는 것이죠.

f-문자열의 f

이쯤 되면 f가 무엇의 줄임말인지 궁금할 것입니다. 구글에 검색해보면 f가 format(형식)의 줄임말이라는 사실을 알 수 있습니다. 하지만 충분한 설명은 아닙니다. 파이썬에서 상대적으로 새로운 기능인 f-문자열을 좀 더 조사해보면 개발자가 남긴 다음 노트에서 f가 채택된 이유를 알아낼 수 있습니다. "'i' 등 다른 접두사가 제안되기도 했습니다. 하지만 'f'보다 나은 것은 없어보였기 때문에 'f'가 선택되었습니다." 그러니까 파이썬 개발자들은 잠시 생각해보고는 f보다 더 나은 약자를 떠올리지 못했고, 그 결과 f를 사용하게 된 것 같습니다.

파이썬 개발자들은 흔히 문자열에 변수를 곧장 삽입하고 특정 방식으로 형식을 지정하는 데 f-문자열을 사용합니다. f-문자열로 할 수 있는 일을 좀 더 깊게 이해하기 위해서 strings.py에 다음 코드를 추가합니다.

```
...
name = "mattan griffel"
print(f"{name.title()}, the total will be ${200 + 121.80 :,.2f}")
```

코드를 실행하면 다음과 같은 결과가 출력됩니다.

```
% python strings.py
...
Mattan Griffel, the total will be $321.80
```

{name.title()}은 상상해볼 수 있듯이, name 변수에 든 내용을 제목 형식의 대소문자로 변환하는 역할을 하며(즉 각 단어의 첫 번째 문자를 대문자로 바꿉니다), 변환된 내용을 문자열에 곧장 삽입합니다. 그리고 두 번째 중괄호인 {200 + 121.80 :,.2f}에서는 200과 121.80을 더한 결과가 문자열에 곧장 삽입됩니다.

그런데 나머지 :,.2f는 무엇일까요? 이는 f-문자열의 기능 중 하나입니다. .2f는 부동소수점 수를 소수점 이하 두 자리까지만 표현하도록 지정하며, 쉼표(,)는 천 단위 자릿수에 구분자를 추가하도록 형식을 지정합니다. 그래서 321.8 대신 321.80이 출력된 것입니다. 특히 소수점 이하의 두 번째 자리 값이 실제로는 0이더라도 두 번째까지 모두 출력하는 통화가치 등을 표현하는 데 유용합니다.

f-문자열의 장점이 무엇이고 언제 쓰면 좋을지에 대해 아직 와닿지 않을 수도 있습니다. 하지만 앞으로 꾸준히 쓰다 보면 f-문자열의 쓰임새를 이해하게 될 것입니다. f-문자열은 앞으로 계속 볼 기능이므로 여기서 소

개했습니다.

문자열 vs 변수

다음 두 문자열의 차이가 무엇일까요?

```
'a string'
a_string
```

이 둘은 꽤 비슷해 보이지만 다릅니다. 첫 번째는 문자열이고, 두 번째는 a_string이라는 꼬리표가 붙은 '상자' 속에 무엇이 들어 있는지 확인해보라고 지시하는 변수입니다.

제 경험으로 봤을 때 텍스트에 일부 변수를 삽입하고 싶다면 f-문자열을 사용하는 것이 최선입니다(문자열 내 변수를 중괄호로 감싸는 것을 잊지 마세요). 하지만 f-문자열을 배웠다고 해서 아무데나 남발하지는 않았으면 합니다. 가령 다음의 경우에서는 f-문자열이 전혀 필요 없겠죠.

```
print(f"Winter is coming.")
```

위 문자열은 어떤 변수나 파이썬 코드도 포함하지 않습니다. 물론 작동하긴 하겠지만 불필요한 방식이죠. f-문자열은 문자열 내 파이썬 코드를 중괄호({ })로 삽입하는 경우에만 필요합니다. 그러니 다음처럼 변수를 출력해도 좋지만

```
print(f"{name}")
```

이렇게 작성하는 편이 훨씬 더 간결합니다.

```
print(name)
```

사용자 입력 받기

지금까지는 우리가 직접 코드에 삽입한 정보만을 다뤘습니다. 하지만 사용자에게서 입력을 받고, 이 값으로 어떤 작업을 하고 싶다면 어떨까요? 이럴 때 input() 함수를 사용합니다.

input.py이라는 새 파일을 생성하고 다음 내용을 채워 넣습니다.

```
name = input("What's your name? ")
print(f"Hi {name}!")
```

그리고 input.py 파일을 실행합니다.

```
% python input.py
What's your name?
```

실행 직후 명령줄로 되돌아가지 않는다는 것을 알 수 있습니다. 파이썬 코드는 'What's your name?'이라는 질문을 던진 뒤 우리가 무언가를 입력할 때까지 대기합니다. 이때 여러분의 이름을 입력하면 어떤 일이 일어날까요?

```
% python input.py
What's your name? Mattan
```

```
Hi Mattan!
```

멋지네요. 사용자에게서 어떤 입력을 받은 다음 그 입력 값을 변수에 저
장하고, 그 변수로 원하는 작업을 수행했습니다. 한편 input() 함수에 입
력한 질문 마지막에 공백을 둔 이유는 사용자가 입력하는 내용을 질문과
구분하기 위해서입니다. 공백을 제거한 뒤 실행해보면 어떤 말인지 이해
할 수 있을 것입니다.

이름 말고 다른 정보도 수집해보죠. input.py 파일에 다음 내용을 더 추
가합니다.

```
...
age = input("How old are you? ")
print(f "Hi {name}! You're {age} years old.")
```

그리고 다시 실행해보죠.

```
% python input.py
What's your name? Mattan
How old are you? 32
Hi Mattan! You're 32 years old.
```

흥미롭기는 하지만 별로 유용한 것 같진 않네요. input.py 파일을 좀 더
수정해서, 실제로 어떤 작업을 적용하도록 만들어보죠. 입력된 나이를 사
람의 나이에서 강아지의 나이로 변환하는 일을 해보겠습니다. 보통 강아
지 나이로 환산하려면 사람 나이에 7을 곱합니다.

```
name = input("What's your name? ")
age = input("How old are you? ")
age_in_dog_years = age * 7
print(f"Hi {name}! You're {age_in_dog_years} in dog years. Woof!")
```

그리고 코드를 다시 실행해보면 다음과 같은 결과를 얻습니다.

```
% python input.py
What's your name? Mattan
How old are you? 32
Hi Mattan! You're 32323232323232 in dog years. Woof!
```

이런! 대체 무슨 일이 일어난 것일까요? 직접 코드를 살펴본 뒤 위와 같은 결과가 출력된 이유를 파악해보세요. 만약 그 이유를 알아냈다면 다음으로 진행하기 전 스스로 코드를 고쳐보세요.

여기서는 input() 함수로 받은 모든 사용자 입력이 문자열로 취급됐습니다. 앞서 "문자열에 '수학' 연산하기"에서 본 바와 같이, "32"는 문자열이며 이는 정수 32와는 다릅니다. 그리고 93쪽에서 본 대로, 문자열에 정수를 곱하면 파이썬은 해당 문자열을 여러 번 반복해야 한다고 판단합니다 (바로 위 예제에서 일어난 일이죠). 사용자가 입력한 값을 실제 숫자로서 곱하고 싶다면 문자열을 숫자로 변환하는 작업부터 해야 합니다.

```
% python
>>> "32" * 7
'32323232323232'
>>> int("32") * 7
```

224

```
>>> float("32") * 7
224.0
```

문자열은 int() 또는 float() 함수 중 하나를 사용해 숫자로 변환할 수 있습니다. 둘 중 무엇을 쓸지는 사용자가 입력한 값에 따라 다릅니다. 그러면 여러분이 직접 input.py 파일을 수정하여 원하는 대로 작동하도록 코드를 작성해보세요. 적어도 이 문제는 두 방식으로 해결될 수 있습니다(물론 방법이 더 많습니다). 첫 번째는 사용자의 입력 값을 받은 즉시 정수로 변환하는 것입니다.

```
age = int(input("How old are you? "))
```

두 번째는 수학 연산을 적용하기 직전에 age 변수 값을 문자열로 변환하는 것입니다.

```
age_in_dog_years = int(age) * 7
```

저희는 첫 번째 방식을 선호하는 편입니다. 왜냐하면 두 번째 방식에서는 age 변수가 계속 문자열 값을 저장하기 때문입니다. 나중에 다시 age 변수를 사용할 때 담긴 값이 문자열인지 정수인지 헷갈릴 수 있고, 문자열이라는 사실을 알더라도 매번 정수로 바꿔줘야 합니다. 변수 이름 age가 기본적으로 숫자를 저장한다고 예상되므로 만약 실제로는 문자열을 저장한다면 헷갈릴 수 있습니다. 또한 32.4처럼 나이를 소수점으로 표현하는 경우는 극히 드뭅니다(만약 이런 식의 표현이 필요하다면 부동소수점 수로 변환하기 위해 float() 함수를 사용해야 합니다).

따라서 최종 input.py 코드는 다음과 같이 작성될 수 있습니다.

```python
name = input("What's your name? ")
age = int(input("How old are you? "))
age_in_dog_years = age * 7
print(f"Hi {name}! You're {age_in_dog_years} in dog years. Woof!")
```

그리고 코드를 실행하면 다음과 같은 결과를 출력합니다.

```
% python input.py
What's your name? Mattan
How old are you? 32
Hi Mattan! You're 224 in dog years. Woof!
```

제대로 작동하네요! 바로 우리가 원하는 대로 말이죠.

팁 계산기 도전 과제

다음 내용으로 넘어가기 전에 지금껏 배운 내용을 토대로 여러분이 직접 도전하면 좋을 과제가 있습니다. tip_calculator.py 파일을 새로 만든 뒤 사용자에게서 총 청구액을 입력받고 세 가지 표준 팁의 금액(18%, 20%, 25%)을 계산하는 코드를 작성해보세요. 또 코드를 설명하는 주석도 작성해보세요. 약 10분 정도 시간을 가지고 프로그램을 만들어보세요.

팁 계산기 도전 과제 해결책

다음은 팁 계산기 도전 과제를 해결하는 저희의 코드입니다.

```
# 팁 계산기

# 사용자 입력을 부동소수점 수(float)로 변환합니다
amount = float(input("How much was your bill? "))

# 총 팁을 계산합니다
print(f"18%: ${amount * .18 :,.2f}")
print(f"20%: ${amount * .20 :,.2f}")
print(f"25%: ${amount * .25 :,.2f}")
```

여러분이 만든 것과 비교해보세요. 저희가 만든 것이 꼭 가장 좋으리란 법은 없습니다. 단지 문제를 해결하는 한 가지 방식일 뿐입니다.

단 한 가지 주목할 점은 int() 대신 float() 함수로 사용자 입력을 숫자로 변환한 점입니다. 이는 사용자가 입력한 총 청구액에 센트 단위가 포함되어 소수점까지 표현할 필요가 있다고 판단했기 때문입니다.

그리고 :,.2f로 팁 양을 소수점 둘째 자리까지 표현했습니다. round() 함수로도 원하는 자릿수에서 반올림을 할 수 있지만, round() 함수로는 $1.90과 같은 경우 첫 번째 소수점까지만(예: $1.9) 출력한다는 단점이 있습니다. 파이썬이 자체적으로 불필요한 숫자를 숨기기 때문이죠.

이 문제를 다른 방식으로 해결했고 스스로 만족했다면 그 방식도 괜찮습니다.

요약

지금까지 어떤 내용을 배웠나요? 다음 목록을 보고 지금껏 배운 일부 파이썬 용어를 떠올려보세요. 뭔가 헷갈리더라도 배운 내용을 기억하려

애쓰면 나중에 좀 더 쉽게 떠올릴 수 있을 것입니다. 다음은 지금까지 배운 내용입니다.

- 명령줄 기본 명령어(pwd, ls, cd)
- 파이썬 코드를 실행하는 두 가지 방법(스크립트 또는 대화형 모드)
- print() 함수
- # 주석
- 변수
- 숫자와 수학
- 문자열
- input() 함수로 사용자의 입력 값을 받는 법

지금까지의 책 내용을 즐기고 있기를 바랍니다. 대부분의 사람들이 일단 코딩을 시작하는 데에 가장 어려움을 느낍니다. 지금껏 배운 내용이 받아들이기 벅찬 것 같다면, 사람들이 많이들 어려워하는 지점을 여러분은 이미 극복했다는 사실을 상기하세요.

3장에서는 몇 가지 새로운 자료형과 if 및 반복문과 같은 파이썬의 고급 개념을 다룹니다. 새로 배울 개념에 지금까지 배운 내용을 더하면 파이썬으로 훨씬 더 많은 일을 해낼 수 있습니다. 그리고 실제 비즈니스 문제를 파이썬으로 해결한다는 우리의 목표에 더 근접하게 되겠죠.

3장

파이썬의 기본기 2

이제는 파이썬으로 간단한 스크립트를 작성하는 데 충분한 내용을 배웠습니다. 하지만 아직 중요한 조각이 몇 개 빠졌죠. 숫자와 문자열 말고도 어떤 게 더 필요할까요? 파이썬의 능력을 제대로 이끌어내 일을 빠르게 처리하려면 어떻게 해야 할까요? 이번 장은 2장에서 배운 개념을 토대로 새로운 것을 배워나갑니다. 그리고 파이썬으로 더 복잡한 문제를 해결해가는 과정을 보게 될 것입니다.

3장에서 배울 내용

이 장이 끝날 때쯤에는 파이썬이 가진 대부분의 기본 기능을 습득하게 됩니다. 무언가를 검사하는 법, 논리 연산자를 다루는 법, 리스트를 생성하는 법, 반복문 코드를 실행하는 법, 딕셔너리를 생성하는 법 등을 배웁니다. 그리고 그 과정에서 새로 배운 지식을, 개발자들이 흔히 도전하는 피즈버즈 문제에 적용해봅니다.

조건문

지금까지 작성한 모든 코드는 어떤 일이 있더라도 반드시 실행됩니다. 하지만 때로는 여러 선택지에 따라 다른 결과를 내놓는 코드를 작성하고 싶을 수도 있습니다. 그 의미를 알아보겠습니다.

if 문
if.py라는 새 파일을 만든 뒤 아래 내용을 채워 넣습니다.

```
answer = input("Do you want to hear a joke? ")

if answer == "Yes":
    print("What's loud and sounds like an apple?")
    print("AN APPLE")
```

마지막 두 줄의 코드를 작성할 때는 처음에 탭 키를 한 번 눌러 들여쓰기를 해야 합니다(텍스트 편집기에서는 자동으로 들여쓰기를 해줄 것입니다). 우리가 처음으로 들여쓰기를 해보는 예제입니다. 들여쓰기는 나중에 좀 더 자세히 다루겠습니다. 모든 내용을 제대로 복사해 넣었다면 파일을 실행했을 때 다음과 같은 결과가 출력돼야 합니다.

```
% python if.py
Do you want to hear a joke?
```

어떤 일이 일어났는지 추측할 수 있나요? 코드가 잠시 멈추고 사용자 입력을 기다립니다. 여기서 No라고 입력한 뒤 엔터 키를 눌러보죠.

```
% python if.py
Do you want to hear a joke? No
```

좋습니다. 아무 일도 일어나지 않습니다. 그러면 이번에는 다시 if.py 파일을 실행한 뒤 No 대신 Yes를 입력해봅니다(이때 입력 값에서 대소문자를 가리는데, 이 내용은 잠시 후 좀 더 자세히 다루겠습니다).

```
% python if.py
Do you want to hear a joke? Yes
What's loud and sounds like an apple?
AN APPLE
```

그러면 이번에는 전에 보지 못했던 내용이 출력됩니다. 이는 마법 같은 if answer == "Yes"에 의해 처리되었다고 추측할 수 있습니다. 다음은 일반적인 if 문의 구조입니다.

```
if x:
    # 어떤 일을 수행합니다
```

여기서 x에는 참true이 되는 어떤 것도 들어갈 수 있습니다. answer == "Yes"의 ==(등호 두 개)는 어떤 식으로 작동할까요? ==는 두 값이 같은지 확인하는 용도로 쓰입니다. 그리고 만약 두 값이 같다면 True(참), 그렇지 않다면 False(거짓)를 반환합니다. 파이썬의 대화형 모드를 열어 몇 가지 예제를 실험해보겠습니다.

```
% python
```

```
>>> "Yes" == "Yes"
True
>>> "No" == "Yes"
False
```

한 가지 유의해야 할 사항은 =와 ==가 비슷해 보여도 이 둘은 매우 다르다는 것입니다. 다음 예제에서 어떤 일이 일어나는지 짐작할 수 있나요?

```
>>> answer == "Yes"
Traceback (most recent call last):
    File "<stdin>", line 1, in <module>
NameError: name 'answer' is not defined
>>> answer = "Yes"
>>> answer == "Yes"
True
>>> answer = "No"
>>> answer == "Yes"
False
```

우선 answer 변수가 "Yes"라는 문자열을 담았는지 확인합니다. 하지만 오류가 발생하죠. 왜냐하면 answer 변수는 아직까지 선언된 적이 없기 때문입니다. 그리고 answer 변수에 "Yes"를 할당하며 선언한 뒤 다시 "Yes"와 같은지를 비교하면 True를 반환합니다. 그리고 이어서 answer 변수에 "No"를 다시 할당한 뒤 "Yes"와 같은지를 비교하면 False를 반환합니다.

요약하자면 =는 변수에 값을 할당하는 데 사용되는 반면 ==는 같음을 확인하는 데 사용됩니다. =와 ==를 구분하지 않는 일부 프로그래밍 언어

(예: 엑셀용 스크립트 언어인 VBA)도 있지만, 파이썬에서는 이 둘의 역할이 매우 다릅니다.

"==가 대소문자도 구분하나요?"라는 질문을 자주 받습니다. 만약 이 질문의 답을 모른다면 어떨까요? 어떻게 그 답을 알아낼 수 있을까요?

```
>>> "Yes" == "yes"
False
```

아하! ==는 대소문자를 구분합니다. 대소문자를 구분하지 않도록 만드는 방법은 잠시 후 알아봅니다. 한편 두 값의 다름은 !=(느낌표와 등호)로 확인할 수 있습니다.

```
>>> "yes" != "Yes"
True
>>> answer != "Blue"
True
```

파이썬에는 이 외에도 두 값을 비교하는 다양한 기호가 있습니다(이미 >를 본 바 있죠). 다만 이들에 관한 내용은 잠시 후 살펴보겠습니다.

이번에는 좀 더 일반적인 질문을 해보죠. if 문은 어떤 방식으로 작동할까요? 무언가의 참 또는 거짓을 확인하고, 만약 참인 경우에는 콜론(:) 아랫줄에 들여쓰기 된 코드를 실행하는 식으로 작동합니다.

여기서 들여쓰기는 매우 중요합니다. 파이썬에서 if 문이 작동하려면 행의 마지막에 콜론을 반드시 써야 하며, 참일 경우 실행될 코드는 콜론 이하 부분에 반드시 들여쓰기 하여 작성해야 합니다. 왜 그럴까요? 들여쓰기를 하지 않으면 파이썬은 if 문에 해당되는 코드를 찾지 못하기 때문입니다.

만약 이 두 가지 중 하나(콜론 또는 이후 코드의 들여쓰기)를 까먹고 하지 않았다면 어떤 일이 일어날까요? 어떤 종류의 오류가 발생할까요? 이 문제를 일부러 발생시켜 보는 것은 그것대로 가치가 있습니다. 나중에 실전에서 같은 실수를 했을 때 해당 오류를 알아채도록 스스로 훈련할 수 있기 때문이죠.

파이썬의 들여쓰기

파이썬에서 들여쓰기는 매우 중요합니다. 여러분은 처음으로 파이썬에서 코드 들여쓰기를 해봤습니다. 그리고 이 규칙은 if 문만이 아니라 나중에 보게 될 반복문과 함수에서도 그대로 쓰입니다.

파이썬에서는 코드를 들여쓰기 할 때 탭(탭 키) 또는 네 번의 공백 문자(네 번의 스페이스 바)가 사용되곤 합니다. 어느 것을 써야 하는지는 개발자들 사이에서 오랜 논쟁거리입니다. HBO의 TV 시트콤 〈실리콘 밸리〉의 한 에피소드를 보면, 주요 등장인물인 리처드 헨드릭스가 여자친구에게 탭 대신 공백 문자를 사용한다는 이유로 헤어지겠다고 협박하는 내용이 있죠.

파이썬에서는 같은 파일 내에서 들여쓰기를 할 때 탭 또는 공백 둘 중 하나만 사용해야 한다는 사실이 약간 짜증날 수도 있습니다. 만약 탭과 공백을 혼용해서 들여쓰기를 하면 실행 시 다음과 같은 오류가 발생합니다.

```
TabError: inconsistent
use of tabs and spaces in indentation
```

매우 단순하지만 때로는 짜증나는 문제이기도 합니다. 이 문제는 여러분이 다른 사람의 코드를 복사하고 붙여 넣을 때 주로 겪습니다. 사람마다 들여쓰기 하는 방식이 다르기 때문이죠.

대부분의 개발자들은 현실적인 대안으로, 텍스트 편집기가 탭을 네 개의 공백으로 자동 변환하도록 설정하곤 합니다. 그리고 VS Code 편집기는 이와 같은 자동 변환을 기본적으로 수행합니다.

else와 elif 문

if.py의 내용을 다음과 같이 바꿔보겠습니다.

```
answer = input("Do you want to hear a joke? ")

if answer == "Yes ":
    print("What's loud and sounds like an apple?")
    print("AN APPLE")
else:
    print("Fine.")
```

else 문은 if 문이 참이 아닐 때 실행될 코드를 명시합니다. 앞 코드를 실행한 뒤 No를 입력하면 다음과 같은 결과를 얻습니다.

```
% python if.py
Do you want to hear a joke? No
Fine.
```

만약 세 번째 선택지가 필요하다면 어떨까요? if.py를 다음과 같이 수정해봅시다.

```
answer = input("Do you want to hear a joke? ")

if answer == "Yes":
    print("What's loud and sounds like an apple?")
    print("AN APPLE")
```

```
elif answer == "No":
    print("Fine.")
else:
    print("I don't understand.")
```

elif 문으로 또 다른 조건을 추가할 수 있습니다. if 문에 또 다른 if 문을 다는 셈입니다(사실 else와 if를 축약한 약어가 바로 elif입니다). 따라서 수정된 코드를 다시 실행하면 다음과 같은 결과를 얻죠.

```
% python if.py
Do you want to hear a joke? Yes
What's loud and sounds like an apple?
AN APPLE
% python if.py
Do you want to hear a joke? No
Fine.
% python if.py
Do you want to hear a joke? Blue
I don't understand.
```

elif 문은 원하는 만큼 개수 제한 없이 추가할 수 있습니다. 하지만 if 와 else 문은 딱 하나씩만 존재할 수 있습니다. 코드가 단계별로 나아가는 연속적인 경로라고 생각해보세요.

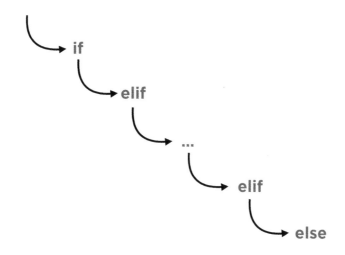

조건문은 폭포수처럼 작동합니다. 항상 if 문으로 시작해서, 참이 아닌 경우 그다음으로 이동하죠. 참인 if 나 elif 문이 발견되면 그 이후의 내용은 아예 확인하지 않습니다. 결과적으로 else 문의 코드는 마지막이 되어서야 실행됩니다. 일종의 안전망을 층층이 쌓아두었다고 볼 수 있습니다.

크게 까다로운 내용은 아닙니다. 그렇다면 여러분에게 한번 변화구를 던져보죠. 문제 해결 능력을 시험해봅시다. 만약 if 와 elif 문을 사용하는 것 대신, 다음처럼 두 개의 if 문을 사용하면 어떻게 될까요?

```python
answer = input("Do you want to hear a joke? ")

if answer == "Yes":
    print("What's loud and sounds like an apple?")
    print("AN APPLE")
if answer == "No":
    print("Fine.")
else:
```

```
print("I don't understand.")
```

분명하지 않아 보입니다. 단 한 줄의 코드만 다르죠.

```
if answer == "No":
```

이 코드는 다음과 같은 버그를 유발합니다.

```
% python if.py
Do you want to hear a joke? Yes
What's loud and sounds like an apple?
AN APPLE
I don't understand.
```

첫 번째 if 와 else 문의 코드가 모두 실행됐습니다! 왜 그럴까요? 그 이유는 첫 번째 if 문이 다음의 내용을 검사하기 때문입니다.

```
if answer == "Yes":
    print("What's loud and sounds like an apple?")
    print("AN APPLE")
```

사용자가 "Yes"라고 입력했을 때 실행되는 내용이죠. 하지만 이어서 두 번째 if 문은 또 다음 내용을 검사합니다.

```
if answer == "No":
    print("Fine.")
```

```
else:
    print("I don't understand.")
```

두 번째 if 문의 첫 번째 부분인 answer == "No"는 거짓입니다. 따라서 파이썬은 else 문의 내용을 실행합니다. 즉 여러 개의 elif 문을 가진 하나의 if 문 대신 두 if 문을 사용하면 각각은 독립적으로 실행돼버립니다.

한편 if 문 안에 또 다른 if 문을 중첩할 수도 있습니다(한 단계뿐만 아니라, 원하는 만큼 계속해서 중첩할 수 있죠). 즉 "A와 B는 참이지만, C는 거짓일 때 D를 수행하라"와 같은 복잡한 조건을 모두 표현할 수 있습니다. 그리고 if 문을 중첩하는 경우 다음처럼 들여쓰기도 두 단계로 해줘야 합니다.

```
if x:
    if y:
        # 어떤 일을 수행합니다
```

파이썬의 다른 개념을 계속 배우면서, if 문이 반복문과 함수 안에서도 사용될 수 있음을 알게 될 것입니다. 이 또한 중첩으로 볼 수 있습니다. 매우 흔한 사용법이지만, 익숙하지 않다면 어떤 일이 일어나는지를 이해하기 헷갈릴 수도 있습니다.

파이썬의 논리 연산

파이썬에서 논리 연산이 사용된 한 가지 예를 이미 본 적이 있습니다. 바로 양측이 같을 때는 True를 반환하고, 그렇지 않을 때는 False를 반환하는 == 연산자죠. 그 외에 파이썬이 두 요소를 비교하는 또 다른 방식도 있을까요? 물론 있습니다. 다음은 그 방식의 일부입니다.

```
==, !=, >, >=, <, <=, not, and, or
```

파이썬의 대화형 모드로 다양한 실험을 해보면 이 기호들의 작동법을 잘 이해할 수 있습니다. 먼저 True와 False로 시작해보죠.

```
% python
>>> True
True
>>> False
False
```

True와 False가 실제로 파이썬에 존재한다는 점에 유의하세요(T와 F는 대문자). 그러면 여러분은 "이 둘이 변수인가요?"라고 물어볼지도 모르죠. 답은 '아니오'입니다. 단지 True와 False입니다. 지금까지 배운 자료형과는 완전히 다른 종류입니다. 엄밀히 따지자면 이 둘은 불리언Boolean이라는 자료형입니다(불리언이란 19세기 중반에 처음으로 대수 논리 체계를 정의한 조지 불George Boole의 이름을 딴 것입니다).

같음 비교

== 연산자는 양측 요소의 같음을 확인하는 데 쓰입니다. 만약 두 요소가 같다면 True, 그렇지 않다면 False를 반환합니다.

```
>>> answer = "yes"
>>> answer == "yes"
True
>>> answer == "no"
```

```
False
```

한편 =와 ==가 비슷해 보이지만, 파이썬에서 이 둘은 완전히 다르다는 사실을 기억하세요. =는 변수에 값을 할당하는 데 사용되는 반면 ==는 두 요소의 같음을 검사하는 데 사용됩니다.

같지 않음 비교

!= 연산자는 ==와는 정반대의 일을 합니다. 즉 두 요소가 같지 않음을 확인합니다.

```
>>> answer = "no"
>>> answer != "yes"
True
>>> answer != "no"
False
```

크기 비교

크고 작음을 비교하는 > 와 < 연산자는 파이썬으로 수학을 다룰 때 본 적이 있습니다. 그리고 정확히 예상대로 작동합니다.

```
>>> 10 > 12
False
>>> 10 < 12
True
```

>= 와 <= 연산자는 크거나 같음, 또는 작거나 같음을 비교합니다.

```
>>> 1 + 1 + 1 >= 3
True
>>> 1 + 1 + 1 <= 3
True
```

not

not은 아마도 가장 이해하기 쉬운 연산자일 것입니다. True와 False, 어떤 값이든 뒤집어버립니다.

```
>>> not True
False
>>> not False
True
>>> not 1 + 1 + 1 >= 3
False
```

눈치챘겠지만 여타 연산자와 다르게 not 연산자는 하나의 값에만 적용되며, 그 값을 뒤집습니다. 두 개에 적용되어 같음을 비교했던 == 연산자나 크기를 비교했던 < 연산자와는 사용법이 다릅니다.

한편 마지막 예제 코드에 집중해봅시다. 기호를 두 개 이상 조합하는 경우, 어느 것이 먼저 실행되는지 이해하기가 약간 어려울 수 있습니다. 앞 예제에서는 not 연산자의 오른쪽에 위치한 모든 것들이 먼저 실행되며, 그 결과에 not 연산자가 적용됩니다. 하지만 이렇게 작성하는 습관은 좋지 않습니다. 순서를 잊으면 의도치 않은 실수를 초래하기 때문이죠. 따라서 소괄호로 순서를 명시하는 편이 더 좋습니다. 가령 not (1 + 1 + 1 >= 3)처럼 작성하는 편이 좋습니다.

and

and 연산자는 앞서 배운 논리 연산을 조합하는 데 사용됩니다.

```
>>> username = "admin"
>>> password = "123456"
>>> username == "admin" and password == "123456"
True
```

and 연산자를 기준으로 양측이 모두 True일 때, True를 반환합니다. 가령 위 예제의 username == "admin"도 True이고, password == "123456"도 True이기 때문에, 이 둘을 and로 조합하더라도 여전히 True가 반환되는 것이죠. 하지만 만약 password의 값을 바꾸면 다음처럼 결과가 바뀝니다.

```
>>> password = "wrong password"
>>> username == "admin" and password == "123456"
False
```

and 연산자의 오른쪽인 password == "123456"은 더 이상 True가 아닙니다. 따라서 and 연산자는 전체를 False라고 반환합니다. 한편 == 연산자가 and보다 먼저 평가되었다는 점에 주목하세요. 기대한 대로 작동했지만, 이를 좀 더 명확히 표현하려면 (username == "admin") and (password == "123456")처럼 작성하는 편이 더 좋습니다.

or

or는 양측 중 하나라도 True라면 True를 반환하는 연산자입니다. 그리고 양측이 모두 False일 때만 False를 반환하는 특성도 있습니다.

```
>>> answer = "yes"
>>> answer == "Yes" or answer == "yes"
True
>>> answer == "No" or answer == "no"
False
```

in

마지막으로 살펴볼 연산자는 in입니다. 이는 어떤 변수의 내용이 다른 변수의 내용에 포함됐는지 확인하는 데 사용됩니다. 가령 어떤 문자열이 다른 문자열의 일부로 속하는지는 다음처럼 확인할 수 있습니다.

```
>>> "d" in "hello"
False
>>> "d" in "goodbye"
True
>>> "d" in "GOODBYE"
False
```

한 가지 알아둘 점은 문자열에 적용된 in 연산자가 대소문자를 가린다는 것입니다. 이는 문자열에 대한 다른 연산자 및 함수에서와 마찬가지로 일관된 특성입니다. in은 리스트와 함께 사용할 때 좀 더 유용합니다. 아직 리스트를 다루지는 않았지만, 가볍게 아래 코드를 한번 읽어봅시다. 아마도 in이 어떻게 작동하는지 쉽게 파악할 수 있을 것입니다.

```
>>> people = ["Mattan", "Daniel", "Sarah"]
>>> "Mattan" in people
True
```

논리 연산을 좀 더 배우고 싶다면 '파이썬 비교 연산자Python comparison operators' 또는 '파이썬 논리 연산자Python logical operators'라는 키워드로 검색해보세요.

논리 연산 연습하기

연산자를 조합하면 논리 연산이 꽤나 복잡해지기 시작합니다. 저희는 여러분이 논리 연산을 연습할 수 있는 logic_practice.py라는 파일을 만들어뒀습니다. pythonformbas.com/code에서 다운로드 하여, 약 10분을 투자해 모든 코드 행의 의미를 파악해보세요.

```
True and True
False and True
(1 == 1) and (2 == 1)
"love" == "love"
(1 == 1) or (2 != 1)
True and (1 == 1)
False and (0 != 0)
True or (1 == 1)
"time" == "money"
(1 != 0) and (2 == 1)
"I Can't Believe It's Not Butter!" != "butter"
"one" == 1
```

```
not (True and False)
not ((1 == 1) and (0 != 1))
not ((10 == 1) or (1000 == 1000))
not ((1 != 10) or (3 == 4))
not (("love" == "love") and ("time" == "money"))
(1 == 1) and (not (("one" == 1) or (1 == 0)))
("chunky" == "bacon") and (not ((3 == 4) or (3 == 3)))
(3 == 3) and (not (("love" == "love") or ("Python" == "Fun")))
```

이 연습용 파일의 각 행은 True 또는 False로 해석할 수 있습니다. 실행 결과가 둘 중 무엇인지 직접 떠올려보는 것이 연습 문제의 목적이죠. 그리고 문제는 뒤로 갈수록 점점 어려워집니다. 괄호가 있을 때는 괄호 속 내용을 나머지 부분보다 먼저 확인해보세요.

그리고 다음처럼 여러분이 생각하는 답을 각 행의 마지막에 주석으로 남기는 것도 좋은 생각입니다.

```
True and True # True
```

또한 여러분의 답이 맞는지 알고 싶다면 파이썬의 대화형 모드에서 각 행을 붙여 넣어 그 결과를 확인해보세요.

```
% python
>>> True and True
True
```

또는 각 행을 print() 함수로 감싸도 됩니다.

```
print(True and True)
```

그리고 해당 파일을 실행하면 그 결과를 즉시 확인할 수 있죠.

```
% python logic_practice.py
True
```

대소문자를 구분하지 않는 if.py 만들기

이번에는 우리가 앞서 배운 내용을 if.py 스크립트 파일에 적용하겠습니다. 눈치채겠지만 다음 코드의 if 문은 대소문자를 구분합니다.

```
...
if answer == "Yes":
    print("What's loud and sounds like an apple?")
    print("AN APPLE")
...
```

즉 "yes"라고 입력하면 다음과 같은 결과가 출력됩니다.

```
% python if.py
Do you want to hear a joke? yes
I don't understand.
```

여기에 or 연산자를 추가하면 대소문자를 가리는 문제를 해결할 수 있습니다. Yes를 입력하든 yes를 입력하든 같은 결과를 출력하죠.

```
...
if answer == "Yes" or answer == "yes":

    print("What's loud and sounds like an apple?")

    print("AN APPLE")

...
```

그리고 같은 방식을 elif 문에도 적용한 최종 if.py는 다음과 같습니다.

```
answer = input("Do you want to hear a joke? ")


if answer == "Yes" or answer == "yes":

    print("What's loud and sounds like an apple?")

    print("AN APPLE")
elif answer == "No" or answer == "no":

    print("Fine.")
else:

    print("I don't understand.")
```

이렇게 작성하면 Yes와 yes(또는 No와 no) 모두를 수용합니다.

```
% python if.py
Do you want to hear a joke? Yes
What's loud and sounds like an apple?
AN APPLE
% python if.py
Do you want to hear a joke? yes
```

What's loud and sounds like an apple?

AN APPLE

한편 만약 다음처럼 코드를 작성하면 어떨까요?


```
...
if answer == "Yes" or "yes":
    print("What's loud and sounds like an apple?")
    print("AN APPLE")
...
```


앞서 작성한 answer == "Yes" or answer == "yes"와 비슷해 보이지만, 사실 이는 잘못된 코드이며 다루기 까다로운 버그를 유발합니다. 가령 다음과 같은 결과가 발생하죠.


```
% python if.py
Do you want to hear a joke? yes
What's loud and sounds like an apple?
AN APPLE
% python if.py
Do you want to hear a joke? no
What's loud and sounds like an apple?
AN APPLE
% python if.py
Do you want to hear a joke? blue
What's loud and sounds like an apple?
```

처음에는 문제가 없어 보이지만, 곧이어 뭔가가 잘못되었음을 금방 깨닫게 됩니다. 무엇을 입력하든 항상 같은 대답만을 되돌려 받습니다. 왜 그럴까요?

여기에는 두 가지 문제가 있습니다.

1. 파이썬이 True 또는 False를 확인하는 순서입니다. or 연산자가 양측 중 하나라도 참인 경우 True를 반환한다는 사실을 기억하세요. 따라서 먼저 answer == "Yes"의 참 여부를 확인하고, 그다음 yes의 참 여부를 순서대로 확인합니다.

2. 파이썬은 비어 있지 않은 모든 문자열을 True로 해석합니다. 꽤 이상하게 들리겠지만 사실입니다. 문자열 값을 True/False로 해석하고 싶겠지만, 문자열의 존재 자체만으로는 항상 True로 해석돼버리는 것입니다. 다시 말해 사람은 if answer == "Yes" or "yes"를 아래와 같이 읽을지라도,

```python
if answer == ("Yes" or "yes"):
```

파이썬은 다음처럼 해석합니다.

```python
if (answer == "Yes") or ("yes"):
```

이상해 보이나요? 이는 괄호를 적극적으로 사용해야 좋다는 사실을 말해줍니다. 그렇다면 만약 여러 값의 집합에 대해 사용자의 답을 확인하도록 코드를 확장하고 싶다면 어떨까요? 가령 Yes, yes, Y, y를 모두 같은 것

으로 인식하고 싶은 상황 말입니다. 다음과 같이 작성해야 할까요?

```
if answer == "Yes" or answer == "yes" or answer == "Y"
or answer == "y":
    ...
```

물론 그래도 좋습니다. 잘 작동할 테니까요. 하지만 그보다 쉬운 해결책은 앞서 배운 in 연산자를 사용하는 것입니다.

```
if answer in ["Yes", "yes", "Y", "y"]:
    ...
```

코드의 양이 줄어들었을 뿐만 아니라 가독성도 좋아졌죠.

문자열 함수를 사용하면 이를 좀 더 개선할 수 있습니다. 앞에서 다룬 것처럼 문자열 함수는 문자열에 대해서만 어떤 작업을 수행합니다. 그리고 lower() 함수는 문자열을 소문자로 바꿔줍니다. 가령 "Hello".lower()는 hello를 반환하죠. 이 내용은 if 문에도 그대로 적용될 수 있습니다.

```
if answer.lower() in ["yes", "y"]:
    ...
```

즉 사용자 입력의 대소문자를 전혀 가리지 않도록 만듭니다. Yes, YES, yeS, yEs 모두 소문자로 변환하면 같은 값이 될 뿐이죠.

흥미롭게도 facebook.com, twitter.com과 같은 대부분의 웹사이트에서는 가입 시 입력받는 이메일에 이 기능을 활용합니다. 이메일 주소는 기본적으로 대소문자를 가리지 않기 때문에, 실제 데이터베이스에 저장하기 전에 입력된 텍스트를 소문자로 바꿔버리는 것이죠. 그리고 로그인할 때도 입력된 이메일 주소를 소문자로 바꾼 뒤 데이터베이스에 저장된 내용과 비교합니다. 이런 식으로 이메일 주소를 소문자로 통일하도록 구현하지 않으면, 동일한 이메일 주소지만 대소문자만 다르게 작성해서 서로 다른 두 사람이 가입하는 사태가 발생할 수 있습니다. 또는 사용자가 가입 시 입력한 이메일을 정확히 같게 입력하지 못해서 로그인을 하는 데 애를 먹을 수도 있겠죠.

그런데 왜 대문자 대신 소문자일까요? 사실 같은 결과가 일관된 방식으로 도출되는 한 문제가 없습니다. 무엇을 사용해도 상관없죠. 한편 이러한 내용을 적용한 if.py 파일의 최종 버전은 아래와 같습니다.

```python
answer = input("Do you want to hear a joke? ")

if answer.lower() in ["yes", "y"]:
    print("What's loud and sounds like an apple?")
    print("AN APPLE")
elif answer.lower() in ["no", "n"]:
    print("Fine.")
else:
    print("I don't understand.")
```

또는 작성하기에 따라 두 옵션을 변수로 담아둘 수도 있습니다.

```python
...
affirmative_responses = ["yes", "y"]
negative_responses = ["no", "n"]
```

```
if answer.lower() in affirmative_responses:
    ...
elif answer.lower() in negative_responses:
    ...
```

일부 개발자는 변수를 사용하는 편이 더 좋다고 말할지도 모릅니다. ["yes", "y"]와 ["no", "n"]의 의미를 변수 이름으로 파악할 수 있기 때문이죠. 하지만 또 다른 일부 개발자는 ["yes", "y"]와 ["no", "n"]의 의미가 이미 분명한데 코드를 쓸데없이 더 길게 만들어 가독성을 떨어뜨린다고 말하기도 합니다.

어떤 방식이 왜 더 좋은지는 여러분이 직접 생각하고 판단해보세요. 이런 질문들이 처음에는 간단해 보이지만, 코딩과 소프트웨어 개발에서 가장 흥미로운 질문이 되기도 합니다. 미래의 변화에 쉽게 대처할 코드를 작성하는 방법에 관한 질문이기 때문이죠.

개발자들이 이런 종류의 질문을 충분히 고려하지 않아서 비즈니스 전체가 무너지는 경우도 있습니다. 코드에 더 많은 버그가 생겨나고, 소프트웨어의 개선이 점점 더 어려워졌기 때문이죠. 어떤 사람들은 1990년대 후반에 주식 공개 기업인 넷스케이프Netscape의 심각한 전략적 실수를 그 예로 드는데요. 넷스케이프는 프로그램이 느리고 비효율적이라는 이유로 모든 코드를 삭제한 뒤 밑바닥부터 새로 코드를 작성했습니다.[1] 그리고 코드를 재작성하는 데는 꼬박 3년이라는 시간이 걸리고 말았습니다.

리스트

다음으로 배울 파이썬의 기능은 리스트입니다. 리스트는 happy_hour.py에서 처음 봤고, 이후 if.py에서도 본 적이 있습니다. 드디어 리스트의 작동 방식을 제대로 이해할 때가 왔습니다. 리스트는 파이썬에서 무언가를 그룹화하는 수단입니다.

lists.py라는 새 파일을 생성한 뒤 다음 내용을 채워 넣습니다.

```
# 파이썬의 리스트는 비슷한 것들을 그룹화하는 수단입니다
the_count = [1, 2, 3, 4, 5]
stocks = ["FB", "AAPL", "NFLX", "GOOG"]
random_things = [55, 1/2, "Puppies", stocks]
```

앞 코드는 리스트 세 개를 정의하여 각기 다른 변수에 저장했습니다 (the_count, stocks, random_things). 일반적으로 리스트를 담는 변수 이름은 복수형으로 정하여, 해당 변수가 리스트를 담는다는 사실을 나타냅니다.

리스트는 꽤 간단히 만들 수 있습니다. 대괄호([ ])로 시작하고 끝맺은 다음, 대괄호 쌍 사이에 무엇이든 원하는 값을 넣으면 됩니다. 리스트 속에 들어가는 값을 요소element라고 합니다. 직전 예제의 random_things로 다음 두 가지 사실을 알 수 있습니다.

① 리스트 안의 각 요소가 동일한 유형일 필요는 없습니다.
② 리스트 속에 또 다른 리스트를 담을 수 있습니다.

두 번째 특징이 명확히 그려지진 않을 것입니다. random_things 마지막 요소는 stocks라는 변수를 담고 있으며, 그 변수 또한 다른 것을 담아둔 상자에 지나지 않습니다. 코드가 실행될 때 변수는 실제 담긴 내용물로 대체됩니다. 다시 말해 random_things 리스트에 담긴 실제 내용물은 다음과 같습니다.

```
[55, 0.5, 'Puppies', ['FB', 'AAPL', 'NFLX', 'GOOG']]
```

리스트 함수

파이썬은 리스트에 사용할 수 있는 여러 가지 유용한 함수를 제공합니다.

- len() 함수는 리스트 내 요소의 개수를 알려줍니다.
- sum() 함수는 리스트 내 숫자의 합을 구합니다.
- min() 함수는 리스트 내 가장 작은 값을 찾아줍니다.
- max() 함수는 리스트 내 가장 큰 값을 찾아줍니다.

각 함수의 소괄호에 리스트(또는 리스트를 담은 변수)를 넣어 함수를 호출할 수 있습니다. 가령 len([1, 2, 3, 4, 5])의 결과는 5, sum([1, 2, 3, 4, 5])의 결과는 15를 반환하죠.

한 가지 알아둘 점은 sum() 함수는 리스트에 숫자가 들어 있을 때만 작동한다는 것입니다. 반면 min()과 max() 함수는 숫자 리스트나 문자열 리스트 모두에서 작동합니다.[*] 책을 진행하면서 여기 언급한 네 함수 말고도 더 많은 리스트 함수를 소개할 예정입니다.

random_things를 직접 출력해보세요. 그러면 명령줄에 출력된 내용이 위와 같은 것을 알 수 있습니다(엄밀히 말하자면 1/2는 수학적 표현으로, 코드 실행 시 0.5라는 부동소수점 수로 대체됩니다).

코드를 읽는 데 익숙지 않은 사람이라면 꽤 헷갈릴지도 모릅니다. 리스

---

[*] 단, 리스트가 숫자와 문자열을 동시에 포함하면 작동하지 않습니다. 문자열 리스트에서 min()은 요소들을 알파벳 순서대로 정렬한 뒤 첫 번째 요소를, max()는 마지막 요소를 가져옵니다.

트 속에 리스트를, 그 속에 또 다른 리스트를 계속해서 중첩할 수 있습니다. 이것이 헷갈리는 이유는 코드가 복잡해질수록 쉼표의 위치와 리스트의 시작과 끝 위치를 분명히 따라가기가 더욱 어려워지기 때문이죠. 하지만 왕도는 없습니다. 다만 많이 연습해보며 익숙해져야 합니다.

처음부터 리스트 만들기

리스트는 미리 모든 요소를 지정해서 만들거나, 빈 상태로 만든 뒤 이후 요소를 하나씩 추가하는 식으로 사용됩니다. 다음 코드를 lists.py 파일에 추가하며 그 의미를 알아보죠.

```
...
# 빈 리스트로 시작해서 요소를 추가하거나 삭제할 수 있습니다
people = []

people.append("Mattan")
people.append("Sarah")
people.append("Daniel")
people.remove("Sarah")
print(people)
```

[]는 빈 리스트입니다. 빈 리스트를 people라는 변수에 저장했으며, 그 후 새 요소를 덧붙이거나 이미 존재하는 요소를 제거할 수 있습니다.

튜플

파이썬에서 이따금 보이는 튜플tuple은 그냥 리스트라고 봐도 무방합니다. 단지 대괄호 대신 소괄호로 표현할 뿐이죠.

```
% python
>>> numbers = (1, 2, 3, 4, 5)
```

튜플과 리스트에 동일하게 적용되는 작업도 많습니다. 그렇지만 튜플은 한번 만들어지면 그 후 내용물이 바뀔 수 없다는 특성이 있습니다(프로그래머들은 이러한 특성을 '불변immutable'이라고 부릅니다).

이미 생성된 튜플에 append() 함수로 숫자를 추가하면 어떤 일이 발생하는지 확인해보죠.

```
>>> numbers.append(6)
Traceback (most recent call last):
    File "<stdin>", line 1, in <module>
AttributeError: 'tuple' object has no attribute
'append'
```

즉 튜플은 기본적으로 기능이 제한된 리스트라고 볼 수 있습니다. 그렇다면 왜 튜플이라는 것이 있을까요? 그 이유는 튜플이 리스트보다 더 빠르게 작동하며, 때로는 요소가 불변한다는 이점을 활용해야 하기 때문입니다.

당분간 튜플에 대한 내용은 걱정하지 마세요. 여기서 언급한 이유는 단지 튜플을 사용한 코드를 볼 수도 있기 때문입니다(리스트처럼 보이지만 대괄호 대신 소괄호가 사용된 경우). 이제는 튜플이 리스트의 한 종류임을 알았을 겁니다.

56쪽의 happy_hour.py 파일을 다시 열어봅시다. 무작위로 두 명을 선택하지만, 같은 사람이 뽑힐 가능성이 있는 문제를 기억하나요?

```
...
random_person = random.choice(people)
random_person2 = random.choice(people)
...
```

이 문제는 어떻게 해결할까요? 한 가지 해결책은 다음처럼 리스트에서 한 명을 무작위로 고른 다음, 두 번째 사람을 선택하기 전에 첫 번째 사람을 제거하는 것입니다.

```
...
random_person = random.choice(people)
people.remove(random_person)
random_person2 = random.choice(people)
...
```

문자열로 리스트 만들기

아래의 코드를 고려해봅시다.

```
"New York, San Francisco, London"
```

이건 리스트인가요? 아니죠. 사람에게는 New York, San Francisco, London을 각각 나열한 리스트처럼 보이지만, 파이썬 입장에서는 하나의 문자열입니다. 대괄호를 사용하지 않았기 때문이죠.

```
["New York, San Francisco, London"]
```

엄밀히 말하자면 위 코드는 리스트를 표현한 게 맞습니다. 하지만 우리가 원한 것과는 다릅니다. 쉼표가 문자 안에 포함돼서 New York, San Francisco, London라는 세 요소를 나누는 구분자로 작용하지 않았습니다. 그래서 이 리스트에는 요소가 하나밖에 없습니다. 파이썬에서 리스트는 여러 가지 유용한 작업에 사용됩니다. 가령 목록에서 무언가를 임의로 선택하거나, 목록을 무작위로 뒤섞거나, 목록에 원하는 요소가 들어 있는지 확인하는 일을 할 수 있죠.

그러면 문자열을 리스트로 어떻게 바꿀까요? 그 방법은 바로 split() 함수를 사용하는 것입니다.

```
% python
>>> "New York, San Francisco, London".split()
['New', 'York,', 'San', 'Francisco,', 'London']
```

기본적으로 split() 함수는 공백을 기준으로 문자열을 분리합니다. 그리고 만약 이 기본 작동 방식을 바꾸고 싶다면 문자열을 분리할 기준을 소괄호 속에 명시해주면 됩니다.

```
>>> "New York, San Francisco, London".split(", ")
['New York', 'San Francisco', 'London']
```

정확히 우리가 원하던 리스트를 얻었습니다! 나중에 쉽게 기억해낼 수 있도록 lists.py에 다음 내용을 추가합니다.

```
# split() 함수로 문자열을 리스트로 바꿉니다
cities = "New York, San Francisco, London".split(", ")
```

```
print(cities)
```

이와 유사한 문제로, 리스트를 자연스러운 모습으로 출력하는 방법이 궁금할지도 모릅니다. 대괄호를 포함하지 않고 말이죠. lists.py에 다음 내용을 추가합니다.

```
# join() 함수로 리스트를 문자열로 바꿉니다
groceries = ["Milk", "Eggs", "Cheese"]
print(" and ".join(groceries))
```

다음은 코드를 실행했을 때의 출력입니다.

```
% python lists.py
...
Milk and Eggs and Cheese
```

join() 함수는 리스트를 문자열로 바꿉니다. 사용법은 리스트의 요소를 이어줄 문자열 다음에 점(.)을 찍고, 문자열로 바꿀 리스트를 괄호 속에 넣어주는 겁니다. 가령 ', '.join()은 리스트의 각 요소 사이에 쉼표와 공백을 두고 문자열을 구성합니다.

함수가 약간 직관적이지 않습니다. 사실 join() 함수는 리스트와 유사한 객체(튜플, 심지어 문자열) 모두에 사용될 수 있습니다. join()을 문자열에 대한 함수로 만들어둔 이유가 이해되는 대목입니다. 약간 신기한 경험을 하고 싶다면 "-".join("hello")를 시도해보세요. 일단 이 책은 다른 유사한 객체들 말고 오직 리스트만을 사용합니다. 따라서 그 외의 복잡성은 무시해도 좋습니다.

리스트 요소에 접근하기

[]에 접근할 요소의 순서 번호를 쓰면 리스트의 개별 요소를 가져올 수 있습니다. lists.py 파일에 다음 내용을 추가합니다.

```
# []로 리스트 요소에 접근하기
first_city = cities[0]
second_city = cities[1]
last_city = cities[-1]
first_two_cities = cities[0:2]
print(first_two_cities)
```

한편 파이썬의 리스트에서 요소의 순서는 '0-인덱스'를 기반으로 매깁니다. 즉 리스트의 첫 번째 요소는 0번, 두 번째 요소는 1번에 위치하죠. 첫 번째가 0번째라니 일반인에게는 꽤 헷갈리는 부분입니다. 하지만 약간 시간이 지나면 금세 익숙해질 것입니다.

앞 예제의 first_city는 "New York"을, last_city는 "London" 문자열을 담고 있습니다. 그리고 first_two_cities 변수는 ['New York', 'San Francisco'] 리스트를 담고 있습니다.

대괄호를 이용하면 리스트를 만드는 것 말고도 이처럼 리스트의 요소를 가져올 수 있습니다. 초심자에겐 이런 사용법이 꽤 헷갈립니다. 왜냐하면 기본적으로는 다음과 같은 일을 하기 때문이죠.

```
first_city = ['New York', 'San Francisco', 'London'][0]
```

첫 번째 대괄호는 신규 리스트를 정의·생성하지만, 두 번째 대괄호(마지막의 [0])는 리스트의 첫 번째 요소에 접근합니다. 파이썬은 한 가지 기발한 방식으로, [-1]이라고 써서 리스트의 마지막 요소에 접근하는 수단을 지원합니다([-2]는 마지막에서 두 번째 요소). 따라서 정확한 위치(인덱스)를 꼭 알아야 할 필요는 없습니다.

또한 cities 리스트의 처음 두 요소는 cities[0:2]로 접근할 수 있습니다. 이를 슬라이스slice 표기법이라고 하며, 다음과 같은 문법으로 리스트 요소의 부분집합에 접근할 수 있습니다.

```
list[start:stop]
```

여기서 주의할 점은 슬라이스 표기법이 첫 번째 숫자가 가리키는 요소부터 두 번째 숫자가 가리키는 요소를 제외한 부분까지의 집합에 접근한다는 것입니다. 다시 말해 [0:2]는 리스트의 첫 번째([0])와 두 번째([1]) 요소를 가져오지만, 세 번째([2]) 요소에는 접근하지 않습니다. 한편 슬라이스 표기법에서 양측의 숫자 중 하나를 생략할 수도 있습니다. 가령 다음은 stop에 명시된 숫자에 도달하기 전까지의 모든 리스트 요소에 접근하는 방법입니다.

```
list[:stop]
```

또는 다음은 start에 명시된 숫자부터 마지막까지의 모든 리스트 요소에 접근하는 방법을 보여줍니다.

```
list[start:]
```

만약 이 사용법이 헷갈린다면 파이썬의 대화형 모드로 슬라이스에 대한 다양한 실험을 해보세요.

```
% python
>>> cities = ['New York', 'San Francisco', 'London']
>>> cities[:1]
['New York']
>>> cities[1:]
['San Francisco', 'London']
```

문자열에 대한 슬라이스 표기법

파이썬의 흥미로운 특징은 문자열을 리스트처럼 다룰 수 있다는 것입니다. 예를 들어서 "New York, NY"라는 문자열이 있다고 가정해보죠. 그러면 마치 리스트처럼 첫 번째 문자는 [0]으로, 처음 세 개의 문자 집합은 [0:3]으로 접근할 수 있습니다.

```
% python
>>> "New York, NY"[0]
'N'
>>> "New York, NY"[0:3]
'New'
```

그리고 마지막 두 문자 또한 다음처럼 접근할 수 있죠.

```
>>> "New York, NY"[-2:]
'NY'
```

여기서 슬라이스 표기법을 사용하면서 동시에 -2로 마지막 문자에서 두 번째 위치를 나타냈습니다. 이 말은 "문자열의 뒤에서 두 번째 글자부터 마지막까지 모든 문자를 출력해주세요"라는 뜻입니다. 아주 편리하죠?

만약 리스트 안 특정 요소의 위치를 알고 싶다면 어떻게 해야 할까요? 이럴 때 index()라는 함수를 씁니다. 이 함수를 사용하면 다음과 같은 일을 할 수 있습니다.

```
>>> a = ["Mattan", "Daniel", "Priya"]
>>> a.index("Daniel")
1
```

보다시피 "Daniel"이 리스트의 두 번째 요소임을 파악할 수 있습니다 (리스트의 인덱스 번호가 0부터 시작된다는 사실을 기억하세요).

리스트로 요소를 저장할 때의 단점은, 나중에 특정 요소에 접근하고 싶을 때 그 위치를 알아야 한다는 것입니다. 마치 단어 뜻을 확인할 때마다 사전에 해당 단어가 위치한 페이지를 기억하는 것과 같습니다. 160쪽에서는 이 문제를 해결하는 또 다른 자료형으로 딕셔너리를 배웁니다. 딕셔너리는 특정 요소를 위치가 아니라 문자열로 접근하는 방법을 제공합니다. 다만 지금은 리스트와 함께 가장 유용하게 쓰이는 반복loop 기능을 살펴보겠습니다.

리스트 요소에 반복적으로 접근하기

리스트에 반복적으로 접근하는 주제는 매우 중요하기 때문에 이를 배우기 위한 loops.py 파일을 따로 생성하겠습니다.

```
# for를 사용해 리스트에 반복적으로 접근하기
numbers = [1, 2, 3]
for number in numbers:
```

```
print(number)
```

코드를 실행하면 다음과 같은 결과가 출력됩니다.

```
% python loops.py
1
2
3
```

반복문은 한 번에 하나의 리스트 요소에 접근하여, 매번 동일한 코드를 실행하는 방식으로 작동합니다. 코드를 덜 작성하는 일종의 지름길로 볼 수 있습니다. 위 코드는 숫자 1, 2, 3을 담은 리스트의 요소에 하나씩 반복적으로 접근하여 해당 요소를 출력했습니다. 지름길이라고 말한 이유는 아래처럼 길게 작성된 코드를 간소화하기 때문입니다.

```
numbers = [1, 2, 3]

number = numbers[0]
print(number)
number = numbers[1]
print(number)
number = numbers[2]
print(number)
```

반복문을 사용했을 때와 동일한 결과를 출력한다는 것을 떠올릴 수 있나요? 떠오르지 않는다면 실제 시도해보세요.

파이썬의 반복문은 다음과 같은 기본 구조를 따릅니다.

```
y = [...]
for x in y:
    # x에 대해 어떤 일을 수행하기
```

여기서 x와 y는 무엇일까요? y는 반복문이 실행될 대상 리스트입니다. 반복문이 실행되기 전에 리스트가 존재해야 합니다(가령 숫자 목록, 주식 목록, 사람 목록 등). x는 반복문 안에서만 정의됩니다. 반복문의 내부에서만 사용될 새로운 변수를 생성한다고 볼 수도 있습니다. x의 값은 리스트의 모든 요소를 접근하며 매번 바뀝니다. x는 반복문이 실행되기 전까지는 없어도 되며 반복문 속에서는 그 값이 계속 덮어씌워집니다.

여기서도 탭으로 들여쓰기 되었습니다. 바로 파이썬이 반복문에서 반복할 부분을 파악하는 방식이죠. 들여쓰기가 끝난 지점에 도달하면 리스트의 다음 요소에 대해서 또 다시 반복문의 시작점으로 되돌아가게 됩니다.

저희는 반복문을 '모두에게 적용하는' 지름길이라고 생각하는 편입니다. 가령 다음처럼 모두 소문자로 작성된 주식 목록이 있다고 해보죠.

```
stocks = ["fb", "aapl", "nflx", "goog"]
```

반복문을 써서 모든 주식명을 대문자로 바꿀 수 있을까요? 답을 확인하기 전 직접 시도해보세요. 다음은 저희가 작성한 해결책입니다.

```
stocks = ["fb", "aapl", "nflx", "goog"]
for stock in stocks:
    print(stock.upper())
```

여기에는 stock과 stocks라는 두 변수가 있습니다. 리스트를 저장하는 변수 이름은 보통 복수(예: stocks, numbers, random_things, people)로 정합니다. 해당 리스트에 반복적으로 접근해서 각 요소를 참조할 변수 이름은 단수(예: stock, number, random_thing, person)로 정하는 것이 좋습니다. 이 변수는 리스트 요소에 접근하기 위한 색인(인덱스) 역할을 합니다. 변수 이름을 이렇게 정하는 이유는 이름만 보더라도 그 속에 어떤 데이터가 담겼을지 감을 잡기 위함입니다.

때로는 i 또는 j처럼 짧은 변수 이름을 고르는 개발자들도 있습니다. 코드를 훨씬 간결하게 만들어주지만 가독성은 떨어질 수밖에 없는 방식입니다. 이름만으로는 변수에 뭐가 들어 있는지를 파악하기가 어렵기 때문이죠. 파이썬을 더욱 자유자재로 사용하게 되면 아마도 여러분이 선호하는 방식을 찾게 될지도 모릅니다.

반복문 도전 과제

약 5분 정도 시간을 두고, 1부터 10까지 숫자의 제곱을 출력하는 반복문을 작성해보세요.

반복문 도전 과제 해결책

이 문제의 가장 쉬운 해결책은 1부터 10까지 숫자를 가진 리스트로 시작하는 것입니다. 그리고 반복문에서 각 숫자의 제곱을 출력하면 되겠죠.

```
numbers = [1, 2, 3, 4, 5, 6, 7, 8, 9, 10]
for number in numbers:
    print(number * number) # 숫자 ** 2와 같습니다
```

그러면 다음과 같은 결과가 출력됩니다.

```
1
4
9
16
25
36
49
64
81
100
```

다음처럼 출력 결과에 의미가 좀 더 드러나게 작성할 수도 있죠.

```
numbers = [1, 2, 3, 4, 5, 6, 7, 8, 9, 10]
for number in numbers:
    print(number, "squared is", number * number)
```

그러면 다음과 같은 결과가 출력됩니다.

```
1 squared is 1
2 squared is 4
3 squared is 9
4 squared is 16
5 squared is 25
6 squared is 36
7 squared is 49
```

```
8 squared is 64

9 squared is 81

10 squared is 100
```

도전 과제를 추가로 드릴게요. 그렇다면 1부터 10까지 숫자를 반복하는 더 나은 방법은 없을까요? 우선 왜 더 나은 방법이 필요할까요? 만약 1부터 100까지 숫자를 반복해야 한다면 어떨까요? 이 많은 숫자를 담은 리스트를 만들 수 있을까요? 그렇다면 1부터 1,000,000까지라면 어떨까요?

'Python 1 to 10'라고 구글 검색을 해보면 range()라는 함수를 발견할 겁니다. 이 함수는 다음과 같은 방식으로 작동합니다.

```
for x in range(10):
    print(x)
```

그러면 이러한 결과가 출력되죠.

```
0

1

2

3

4

5

6

7

8

9
```

range(10)을 썼는데 출력 결과에서는 0부터 9까지 나온 것을 알 수 있습니다. 리스트의 인덱스 번호처럼 range() 함수도 이상해 보이지만, 0부터 입력한 숫자 이전까지를 담은 리스트를 만들어주죠. 또한 시작할 숫자도 지정할 수도 있습니다. 가령 1부터 10까지 숫자를 포함한 리스트는 range(1, 11)로 만듭니다.

```
for number in range(1, 11):
    print(number, "squared is", number * number)
```

수동으로 만든 리스트보다 약간 간소화됐으며, 반복문이 접근할 숫자 범위도 쉽게 바꿀 수 있다는 것도 장점입니다.

재미 삼아 1부터 1,000,000까지 숫자들의 제곱을 출력해보세요. 실수로 가장 첫 번째 숫자로 0을 포함시킨 채 반복문이 실행되었다면 컨트롤과 C 키를 동시에 눌러 실행을 멈출 수 있습니다.

어떤 일을 X번 반복하는 법

동일한 코드를 정해진 횟수만큼 즉시 반복 실행할 수도 있습니다.

```
for _ in range(10):
    print("Hey ya!")
```

여기서 range(10) 함수가 한 일은 10개의 요소(0부터 9까지의 숫자)가 든 리스트를 만든 것입니다. 그리고 반복문은 각 숫자를 한 번씩 접근하며 실행됩니다. 그런데 반복문의 _(언더스코어)는 무엇을 의미할까요? 파이썬 개발자들은 위와 같은 특수 상황에서 _를 변수 이름으로 사용하기를 선호하는데, 이렇게 선언된 변수는 반복문 안에서는 사용할 수 없습니다. 물론 _ 대신 i 같이 다른 변수 이름을 지정하고 반복문 안에서는 사용하지 않는 방식을 채택해도 좋지만, _를 사용하는 편이 더 정돈된 느낌을 주죠.

제곱 목록 만들기

지금까지는 print() 함수를 for 반복문 안에서 사용했지만, 이보다 더 많은 일을 할 수 있습니다. 예를 들어보죠.

```
squares = []
for number in range(1, 11):
    squares.append(number * number)
print(squares)
```

위 코드는 아래와 같은 일을 수행합니다.

① squares라는 이름의 빈 리스트를 생성합니다.
② 1부터 10까지 숫자를 반복해서 접근합니다.
③ 각 숫자를 제곱합니다.
④ 제곱된 숫자를 squares 리스트에 추가합니다.
⑤ 반복문이 종료된 후 squares 리스트를 출력합니다.

물론 파이썬에는 위와 동일한 작업을 하는 다양한 방법이 있으며, 앞의 예제는 그중 하나일 뿐입니다.

만약 반복문 안과 밖에 있어야 할 코드가 무엇인지 헷갈린다면 다음의 잘못 사용된 두 가지 사례를 읽어보세요.

실수 1

```
for number in range(1, 11):
    squares = []
    squares.append(number * number)
print(squares)
```

여기서는 반복문 속에 squares = []를 넣었습니다. 어떤 일이 일어날까요? 직접 코드를 실행해보면 다음과 같은 결과가 출력되는 것을 알 수 있습니다.

```
[100]
```

그 이유는 squares 변수의 값을 매번 빈 리스트로 덮어쓰기 때문입니다. 그리고 마지막에는 최종 값만 들어 있는 리스트가 남게 되죠. 반복문의 마지막이기 때문에 덮어씌워지지 않은 값입니다.

실수 2

```
squares = []
for number in range(1, 11):
    squares.append(number * number)
    print(squares)
```

여기서는 반복문 속에 print(squares)를 넣었습니다. 어떤 일이 일어날까요? 직접 코드를 실행해보면 아래와 같은 결과가 출력되는 것을 알 수 있습니다.

```
[1]
[1, 4]
[1, 4, 9]
[1, 4, 9, 16]
[1, 4, 9, 16, 25]
[1, 4, 9, 16, 25, 36]
[1, 4, 9, 16, 25, 36, 49]
[1, 4, 9, 16, 25, 36, 49, 64]
[1, 4, 9, 16, 25, 36, 49, 64, 81]
[1, 4, 9, 16, 25, 36, 49, 64, 81, 100]
```

이렇게 출력된 이유는 squares 변수의 값을 매번 출력하기 때문입니다. 꽤 예쁜 피라미드 패턴이 나오긴 하지만, 원하는 결과는 아닙니다. 다만 반복문 안에 print() 함수를 사용하는 방식은 문제를 디버깅하는 데에 꽤 효과적입니다. 왜냐하면 정확히 코드에서 어떤 일이 일어나는지 확인할 수 있기 때문입니다.

리스트 컴프리헨션

파이썬에는 리스트를 더 빠르게 생성하는 내장된 방식이 존재합니다. 리스트 컴프리헨션list comprehension이라고 부르며, 다음과 같은 형식으로 작성됩니다.

```
[number * number for number in range(1, 10)]
```

생긴 것은 다르지만 지금껏 우리가 했던 것과 정확히 같은 일을 하는 코드입니다. 단지 한 줄로 작성되었을 뿐이죠. 리스트 컴프리헨션의 구조는 초심자들이

헷갈려하는 부분이지만 그래도 알아두는 것이 좋습니다. 리스트 컴프리헨션을 사용했을 때의 이점은 코드가 간결할 뿐만 아니라, 빈 리스트를 만든 뒤 값들을 추가하는 흐름으로 코드를 작성할 필요도 없다는 데 있습니다.

피즈버즈

피즈버즈FizzBuzz라는 말을 들어본 적이 있나요? 개발자들이 받는 꽤 흔한 인터뷰 질문입니다. 일부 개발자는 정해진 시간 안에 스택 오버플로나 그 밖의 무엇도 참조할 수 없는 제한된 상황 속에서 문제를 푸는 과정을 떠올리기 때문에, 이런 종류의 인터뷰 질문을 싫어하기도 합니다. 어찌됐든 피즈버즈가 무엇인지 한번 살펴보죠.

피즈버즈 도전 과제

1부터 100까지의 숫자를 출력하는 프로그램을 작성해보세요. 단 3의 배수에 해당하는 숫자는 Fizz, 5의 배수에 해당하는 숫자는 Buzz, 3과 5의 공배수에 해당하는 숫자는 FizzBuzz로 대체하여 출력해야 합니다.

이 문제를 해결하려면 한 가지 추가적인 내용을 알아야 합니다. 바로 숫자가 3 또는 5로 나누어 떨어지는지를 확인하는 방법으로, 나눈 뒤 나머지를 계산하는 %(모듈로) 연산자로 구할 수 있습니다. 가령 3 % 3은 0을, 4 % 3은 1을, 5 % 3은 2를, 6 % 3은 0을 반환하는 식이죠. 따라서 숫자 % 3 == 0 코드로 숫자가 3으로 나누어 떨어지는지를 확인할 수 있습니다. == 연산자가 사용되었기 때문에 나눗셈 결과가 3으로 나누어 떨어지는지 여부를 True 또는 False로 나타냅니다.

그러면 약 10분 정도 시간을 두고 이 문제를 해결해보세요! 잘 풀리지 않는 지점이 있나요? 그러면 다음 내용에서 몇 가지 팁을 얻어보세요. 최소한 몇 분간은 이 문제를 직접 풀려고 노력해보세요. 그래도 막히는 부분이 있다면 그때 저희가 작성한 해결책을 참고하는 편이 좋습니다. 즉시 해결책을 확인하기보다는 10분간 여러분의 머리를 쥐고 흔들어봐야 더 빨리 배울 수 있습니다. 이 문제는 앞으로 코드를 작성하며 부딪힐 여러 문제를 포괄적으로 담고 있습니다. 그리고 여러분은 기본적으로 누군가 문제를 먼저 해결했을 것이라고 가정해서는 안 됩니다. 스스로 문제를 해결할 능력을 키워야 하죠.

두 번째 팁은 큰 문제를 작은 단계들로 분리해서 생각하는 것입니다. 사실 좋은 코드를 작성하기 위한 일반적인 접근법입니다. 더욱 타당한 시작점을 설정하고 하나씩 단계별로 문제를 시험하여, 작동하는 것과 그러지 않는 것을 분명히 파악해나가는 방식이죠. 이 문제는 다음처럼 네 개의 작은 부분으로 나눌 수 있습니다.

① 1부터 100까지 숫자를 출력합니다.
② 만약 숫자가 3으로 나누어 떨어진다면 "Fizz"를 출력합니다.
③ 만약 숫자가 5로 나누어 떨어진다면 "Buzz"를 출력합니다.
④ 만약 숫자가 3과 5로 나누어 떨어진다면 "FizzBuzz"를 출력합니다.

2~4번 단계를 달성할 명확한 방법이 떠오르지 않을지도 모르지만, 적어도 첫 번째 단계는 매우 쉬울 것입니다. 불과 몇 쪽 앞에서 1부터 10까지 숫자를 출력하는 법을 배웠죠. 1부터 100까지 출력하는 것도 이와 매우 유사합니다.

우선 첫 번째 단계를 해결하며 시작해보세요. 그리고 그다음 단계로 움직입니다. '만약'이라는 단어는 if 문이 어디선가 사용돼야만 한다는 사실을 떠올리게 해줄지도 모르죠(아마 반복문 안에서 사용해야 할지도?).

다시 말하지만, 10분 정도 타이머를 설정하고 문제를 풀어보세요. 그보다 더 오래 시간을 들일 필요는 없습니다. 그리고 준비되었다면 저희가 제시하는 해결책을 읽어보세요.

피즈버즈 도전 과제 해결책

그러면 이 문제를 몇 가지 작은 단계로 나누어 풀어보죠.

① 1부터 100까지 숫자를 출력합니다.
145쪽 반복문 도전 과제의 해결책을 참고해서 이 단계를 풀겠습니다.

```python
for number in range(1, 101):
    print(number)
```

그러면 다음과 같은 결과가 출력됩니다.

```
1
2
3
...
99
100
```

만약 시작과 끝 범위를 range(1, 101)로 지정할 수 있다는 사실을 까먹었더라도 괜찮습니다. 온라인에서 검색해보거나, 대화형 모드에서 직접 시행착오를 거쳐 알아낼 수 있을 테니까요. 한 가지 알아둘 점은 for 반복문 안의 변수 이름은 일관되게 사용하는 한 number 또는 x 등 무엇이든 상관없다는 것입니다.

② 만약 숫자가 3으로 나누어 떨어진다면 "Fizz"를 출력합니다.

두 번째 단계는 반복문 속에 if 문을 배치할 방법을 떠올리는 것이 핵심입니다. 여러분은 이미 (number % 3) == 0이라는 코드로 숫자가 3으로 나누어 떨어지는지 확인 가능하다는 사실을 알고 있습니다. 그러면 이 코드를 단순히 if 문에 넣어보죠.

```
for number in range(1, 101):
    if (number % 3) == 0:
        print("Fizz")
```

그런데 다음과 같이 Fizz만 계속해서 출력되는 문제가 발생합니다.

```
Fizz
Fizz
Fizz
...
```

앞 코드는 3으로 나누어 떨어지는 숫자가 발견될 때마다 출력되는 "Fizz"만 보입니다. 그 외 출력되어야 할 다른 숫자는 전혀 보이지 않죠. 그 이유는 if 문에 else 문이 없기 때문입니다. 즉 3으로 나누어 떨어지지 않는 숫자를 그대로 출력하도록 else 문을 구성해야 합니다.

```
for number in range(1, 101):
    if (number % 3) == 0:
        print("Fizz")
    else:
```

```
    print(number)
```

그리고 수정된 코드는 원하는 결과를 출력합니다.

```
1
2
Fizz
...
98
Fizz
100
```

코드를 가능한 한 빨리 실행해보고 생각한 대로 결과가 도출되는지를 확인해보는 것이 일반적으로 가장 좋습니다. 그래야 발생할지도 모를 오류를 단계별로 풀어나갈 수 있죠. 만약 코드를 다 작성한 뒤에 모든 오류가 한번에 터져나온다면 문제를 파악하기 매우 어려워질 수 있습니다.

③ 만약 숫자가 5로 나누어 떨어진다면 "Buzz"를 출력합니다.

두 번째 단계의 해결책을 떠올렸다면 세 번째 단계도 쉽게 해결할 수 있습니다. 단순히 숫자가 5로 나누어 떨어지는지를 확인하기 위한 elif 문을 추가하면 되죠.

```
for number in range(1, 101):
    if (number % 3) == 0:
        print("Fizz")
    elif (number % 5) == 0:
```

```
        print("Buzz")
    else:
        print(number)
```

그러면 다음과 같은 결과가 출력됩니다.

```
1
2
Fizz
4
Buzz
...
98
Fizz
Buzz
```

④ 만약 숫자가 3과 5로 나누어 떨어진다면 "FizzBuzz"를 출력합니다.

마지막 단계는 약간 까다로울 수 있습니다. 왜냐하면 세 번째 단계에서 작성한 elif 문과 같은 수준의 elif 문을 하나 더 추가하는 것보다는 복잡하기 때문입니다.

```
for number in range(1, 101):
    if (number % 3) == 0:
        print("Fizz")
    elif (number % 5) == 0:
        print("Buzz")
```

```
    elif ((number % 3) == 0) and ((number % 5) == 0):
        print("FizzBuzz")
    else:
        print(number)
```

위 코드는 세 번째 단계에서 만든 것과 동일한 결과를 출력합니다. 특히 3과 5의 공배수(예: 15, 35)에 대해서 "Fizz"가 출력됩니다.

```
...
13
14
Fizz
16
17
...
```

이런 결과가 출력되는 이유는 if, elif, else문이 순차적으로 처리되기 때문입니다. 가령 3과 5로 나누어 떨어지는 15를 생각해보죠. 반복문이 숫자 15에 도달하면 어떤 일이 일어날까요? 우선 첫 번째 줄에서 숫자가 3으로 나누어 떨어지는지를 확인하고, 만약 그렇다면 print("Fizz") 코드를 실행하며 나머지 코드는 그대로 통과해버립니다.

이 문제는 여러 가지 방식으로 해결할 수 있습니다. 다만 가장 간단한 해결책 중 하나는 if와 elif 문의 순서를 뒤집는 것입니다. 더 구체적인 조건을 먼저 확인하도록 말이죠.

```
for number in range(1, 101):
```

```
if ((number % 3) == 0) and ((number % 5) == 0):
    print("FizzBuzz")
elif (number % 3) == 0:
    print("Fizz")
elif (number % 5) == 0:
    print("Buzz")
else:
    print(number)
```

그러면 아래와 같은 결과를 얻습니다.

```
1
2
Fizz
...
14
FizzBuzz
16
...
98
Fizz
Buzz
```

이 시점의 코드는 다양한 방식으로 최적화할 수 있습니다. 예를 들어서 ((number % 3) == 0 and (number % 5) == 0)는 결국 (number % 15) == 0과 의미가 같습니다. 코드 양을 대폭 줄일 수 있죠. 물론 짧은 코드가 항상 더 좋은 것은 아닙니다. 첫 번째 접근법이 더 명확히 목적을 드러내고, 필요하다면 나중에 조건을 더 쉽게 바꿀 수 있습니다.

때로 개발자들은 피즈버즈를 포함해, hackerrank.com(문제 해결력을 키우고 싶은 사람에게 적극 권장합니다)과 같은 코딩 연습용 사이트의 다른 문제를 더 짧은 코드로 해결하는 방법으로 경쟁하기도 합니다.

저희가 찾은 것 중 피즈버즈를 해결하는 가장 짧은 코드는 아래의 한 줄로 작성된 것입니다.

```
for x in range(100):print(x%3//2*'Fizz'+x%5//4*'Buzz'or x+1)
```

다시 말하지만 코드가 짧다고 해서 항상 더 좋은 것은 아닙니다. 피즈버즈 문제에 대해 한 줄로 작성된 해결책은 불필요할 정도로 복잡하며 가독성이 매우 떨어지죠.

딕셔너리

파이썬의 리스트는 서로 다른 것들을 한데 모으는 유용한 자료형입니다. 그리고 리스트에 반복문을 활용하면 매번 같은 일을 수행하는 동일한 코드를 한 번만 작성해도 됩니다. 하지만 곧 리스트가 데이터를 저장하는 가장 좋은 방법이 아닌 경우도 있다는 사실을 알게 될 것입니다. 이번에는 리스트가 가진 한계를 극복할 수 있는 딕셔너리dictionary라는 자료형을 알아봅니다.

파이썬으로 주식 종목의 정보를 저장한다고 가정해보겠습니다. 다음은 여기서 다룰 주식 종목의 정보를 리스트로 표현한 것입니다.

```
stock = ["Microsoft", "MSFT", "NASDAQ"]
```

또한 종목의 가장 최근에 기록된 시작가와 종가를 추적하고 싶습니다. 이 두 정보를 다음처럼 리스트에 추가해보죠.

```
stock.append(108.25) # 시작가
stock.append(106.03) # 종가
```

이제 특정 정보를 확인하고 싶다면 원하는 정보가 든 위치를 정확히 기억해야 합니다(또는 리스트 전체를 출력한 뒤 위치를 파악할 수도 있겠죠). 가령 종목코드ticker는 리스트의 두 번째에, 종가는 다섯 번째에 저장된 정보입니다. 한편 정확한 위치는 쉽게 까먹을 가능성이 높습니다.

어쨌든 두 정보는 아래와 같은 방식으로 출력할 수 있죠.

```
print(f"{stock[1]} is trading at {stock[4]}")
```

하지만 이것은 이상적인 방식이 아닙니다. 그룹화되어 관리되더라도 정보를 그냥 리스트에 마구 집어넣으면 중요한 정보를 추적하기 어려워집니다. 예를 들어 사람의 모든 속성(머리 색깔, 눈 색깔, 키, 몸무게 등)을 리스트에 넣는다면 각 속성에 라벨을 붙여 정리해야겠죠. 하지만 파이썬의 리스트로는 각 정보의 의미를 파악할 수단이 명확하지 않습니다.

다행히 파이썬에는 '딕셔너리'라는 또 다른 자료형이 존재합니다. 딕셔너리는 리스트처럼 작동하지만, 단순히 숫자로 각 정보의 위치를 파악하는 게 아니라 문자열로 라벨링하는 방식을 지원합니다. 이 방식을 활용하면 요소의 순서는 중요하지 않으며, 문자열을 이용해 원하는 데이터에 접근할 수 있습니다.

딕셔너리가 작동하는 방식을 확인하기 위해서 dictionaries.py 파일을 생성한 뒤 아래의 코드를 채워 넣습니다.

```
# 딕셔너리는 문자열로 값을 라벨링할 수 있게 해줍니다
stock = {"name": "Microsoft", "ticker": "MSFT", "index":
"NASDAQ"}
```

리스트 생성에 사용된 대괄호 대신 딕셔너리는 중괄호(())를 사용해 생성된다는 것을 알 수 있습니다. 한편 여러 가지 정보를 담은 딕셔너리를 생성할 때는 일반적으로 다음처럼 여러 줄의 코드로 작성합니다.

```
# 딕셔너리는 문자열로 값을 라벨링할 수 있게 해줍니다
stock = {"name": "Microsoft",
         "ticker": "MSFT",
         "index": "NASDAQ"}
```

보통 가독성을 높이기 위해 코드의 라벨을 정렬하곤 합니다. 얼마만큼 들여쓰기를 해야 하는지는 중요하지 않습니다. 파이썬은 그저 한 행을 전체로 인식해 해석하기 때문이죠. 또한 중괄호 안에 들어 있는 한, 줄바꿈 또한 문제되지 않습니다(happy_hour.py에서 본 바와 같이 리스트에도 동일합니다).

딕셔너리 안의 각 콜론(:)을 기준으로 왼쪽은 키key, 오른쪽은 값value이라고 합니다. 합쳐서 키/값 쌍이라고 부르죠.

키: 값

딕셔너리에서 키는 항상 값을 가지며, 그 반대도 반드시 성립되어야 합니다. 그리고 키는 문자열이어야 하지만, 값은 문자열, 숫자, 리스트, 또 다른 딕셔너리 등 무엇이든 될 수 있습니다. 또한 같은 딕셔너리 안의 모든 키는 고유해야 합니다. 즉 두 번 이상 동일한 키를 사용할 수 없다는 뜻이죠. 항상 키와 값 사이에는 콜론이 존재하며, 각 키/값 쌍은 쉼표로 구분됩니다.

딕셔너리에서 정보를 추출하는 데는 대괄호가 사용됩니다. 리스트와 비슷하죠. 단 딕셔너리에서는 대괄호 속에 키를 명시해줘야 합니다. dictionaries.py에 아래의 내용을 추가해보죠.

```
print(f"{stock['name']}'s stock ticker is {stock['ticker']}")
```

stock['name']과 stock['ticker']로 추출된 값은 'Microsoft'와 'MSFT'여야만 합니다. 왜냐하면 stock 딕셔너리를 생성했을 때 부여한 키/값 쌍의 정보가 그렇기 때문이죠.

f-문자열은 stock 딕셔너리의 값을 키로 조회한 뒤 그 값을 곧장 문자열로 집어넣는 좋은 수단입니다. 한 가지 주의할 점은 f-문자열에서 키를 명시할 때 작은따옴표를 사용할지, 큰따옴표를 사용할지 결정하는 것입니다. 만약 f-문자열의 중괄호 밖에서 큰따옴표를 사용한다면 키는 작은따옴표로 감싸줘야 하기 때문이죠(예: f"{stock['name']}). 그 이유는 파이썬이 문자열이 끝나는 부분을 제대로 인식하게 만들기 위함입니다.

아래의 두 코드가 비슷해 보인다는 것에 유념하세요.

```
stock[1]
stock['ticker']
```

하지만 첫 번째 코드는 리스트에 대해서만 작동하는 반면 두 번째는 딕셔너리에 대해서만 작동합니다. 대괄호 속의 내용을 보고 작업 중인 요소의 자료형을 유추할 수 있습니다. 리스트와 딕셔너리가 어떻게 다른지를 이해하는 한 가지 방법은 실제 사전에서 단어를 찾는 방식을 생각해보는 것입니다. 사전을 집어들어 특정 단어의 정의를 찾으려면 해당 단어(키)를 찾을 때까지 페이지를 넘기고, 찾았다면 그 정의(값)를 확인합니다. 만약 실제 사전이 리스트처럼 구조화되었다면 각 단어가 들어 있는 쪽 번호를 기억해야 할 것입니다. 이런 사전은 쓸모가 없겠죠.

딕셔너리의 키 목록 가져오기

.keys() 함수를 사용하면 딕셔너리 안에 있는 모든 키 목록(리스트)을 가져올 수 있습니다.

```
>>> stock = {"name": "Microsoft",
...          "ticker": "MSFT",
...          "index": "NASDAQ"}
>>> print(stock.keys())
dict_keys(['name', 'ticker', 'index'])
```

딕셔너리에 수많은 정보를 저장한다면 사용된 키 목록을 추적하기가 어려울 수 있습니다. .keys() 함수는 이럴 때 유용합니다.

딕셔너리 도전 과제 1

딕셔너리는 사용자의 이름과 같은 정보를 저장하는 데 주로 사용됩니다. dictionaries.py 파일에 user라는 딕셔너리를 생성하세요. 그리고 'name', 'height', 'shoe size', 'hair', 'eyes' 다섯 개의 키를 부여한 다음, 각 키에 여러분의 정보를 기입하세요. 마지막으로는 딕셔너리에 저장된 각 값을 개별적으로 출력합니다.

딕셔너리 도전 과제 1 해결책

여러분이 만든 딕셔너리는 다음과 같이 생겼을 것입니다.

```python
user = {'name': 'Mattan',    # 이름
        'height': 70,         # 키
        'shoe size': 10.5,   # 신발 크기
        'hair': 'Brown',      # 머리카락 색깔
        'eyes': 'Brown'}     # 눈 색깔
```

탭과 줄 바꿈을 신경쓰지 않아도 된다는 사실을 기억하세요. 단순히 가독성을 높이는 수단일 뿐입니다(원한다면 딕셔너리 전체를 한 줄로 작성해도 무관합니다). 딕셔너리 안의 값을 어떻게 출력할지는 여러분의 선택입니다. 저희는 다음처럼 f-문자열을 활용했죠.

```python
print(f"Name: {user['name']}")
print(f"Height: {user['height']}")
print(f"Shoe Size: {user['shoe size']}")
print(f"Hair Color: {user['hair']}")
print(f"Eye Color: {user['eyes']}")
```

코드를 실행하면 다음과 같은 결과가 출력됩니다.

```
Name: Mattan
Height: 70
Shoe Size: 10.5
Hair Color: Brown
```

```
Eye Color: Brown
```

물론 원한다면 모든 정보를 한 줄의 코드로 작성할 수도 있습니다.

```
print(f"{user['name']}'s height is {user['height']}, shoe size
is {user['shoe size']}, hair color is {user['hair']}, and eye
color is {user['eyes']}")
```

하지만 한 줄에 담기에는 코드가 지나치게 깁니다.

키/값 쌍을 추가하기

딕셔너리를 저장하는 stock 변수를 이미 만들었습니다. 그러면 이번에는 딕셔너리에 새로운 키/값 쌍을 추가해보겠습니다. dictionaries.py 파일에 다음 코드를 추가합니다.

```
...
stock["open price"] = 108.25
stock["close price"] = 106.03
print(stock)
```

stock의 값이 다음처럼 출력되는 것을 알 수 있습니다.

```
{'name': 'Microsoft', 'ticker': 'MSFT', 'index': 'NASDAQ',
'open price': 108.25, 'close price': 106.03}
```

신규 키/값 쌍을 추가하는 데는 키로 값을 조회하는 것과 동일한 코드가 사용된다고 볼 수 있습니다. 한 가지 다른 점은 등호 기호를 사용한다는 것이죠. 그리고 키는 단순히 문자열이기 때문에 여기에 공백 문자가 포함되더라도 전혀 이상할 게 없습니다.

한 가지 유의할 점은 키의 문자열은 대소문자를 구별한다는 것입니다. 가령 stock["Open Price"]라는 코드는 다음과 같은 오류를 일으킵니다.

```
Traceback (most recent call last):
    File "dictionaries.py", line 26, in <module>
            print(stock["Open Price"])
KeyError: 'Open Price'
```

KeyError 오류는 stock["volume"]처럼 딕셔너리에 없는 키를 사용할 때에도 발생합니다.[*]

안전하게 딕셔너리에 없는 값에 접근하는 법

get() 함수를 사용하면 딕셔너리에 없는 값에 안전하게 접근할 수 있습니다. 딕셔너리가 특정 키를 가졌는지 확신이 서지 않을 때 유용합니다.

```
stock.get('volume')
```

위 코드는 키가 존재하는 경우 대응되는 값을 반환합니다. 하지만 만일 키가 존재하지 않는다면 get() 함수는 오류 대신 아무런 결과도 출력하지 않습니다. 오류가 발생하면 나머지 코드가 실행되지 않고 멈추기 때문에 get() 함수는 이 상

---

[*]   대소문자를 구분하기 때문에 사실상 "Open Price" 또한 존재하지 않는 키로 볼 수 있습니다.

황을 피하는 데 유용합니다. 또한 get() 함수는 키가 존재하지 않을 때 반환받을 기본값을 설정하는 또 다른 멋진 기능도 제공합니다.

```
stock.get('volume', 'Value not found')
```

딕셔너리에 든 내용을 정확히 모를 때는 get() 함수를 사용하는 편이 안전합니다. 하지만 코드 안에 존재할지 모를 잠재적 오류를 감추기 때문에 양날의 검이라고도 볼 수 있죠.

딕셔너리 도전 과제 2

164쪽의 도전 과제 1에서 생성한 user 딕셔너리에 favorite movies라는 키를 추가해보세요.

딕셔너리 도전 과제 2 해결책

저희가 이 문제를 해결한 방식은 다음과 같습니다.

```
...
user['favorite movies'] = ['Pulp Fiction', 'Magnolia', 'The Royal
Tenenbaums']
print(f"Favorite Movies: {user['favorite movies']}")
```

위 코드를 실행하면 다음의 결과가 출력되죠.

```
Favorite Movies: ['Pulp Fiction', 'Magnolia', 'The Royal
Tenenbaums']
```

한 가지 주목 할 점은 user['favorite movies']의 값으로 리스트를 할당했다는 것입니다. 만약 값에 다음처럼 생긴 문자열을 할당했다면,

```
user['favorite movies'] = 'Pulp Fiction, Magnolia, The Royal
Tenenbaums'
```

그 값은 리스트가 아니라 문자열일 것입니다. 만약 이 두 개가 어떻게 다른지 잘 모르겠다면 136쪽으로 돌아가서 관련 내용을 다시 읽어보세요. 만약 여러분이 저희처럼 리스트가 출력되는 형식이 마음에 들지 않는다면 리스트를 다음처럼 문자열로서 출력하는 방법도 있습니다.

```
Favorite Movies: Pulp Fiction, Magnolia, The Royal Tenenbaums
```

join() 함수를 사용해 리스트를 문자열로 바꿀 수 있었죠. 이 내용을 dictionaries.py에 적용하면 다음처럼 작성할 수 있습니다.

```
print(f"Favorite Movies: {', '.join(user['favorite movies'])}")
```

좀 더 가독성 좋은 출력 결과를 얻는 방법이죠.

딕셔너리는 언제 사용될까요?

딕셔너리는 표(또는 데이터베이스)의 행을 표현하는 데 사용됩니다. 행을 구성하는 각 열의 이름을 키로 사용하면 표의 정보에 라벨을 붙일 수 있습니다. 가령 다음과 같은 표를 고려해보죠.

Name	Height	Shoe size	Hair	Eyes	Favorite movies
Mattan	70	10.5	Brown	Brown	['Pulp Fiction', 'Magnolia', 'The Royal Tenenbaums']
...	...	...	...	...	...

만약 첫 번째 행의 정보로 어떤 작업을 하고 싶다면 다음처럼 리스트로 표현할 수도 있습니다.

```
user = ['Mattan', 70, 10.5, 'Brown', 'Brown', ['Pulp Fiction',
'Magnolia', 'The Royal Tenenbaums']]
```

하지만 리스트의 각 요소가 무엇을 표현하는지 헷갈릴 수밖에 없습니다. 70과 10.5가 무슨 뜻일까요? Brown이라는 값이 두 개 있는데, 눈 색깔을 표현하는 것은 어느 쪽일까요? 행 이름을 추적하려면 결국 딕셔너리를 사용할 수밖에 없습니다.

```
user = {'name': 'Mattan',
        'height': 70,
        'shoe size': 10.5,
        'hair': 'Brown',
        'eyes': 'Brown',
        'favorite movies': ['Pulp Fiction',
                            'Magnolia',
                            'The Royal Tenenbaums']}
```

약간 읽기 어려울 수도 있지만 필수 정보는 모두 포함합니다.

한 가지 연습 문제를 풀어봅시다. 여러 게시글이 담긴 블로그의 데이터 베이스에 연결해 blog_post라는 딕셔너리에서 최근의 게시글을 가져온다고 가정해보죠. 이 딕셔너리에는 어떤 키와 값이 저장될까요? 다음과 같은 키가 있을 것입니다.

- title(제목)
- body(본문)
- author(저자)
- created_at(생성된 일시)
- published_at(게시된 일시)

blog_post 딕셔너리에 created_at과 published_at 키가 존재한다고 어떻게 추측할 수 있었을까요? 블로그는 이런 종류의 정보를 추적하는 경향이 있고, 일반적으로 이런 정보를 저장하는 다른 여러 데이터베이스를 봐왔기 때문입니다.

아마도 지금쯤이면 내용이 꽤 빠르게 복잡해진다고 느낄지도 모릅니다. 현실의 여러 데이터세트가 수백 개의 열과 수천 개의 행을 갖는 일은 흔하며, 이를 딕셔너리로 저장하려 한다면 결국 코드의 통제가 어려워질 가능성이 큽니다. 추가로 이는 사람들이 데이터를 생각하는 방식과도 차이가 있습니다. 우리에게 데이터세트는 행과 열로 구성된 표이며, 코드보다 엑셀과 같은 파일로 저장되는 것이 보편적입니다. 이 책의 2부에서는 이러한 의문점을 다시 파헤치며, 파이썬이 왜 대규모 데이터세트를 더욱 직관적으로 다루기에 강력한 도구인지 알게 될 것입니다.

요약

이번 장에서는 if 문, 논리 연산, 리스트, 반복문, 딕셔너리를 배움으로써 파이썬을 좀 더 이해할 수 있었습니다. 또한 프로그래밍 인터뷰에 자주 등장하는 까다로운 피즈버즈 문제도 다뤘습니다.

지금까지 배운 내용은 실제 데이터 분석을 시작하기에 거의 충분한 지식이지만, 중요한 주제를 두 가지 더 배워야만 하죠. 바로 '함수'와 '패키지 불러오기'입니다. 이 책의 1부 마지막 장에서는 이 두 주제를 다룹니다.

4장

파이썬의 기본기 3

함수를 1부의 마지막 주제 중 하나로 남겨뒀기 때문에 어려운 내용이라고 예상할지도 모릅니다. 사실 함수는 꽤 간단한 개념입니다. 재사용할 수 있게 코드를 저장하는 수단일 뿐이죠. 하지만 한편으로는 미묘하게 다른 여러 방식이 존재하기 때문에, 이를 이해하는 게 꽤 어렵게 느껴질 수도 있습니다. 우리는 간단한 것부터 시작해서 점점 더 복잡한 내용을 살펴보는 식으로 이 장의 내용을 진행할 예정입니다. 그리고 힘든 작업에는 그만큼의 노력을 투자할 가치가 있음을 여러분이 깨닫길 바랍니다.

엑셀을 사용해본 적이 있다면 함수의 개념과 사용법에 이미 익숙할 것입니다. 가령 엑셀에는 sum(), average(), count(), concatenate(), if()와 같이 여러 유용한 내장 함수가 있죠.[1]

그리고 지금까지 이 책을 진행하며, 알게 모르게 파이썬의 다양한 함수를 사용했습니다. 예를 들어 print(), len(), lower() 등을 사용했죠. 이 장에서는 함수의 숨겨진 힘을 열어낼 다양한 내용을 배울 것입니다.

4장에서 배울 내용

이 장을 마칠 때 즈음에는 여러분만의 함수를 작성할 수 있게 됩니다.
함수의 매개변수, 출력, 리팩터링을 포함해, 매개변수의 자료형이나 개수
를 잘못 입력했을 때 발생하는 문제를 배웁니다. 마지막으로는 파이썬의
패키지를 다룹니다. 다른 사람이 만든 함수를 불러오는 것으로 파이썬이
할 수 있는 일의 범위를 극적으로 넓힐 수 있습니다.

함수에 대한 소개

우선 functions.py 파일을 생성한 뒤 다음 코드를 채워넣습니다.

```
grades = [90, 85, 74]
prices = [12.99, 9.99, 5.49, 7.50]
print(sum(grades) / len(grades))
print(sum(prices) / len(prices))
```

앞서 리스트에 포함된 숫자들의 합을 계산하는 sum(), 리스트에 포함
된 요소의 개수를 구하는 len()이라는 파이썬 내장 함수를 배웠습니다. 그
내용을 토대로 생각해보죠. 그러면 앞 코드는 숫자로 채워진 두 리스트를
생성한 다음, 각 리스트의 평균을 계산하고 출력한다는 것을 알 수 있습니
다. 평균은 리스트에 포함된 요소의 개수로 리스트에 포함된 숫자들의 합
을 나누어 구하죠(평균을 구하는 방식은 여러 가지가 있는데, 여기서 계산한 평
균은 mean이라고 합니다). 그리고 위 코드를 실행하면 다음과 같은 결과가
출력됩니다.

```
% python functions.py
83.0
8.9925
```

한편 이런 평균을 앞으로 구할 일이 많다고 가정해보죠. 이 경우 평균을 계산하는 코드를 함수로 만드는 것이 타당합니다. functions.py의 코드를 다음처럼 바꾸면 함수를 만들 수 있습니다.

```
# 함수는 계속 재사용할 수 있는 작은 단위의 코드 조각입니다
def average(numbers):
    return sum(numbers) / len(numbers)


grades = [90, 85, 74]
prices = [12.99, 9.99, 5.49, 7.50]


print(average(grades))
print(average(prices))
```

파이썬에서 함수는 아래와 같은 다섯 단계를 따라 만듭니다.

① def와 공백 문자로 시작합니다(def는 '정의'라는 뜻을 지닌 definition 의 줄임말입니다).

② 그다음 함수 이름을 씁니다(변수 이름을 지을 때와 같은 규칙이 권장됩니다. 즉 소문자를 쓰고 각 단어 사이에는 언더스코어 문자를 배치하죠). 함수 이름은 이후 함수를 실행(또는 '호출')할 때 사용됩니다.

③ 그다음 소괄호가 있어야 합니다. 소괄호 속에는 함수가 실행될 때 전

달받을 입력(매개변수)이 명시될 수 있습니다. 이는 함수 안에서 변수로 사용됩니다.

④ 함수의 정의는 열 마지막에 콜론(:)을 써서 마무리됩니다. 이 점을 기억하세요.

⑤ 함수 이름과 매개변수를 설정한 다음, 함수 안에 넣고 싶은 모든 코드 앞에는 꼭 들여쓰기를 해야 합니다. if 와 for 반복문과 마찬가지로 파이썬은 들여쓰기를 기준으로 함수에 속한 코드를 판단합니다.

함수의 일반적인 구조는 아래와 같습니다.

```
def function(input1, input2, ...):
    # 입력(input)으로 어떤 작업을 수행합니다
    return ...
```

함수를 만들고 나면 함수 이름과 함수가 수용할 매개변수를 기입한 소괄호를 기준으로 함수를 실행(호출)할 수 있습니다.

앞서 작성한 average() 함수에는 단 하나의 매개변수인 numbers만 존재합니다. 리스트지만 이 또한 입력으로 간주됩니다. 함수의 매개변수는 이 장 후반부에서 더 자세히 다룰 텐데, 실제 numbers에 어떤 내용이 담길지 알 수 없는 상황에서도 average() 함수를 정의한 사실에 주목할 필요가 있습니다. 이는 함수 안에서 사용될 자리 표시자placeholder를 선택한 것으로, 나중에 함수를 호출할 때 전달될 입력을 참조하는 역할을 합니다.

이 자리 표시자 또는 매개변수는 기본적으로 함수 안에서만 존재하는 변수입니다. 여기서 numbers라는 단어를 선택한 이유는 여러 숫자를 입력받아 평균을 계산하는 함수의 입력이라는 뜻을 나타내기 위함입니다. 사실 함수에 입력될 매개변수의 이름은 뭐든지 될 수 있습니다. 단지 함수 안에서 그 변수 이름을 그대로 써야 한다는 것을 기억하세요.

그다음 함수를 호출할 때 grades 또는 prices 같은 리스트를 전달하면 그 리스트는 함수 안의 numbers로 치환됩니다. 한편 함수를 호출할 때 변수뿐만 아니라, 리스트 그 자체도 즉시 전달될 수 있습니다.

```
print(average([0, 1, -1])
```

그러면 [0, 1, -1] 리스트는 함수 안에서 numbers로 치환됩니다. 그리고 함수는 다음 코드를 반환하죠.

```
sum([0, 1, -1]) / len([0, 1, -1])
```

한편 무언가를 반환할 때는 다음처럼 return이라는 키워드를 앞에 붙여줘야 합니다.

```
def average(numbers):
    return sum(numbers) / len(numbers)
```

여기서 return의 역할은 무엇일까요? 바로 함수가 출력할 내용을 정의하는 것입니다. 대부분 함수의 마지막에서 항상 찾아볼 수 있는 키워드입니다. 또 다른 예를 살펴보죠. 아래의 코드를 functions.py에 추가합니다.

```
address = "3022 Broadway, New York, NY 10027, USA"
city = address.split(', ')[1]
print(city)
```

코드를 실행하면 아래와 같은 결과가 출력됩니다.

```
% python functions.py
...
New York
```

무슨 일이 일어난 걸까요? 주소를 담는 변수는 특정 형식의 문자열로 구성됩니다. 바로 거리 주소Street Address, 도시city, 주와 우편번호State Zip, 나라country 순서로 텍스트가 나열되어 있죠. 두 번째 줄의 address. split(', ')은 이 텍스트를 쉼표와 공백을 기준으로 분할해 리스트로 만듭니다. 즉 아래와 같은 내용의 리스트가 반환됩니다.

```
['3022 Broadway', 'New York', 'NY 10027', 'USA']
```

그다음 [1]로 리스트의 두 번째 요소를 가져온 다음(기억하겠지만 리스트의 첫 번째 요소는 [0]에서 시작합니다), 이를 city 변수에 저장합니다.

그리고 '흠, 이 모든 작업을 나중에 또 해야 하니까 함수로 만들어야겠어'라고 생각해보죠. 그 함수는 다음처럼 정의될 겁니다.

```
def get_city(address):
    return address.split(', ')[1]

address = "3022 Broadway, New York, NY 10027, USA"
city = get_city(address)
print(city)
```

위 코드의 출력은 직전과 정확히 같습니다. 다만 이번에는 address. split(', ')[1]을 함수 안에 집어넣고, return을 추가하고, 함수의 매개변수를 알맞게 일치시키는 작업을 했습니다.

여기서 주소 정보(문자열)를 담아 함수로 전달한 address 변수는 먼저 get_city() 함수를 정의하면서 사용한 매개변수인 address와 완전히 다릅니다. 둘의 이름이 같아도 상관없습니다. 함수 안에서 생성된 변수는 오직 함수 안에서만 사용 가능한지를 판단하는 범위, 즉 스코프scope가 이를 잘 작동하게끔 만들어주기 때문이죠.

스코프는 복잡하고 헷갈리기 쉬운 주제입니다. 여기서는 단순히 함수 안의 address가 함수 밖에 정의한 address와 다르다는 것을 아는 정도로도 충분합니다. 그리고 이 사실은 다음의 간단한 코드로 증명할 수 있습니다.

```
...
columbia = "3022 Broadway, New York, NY 10027, USA"
city = get_city(columbia)
print(city)
```

위 코드는 여전히 잘 작동합니다. 그 이유를 이해했나요? 좋습니다. 그러면 이제는 여러분의 능력을 시험해볼 차례입니다.

함수 도전 과제 1

get_state()라는 함수를 작성해보세요. 이 함수는 "3022 Broadway, New York, NY 10027, USA"와 같은 양식의 문자열을 매개변수로 수용한 다음, 여기서 주 부분만을 반환합니다(예, "NY").

함수 도전 과제 1 해결책

get_state() 함수는 get_city()보다 약간 더 복잡합니다. 아래와 같은 형식의 주소를 처리하려면 몇 가지 추가 단계가 더 필요하기 때문이죠.

```
address = "3022 Broadway, New York, NY 10027, USA"
```

위 주소는 다음처럼 쉼표를 기준으로 분리할 수 있습니다.

```
address.split(', ')
```

그러면 다음과 같은 리스트를 얻습니다.

```
['3022 Broadway', 'New York', 'NY 10027', 'USA']
```

그리고 해당 리스트의 세 번째 요소는 [2]로 접근합니다.

```
address.split(', ')[2]
```

그러면 다음 문자열을 가져올 수 있습니다.

```
'NY 10027'
```

이 문자열에는 주와 우편번호 정보가 담겨 있지만, 이 중 우리가 원하는 것은 오직 주입니다. 어떻게 주 정보만 쏙 빼낼까요? 한 가지 방법은 공백 문자를 기준으로 다시 한 번 분할하는 것입니다.

```
address.split(', ')[2].split()
```

그런데 두 번째 split() 함수에는 매개변수를 입력하지 않았습니다. 이 함수는 기본적으로 공백 문자를 기준으로 분할하기 때문입니다.[2] 따라서 다음과 같은 결과를 얻습니다.

```
['NY', '10027']
```

그리고 마지막으로 두 번째 리스트의 첫 번째 요소를 [0]으로 접근하면 주 정보만 추출할 수 있습니다.

```
address.split(', ')[2].split()[0]
```

이 내용을 get_state() 함수로 만들고 함수의 매개변수로 주소를 넘겨 받도록 코드를 작성합니다.

```
def get_state(address):
    return address.split(', ')[2].split()[0]

state = get_state(columbia)
print(state)
```

그리고 실행하면 다음과 같은 결과가 출력되죠.

```
% python functions.py
...
```

물론 이 문제를 다른 방식으로도 해결할 수 있습니다. 가령 두 번째 split() 함수 대신 'NY 10027' 문자열의 처음 두 문자를 [0:2]로 추출할 수도 있겠죠(141쪽의 '문자열에 대한 슬라이스 표기법'을 확인해보세요). 원한다면 이 방식도 여러분이 직접 시도해보세요.

앞서 본 get_city() 함수와 이 도전 과제의 get_state() 함수 모두 매개변수로 입력되는 문자열이 특정 형식을 따른다고 가정한 상태에서 작성되었습니다. 만약 문자열 형식이 약간이라도 바뀐다면 두 함수 모두 더 이상 올바르게 작동하지 않을 것입니다. 예를 들어서 주소에 방 번호도 포함된다고 가정해보죠.

```
"3022 Broadway, Room 142, New York, NY 10027, USA"
```

그러면 갑자기 get_city() 함수와 get_state() 함수 모두 잘못된 결과를 출력해버립니다. 좀 더 구체적으로 설명하자면, get_city("3022 Broadway, Room 142, New York, NY 10027, USA")는 'Room 142'를, get_state("3022 Broadway, Room 142, New York, NY 10027, USA")는 'New'를 반환합니다.

이는 함수가 입력에 매우 의존한다는 사실을 보여줍니다. 따라서 함수를 작성할 때는 입력될 수 있는 다양한 형식의 매개변수를 주의해서 고려해야 합니다. 적어도 올바른 형식의 입력만 수용하도록 구현하는 것이 바람직합니다. 이 주제는 199쪽에서 좀 더 자세히 다룹니다.

함수로 할 수 있는 일

잠시 뒤로 물러서서 함수의 존재 이유를 생각해보겠습니다. 함수란 하나 이상의 입력을 받아들여 뭔가를 출력하는 것입니다.

입력과 출력은 무엇이든 될 수 있습니다. 그리고 함수 안에 정의된 일련의 단계는 호출할 때마다 계속 반복되죠. 이는 강철, 알루미늄, 유리, 고무, 물감과 같은 서로 다른 원자재를 수용해 자동차라는 출력을 만드는 공장 생산 라인과도 비슷합니다.

마찬가지로, 다른 곳에서 여러 번 사용될지도 모를 코드를 작성한다면 이러한 코드는 함수로 만드는 것이 타당합니다. 예를 들어서 입력받은 사용자명과 비밀번호의 유효성을 검사한 다음 특정 웹사이트로 로그인하는 login() 함수는 대부분 웹사이트의 공통 함수로 볼 수 있습니다.

지금까지 get_city() 와 get_state()라는 두 함수를 정의했습니다. 이 둘은 문자열을 입력받아 문자열을 출력하지만, 사실 함수는 이보다 더 많은 일을 해냅니다. 가령 아래와 같은 일을 수행하는 함수도 정의할 수 있죠.

- 입력된 단어의 복수형을 반환하는 함수. 이 함수의 코드는 대상 언어에 따라 작성이 매우 어려울 수도 있습니다.
- 입력된 여러 텍스트(문자열)를 토대로 가장 많이 사용된 단어 목록을 리스트로 반환하는 함수.
- 입력된 두 숫자(두 정수 또는 부동소수점 수)를 토대로 한 숫자가 다른 한 숫자로 나누어 떨어지는지를 True 또는 False로 확인하는 함수.

3장의 피즈버즈 도전 과제에서 본, 숫자가 3 또는 5로 나누어 떨어지는지 확인하는 법을 기억하나요? 그때는 동일한 종류의 코드를 여러 번 반복해야 했습니다.

```
(number % 3) == 0
(number % 5) == 0
```

두 코드가 유사해 보인다는 사실은 이 둘을 포괄하는 함수를 만드는 게 타당하다는 좋은 단서입니다. 그러면 이 아이디어를 functions.py 파일에 추가해보죠.

```
def divisible_by(number, divisor):
    if (number % divisor) == 0:
        return True
    else:
        return False
print(divisible_by(15, 3))
print(divisible_by(20, 3))
```

15와 20 중 15만이 3으로 나누어 떨어지기 때문에, 위처럼 수정된 파일을 실행하면 다음의 결과를 얻습니다.

```
% python functions.py
...
True
False
```

기술 부채와 리팩터링

코드의 뭔가가 잘못되었다는 징후를 '코드 스멜code smell'이라고 표현하곤 합니다. 코드의 유연성(수정이 용이한 특성)이 떨어지거나, 가독성이 떨어지거나, 필요 이상으로 오류의 발생 가능성이 높은 문제가 존재할 수 있다는 뜻이죠.

코드 스멜의 한 가지 예는 중복 코드입니다.[3] 즉 완전히 동일하거나 유사한 코드가 같은 파일 또는 여러 파일에 걸쳐 여러 번 등장하는 경우죠. 중복 코드가 나쁜 이유는, 어떤 일을 수행하는 코드를 변경할 때마다 모든 코드를 찾고 동일한 방식으로 바꿔야 한다는 데 있습니다(마치 '모두 찾기' 와 '대체하기' 작업을 반복하는 것 같죠). 코드의 양이 늘어날수록 이 작업 또한 점점 더 어려워집니다. 그리고 가끔 수정해야 할 부분 중 일부를 놓치는 실수를 초래하기도 합니다. 그러면 결국 버그가 생기고, 심지어 코드 자체가 망가지는 결과로도 이어집니다.

이 문제를 해결하는 한 방법은 모든 중복 코드를 함수로 대체한 뒤 해당 함수를 필요한 곳에서 재사용하는 것입니다. 함수의 작동 방식과 코드의 품질은 여전히 개선되어야 할지라도, 단 한 곳에서 구현된 코드만 수정하면 그 함수를 사용하는 모든 곳의 행동도 자동으로 바뀐다는 장점이 있습니다.

'리팩터링refactoring'이라는 용어는 코드를 더 나은 방향으로 재작성한다는 뜻입니다. 같은 역할을 수행하는 함수의 속 알맹이를 바꾸는 것도 여기에 해당합니다. 정확히 같은 역할을 수행하는 함수를 더 낫거나 나쁘게 만드는 코드란 무엇일까요? 높은 가독성, 짧은 코드, 더 빠른 코드, 더 유연한 코드가 여기에 해당합니다.

처음에 작성한 divisible_by() 함수는 기능적으로 괜찮아 보였습니다.

```
def divisible_by(number, divisor):
    if (number % divisor) == 0:
        return True
    else:
        return False
```

다음날 이 함수를 다시 봤을 때, 우연히 필요 이상으로 많은 코드가 쓰였다는 사실을 알아챘습니다. 위 함수를 더 짧은 코드로 재작성할 방법을 떠올릴 수 있나요? 다음처럼 작성하면 어떨까요?

```
def divisible_by(number, divisor):
```

```
    return (number % divisor) == 0
```

== 연산자는 무조건 True 또는 False를 반환한다는 데 착안하여 재작성한 코드입니다.

그러면 더 짧은 코드가 첫 번째보다 더 나을까요? 일반적으로 하는 일이 명확히 보이기만 한다면 코드의 양은 적을수록 좋습니다. 피즈버즈 도전 과제에서 본 한 줄짜리 해결책을 기억하나요? 코드의 해독이 거의 불가능했죠. 이 경우 코드가 더 짧다고 해서 더 좋다고 보기 어렵습니다.

```
for x in range(100):print(x%3//2*'Fizz'+x%5//4*'Buzz'or x+1)
```

왜 그럴까요? 우선 코드가 더 짧다고 해서 실행 속도가 더 빠르지는 않습니다. 그리고 더욱 중요한 이유는 가독성이 매우 떨어집니다. 다른 사람이 여러분이 작성한 코드를 읽기가 매우 어렵다는 것이죠(심지어 미래에 여러분이 스스로 작성한 코드를 보고 이해하지 못하는 경우도 있습니다).

코딩에는 '기술 부채technical debt'라는 중요한 개념이 있습니다. 완벽하지 못한 코드의 작은(때로는 큰) 문제가 쌓여 발생하는 문제로, 비효율적인 코드, 가독성이 떨어지는 코드, 유연성을 갖추지 못한 코드 등의 문제가 여기 포함됩니다. 보통 코드를 처음 작성했다면 그 코드의 품질과 가독성이 얼마나 좋은지를 알기란 어렵습니다. 하지만 괜찮습니다. 첫 번째 목표는 작성한 코드가 잘 작동하게끔 만드는 것이지, 완벽한 코드를 만드는 것이 아닙니다. 처음에는 코드를 좋고 나쁘게 만드는 방식을 정확히 알기 어렵고, 나쁜 코드를 작성할까 봐 두려워하면 코드를 아예 작성하지 못하는 사태를 초래할 뿐입니다.

지속적으로 유사한 기능의 코드를 작성하다 보면 완벽하지 못한 코드의 사소한 문제가 기술 부채로 쌓이고, 결국 언젠가는 그 부채를 '청산'해야 하는 시점이 도래합니다. 따라서 여러분이 작성한 코드를 되돌아보고, 개선의 여지가 있다면 이를 수정(리팩터링)하는 것이 좋습니다.

비기술직군의 종사자라면 리팩터링의 가치를 이해하기가 어려울지도 모릅니다. 코드가 하는 일 자체를 바꾸는 게 아니라면 특히 더 그렇죠(사용자 입장에서는 변한 게 없어 보이지만, 내부 구현 방식이 개선된 경우처럼요). 회사에서는 새로운 제품을 발표하거나 존재하는 상품에 새로운 기능을 추가해 소비자에게 의미를 줄 수 있는 비즈니스 가치에 집중하고, 리팩터링처럼 당장 눈에 보이지 않는 변화를 만드는 일을 등한시하는 경우가 많습니다.

작성한 코드를 되돌아보고 개선하지 않는다면 기술 부채는 계속해서 쌓여나갑니다. 그리고 기술 부채가 쌓일수록 제품 개발팀의 일 처리 속도는 느려집니다. 가령 중복된 코드와 같은 문제 때문에 사소한 변경을 반영하는 데 오랜 시간이 걸릴 수 있습니다. 시간이 지나며 코드의 양은 계속해서 불어날 것이고(일부 거대 기업의 제품은 수백만 줄 이상의 코드를 보유합니다. 예를 들어서 마이크로소프트의 윈도우 운영체제는 약 5000만 줄의 코드로 작성됐습니다[4]), 언젠가는 엄청나게 큰 매듭이 꽉 묶인 것처럼 보이게 됩니다. 이 시점에서 특정 코드를 바꾸려고 하면 의도치 않게 다른 엉뚱한 코드까지 영향을 끼치게 됩니다. 결국 기술 부채는 회사와 기관 전체의 움직임을 매우 더디게 만들죠.

함수 도전 과제 2

uppercase_and_reverse()라는 함수를 만들어보세요. 이 함수는 입력받은 텍스트를 대문자로 바꾼 뒤 순서를 뒤집어 반환합니다. 다음처럼 작동하죠.

```
>>> uppercase_and_reverse('banana')
'ANANAB'
```

이 도전 과제는 약 5분 정도의 시간을 두고 풀어보세요.

함수 도전 과제 2 해결책

방법이 떠올랐나요? 함께 풀어보죠. 함수를 정의할 때는 그 함수의 입력과 출력을 먼저 생각해보는 것이 좋습니다. 이 문제에서 입력은 문자열이고 출력도 문자열로 꽤 단순하죠.

그다음은 함수 이름과 입력될 각 매개변수 이름을 생각해야 합니다. 함수 이름은 이미 uppercase_and_reverse()로 정해졌습니다. 따라서 입력 매개변수 이름만 고민하면 됩니다. 매개변수 이름을 text라고 지어보죠 (string이나 word 같은 단어도 좋습니다).

```
def uppercase_and_reverse(text):
```

이런 식으로 시작할 수 있습니다. 그러면 그다음으로 할 일은 무엇일까요? 먼저 대문자로 바꿔야 할까요, 아니면 일단 순서를 뒤바꿔야 할까요? 사실 어느 것을 먼저 해도 상관없습니다. 순서를 잘 정하는 게 중요할 때도 있지만, 이번 문제는 그렇지 않습니다. 따라서 둘 중 아무거나, 대문자로 바꾸는 작업부터 해보겠습니다.

```
def uppercase_and_reverse(text):
    text.upper()
```

upper() 함수가 무엇인지는 94쪽 '문자열 함수'에서 잠시 다뤘습니다. 다만 '파이썬 문자열을 대문자화하는 방법Python how to uppercase a string'을 구글에서 검색해보면 원하는 답을 꽤 빨리 얻을 수 있습니다.

그러면 대문자로 바뀐 텍스트를 새로운 변수에 담습니다(함수 안에 생성된 변수는 함수 안에서만 존재하며, 함수를 벗어나면 사라집니다).

```
def uppercase_and_reverse(text):
    uppercased_text = text.upper()
```

이제는 문자열을 뒤집을 차례입니다. 그 방법을 아직 다루지는 않았지만, 아무것도 모르는 상태에서 uppercased_text.reverse()라는 함수를 추측해낼 수 있을지도 모릅니다. 하지만 reverse()라는 함수는 존재하지 않기 때문에 작동하지 않습니다. 그렇다면 무슨 함수를 사용할지 어떻게 알까요? 구글링이 정답입니다. '파이썬 문자열 뒤집기Python reverse a string'를 검색해보죠. 그러면 다음과 같은 예제 코드를 보여주는 스택 오버플로 페이지를 찾을 수 있습니다.

```
>>> 'hello world'[::-1]
'dlrow olleh'
```

[::-1]은 무엇이고, 어떤 식으로 작동하는 것일까요? 잘 모르겠네요. 실제로 어떤 중요한 작업에 이 코드를 써야 한다면 그 작동법을 면밀히 파악해야 합니다. 하지만 이 예제를 푸는 입장에서는 크게 중요하지 않으며 '원하는 일을 해내는구나' 정도로 생각해도 좋습니다.[5] 따라서 단순히 해당 내용을 uppercase_and_reverse() 함수에 붙여 넣어 추가합니다.

```
def uppercase_and_reverse(text):
    uppercased_text = text.upper()
    uppercased_reversed_text = uppercased_text[::-1]
```

함수는 아직 아무것도 반환하지 않습니다. 앞 코드를 지금 실행한다고 한들 None만 반환할 뿐입니다(None의 내용은 196쪽에서 자세히 다룹니다). 함수가 무언가를 반환하도록 만들기 위해서는 return이라는 키워드로 시작하는 코드 한 줄을 더 추가해야 하죠. return 다음에 반환하고 싶은 값을 적어줍니다.

```python
def uppercase_and_reverse(text):
    uppercased_text = text.upper()
    uppercased_reversed_text = uppercased_text[::-1]
    return uppercased_reversed_text
```

이제는 작성한 함수가 잘 작동하는지를 다음처럼 검사할 수 있습니다.

```python
print(uppercase_and_reverse('Banana'))
```

그러면 이러한 결과를 얻습니다.

```
ANANAB
```

잘 작동합니다. 다만 작성한 함수를 한번 더 보고, 어떤 식으로 리팩터링을 할지 고민해보죠. uppercased_reversed_text 변수의 역할이 무엇일까요? 단지 함수의 반환값을 참조할 뿐입니다. 따라서 이 변수 자체는 크게 필요하지 않습니다. 그렇다면 어떻게 이 변수를 완전히 없앨까요? 가령 다음과 같이 시도할 수 있습니다.

```python
def uppercase_and_reverse(text):
```

```
uppercased_text = text.upper()
return uppercased_text[::-1]
```

이 시점에서 upper() 함수와 [::-1]도 한 줄로 묶고, uppercased_text 변수를 완전에 제거할 수 있다는 사실을 눈치챘을지도 모릅니다.

```
def uppercase_and_reverse(text):
    return text.upper()[::-1]
```

코드에 변화를 줄 때마다 매번 실행해서 코드가 잘 작동하는지 확인하는 것도 좋은 생각입니다. 어떤 문제가 생겼을 때 그 즉시 문제를 인지하여 해결하려고 노력할 수 있으니까요.

함수 도전 과제 3

finance_functions.py라는 새 파일에 다음 공식으로 돈의 미래 가치를 계산하는 함수를 만듭니다.

미래 가치 = 현재 가치 × (1 + 이율)^{기간}

이 공식을 사용해 이율이 10퍼센트일 때 1000달러의 5년 후 미래 가치를 계산합니다. 이번에도 10분 정도 시간을 두고 구현 방법을 생각해보세요.

함수 도전 과제 3 해결책

finance_functions.py 파일을 생성한 뒤 future_value()라는 함수를 정의합니다.

```
def future_value():
```

그다음 함수의 입력 매개변수를 정하고, 함수를 호출할 때 입력될 실제 값을 생각해봐야 합니다. 미래의 가치를 계산하려면 현재 가치, 이율, 기간 이라는 세 가지 정보가 필요합니다.

① 정수 또는 부동소수점 수로 표현되어야 할 현재 가치(예: 1000 또는 10.58)
② 부동소수점 수로 표현되어야 할 이율(예: 0.1). 파이썬에는 퍼센트를 직접 표현할 자료형이 없습니다.
③ 정수로 표현되어야 할 기간, 즉 햇수(예: 5)

각각의 입력 매개변수를 present_value, rate, periods라고 이름짓습니다.

```
def future_value(present_value, rate, periods):
```

이 함수는 다음처럼 계산된 미래의 가치를 반환해야 합니다.

```
present_value * (1 + rate) ** periods
```

앞에서 **는 지수 연산자(거듭제곱)라는 사실을 배웠습니다. 한편 지금 까지 생각한 내용을 모두 한 군데 모으면 다음과 같은 형태의 함수를 작성 할 수 있습니다.

```
def future_value(present_value, rate, periods):
```

```
    return present_value * (1 + rate) ** periods
```

작성된 함수를 검증하는 다음 코드를 파일 마지막에 추가합니다.

```
print(future_value(1000, .1, 5))
```

그리고 모든 코드를 포함한 finance_functions.py 파일을 실행합니다.

```
% python finance_functions.py
1610.5100000000004
```

.5100000000004 같은 결과가 왜 발생했는지 궁금하다면 다음의 '부동
소수점 연산' 노트를 읽어보세요.

부동소수점 연산

파이썬으로 수학 연산을 할 때면 가끔 괴상해 보이는 결과를 얻습니다.

```
>>> .1 * .1
0.010000000000000002
>>> (.1 + .1 + .1) == .3
False
```

무슨 일이 일어난 것일까요? 컴퓨터가 부동소수점 수를 저장하는 방식은 가
끔 이상한 오류를 일으킵니다. 가령 0.125라는 숫자를 생각해보죠. 사람들은
대부분 10진수로 수학을 다룹니다. 즉 0.125를 1/10 + 2/100 + 5/1000 +

0/100000 + …으로 해석하죠(학교 수학 시간에 10, 100, 1000이라는 숫자를 배웠던 걸 떠올려보세요.)

반면 컴퓨터는 0 또는 1로 표현되는 2진수를 사용합니다. 다시 말해 컴퓨터는 0.125라는 숫자를 0/2 + 0/4 + 1/8 + 0/16 + …으로 해석합니다. 다만 문제는 대부분의 분수가 2진수로 표현될 수 없다는 데 있습니다. 단지 근삿값일 뿐이죠. 매우 이상하게 들릴지도 모르지만, 10진수 방식에도 이런 문제가 있습니다. 가령 1/3은 10진수로 표현할 수 없습니다. 0.3, 0.33, 0.3333, …로 적을 수는 있지만 10진수로는 1/3을 정확히 표현할 방도가 없습니다.

파이썬은 대부분의 부동소수점 수가 2진수로 표현되는 문제를 내부에서 처리합니다. 충분히 근삿값에 이른 다음, 특정 자릿수 이후의 숫자들을 잘라내는 방식을 적용하죠(파이썬3에서는 7자리 수까지 근삿값을 구합니다). 하지만 이따금 이 근사 과정에서 작은 부분이 남아 예상치 못한 순간에 나타납니다. 그래서 0.010000000000000002와 같은 결과가 나오기도 하는 거죠.

놀랍게도 이는 파이썬 언어만의 문제가 아닙니다. 모든 컴퓨터가 가진 문제입니다. 모두 2진수에 기반하기 때문이죠. 결국 모든 컴퓨터의 신호는 0과 1로 처리됩니다. 이 문제를 해결하는 한 가지 방법은 round 함수로 반올림을 수행하는 것입니다.

```
>>> round(.1 + .1 + .1, 15) == round(.3, 15)
```

소수점 10자리까지로 제한할 수도 있습니다. 은행에서도 이자를 계산할 때, 고려되어야 하는 소수점 자릿수를 결정해야 합니다. NASA에서 우주선을 우주로 보냈을 때 원주율 값의 15자리 수까지만 계산에 활용했다는 얘기를 아시나요? NASA에서도 쓰는 정도라면 우리에게도 충분한 근삿값이겠죠. 이 문제를 더 자세히 알아보고 싶다면 부동소수점 연산에 관한 파이썬 문서Floating Point Arithmetic: Issues and Limitations[6]를 확인해보세요.

이 문제의 간단한 해결책은 round() 함수를 사용해서, 값이 반환되기 전 소수점 이하 자릿수를 두 번째까지로 제한하는 것입니다.

```
def future_value(present_value, rate, periods):
    return round(present_value * (1 + rate) ** periods, 2)
...
```

이제 다음처럼 좀 더 그럴듯한 결과를 얻습니다.

```
% python finance_functions.py
1610.51
```

여기서 함수의 또 다른 장점을 알 수 있습니다. 만약 수많은 미래 가치를 계산하는 코드를 작성해야 하는데 이를 함수로 만들어두지는 않았다고 상상해보죠. 부동소수점 수가 가진 문제를 발견하여 그 문제를 고치고 싶다면 상당히 많은 양의 코드를 수정해야 할 것입니다. 그러다 한두 개를 빼먹는 실수를 저지른다면 버그로 이어질 수 있습니다. 만약 미래 가치를 계산하는 코드를 함수로 만들어뒀다면 함수의 내용물만 바꿔서 모든 문제가 깔끔하게 해결될 것입니다.

함수를 작성할 때 알아둘 점: return을 사용하지 않는다면?

저희는 코딩을 처음 시작한 사람들이 함수의 결과를 반환하는 대신 함수 내부에서 출력하는 경우를 많이 목격했습니다. 예를 들어서 finance_functions.py 파일의 코드를 다음과 같이 작성하는 것이죠.

```
def future_value(present_value, rate, periods):
    print(round(present_value * (1 + rate) ** periods, 2))


future_value(1000, .1, 5)
```

물론 이 코드를 실행하면 명령줄에서는 결과가 올바르게 출력됩니다.

```
% python finance_functions.py
1610.51
```

그리곤 '오! 반환과 출력을 한번에 해결했으니까 한 단계를 더 단축했네!' 라고 생각할지 모릅니다. 하지만 이건 매우 나쁜 생각입니다. 문제는 출력을 변수에 저장하고 싶을 때 발생합니다. 실제로 자주 필요한 상황이죠.

```
def future_value(present_value, rate, periods):
    print(round(present_value * (1 + rate) ** periods, 2))


balance = future_value(1000, .1, 5)
print(f"Your account balance is: {balance}")
```

여기서 balance의 값은 어떻게 될까요? 스스로 확인해보세요.

```
% python finance_functions.py
1610.51
Your account balance is: None
```

함수가 아무것도 반환하지 않으면 아무것도 출력하지 않습니다. 미래 가치를 계산하고 명령줄로 출력하기는 하지만, 해당 함수의 출력 결과에 기반해 balance 변수를 생성하면 파이썬은 그 변수의 값에 None을 할당합니다. 말 그대로 비어 있음(아무것도 없음)이라는 의미입니다.

None 값을 가진 변수로 뭔가를 하려고 하면 더 큰 문제가 발생합니다.

예를 들어보죠.

```
...
balance = future_value(1000, .1, 5)
print(balance * 100)
```

앞 코드는 다음과 같은 오류를 발생시킵니다.

```
% python finance_functions.py
1610.51
Traceback (most recent call last):
    File "finance_functions.py", line 6, in <module>
        print(balance * 100)
TypeError: unsupported operand type(s) for *: 'NoneType' and 'int'
```

TypeError: unsupported operand type(s) for *: 'NoneType' and 'int' 오류 메시지는 None에 정수 값을 곱하려는 시도를 했고 파이썬은 그 방법을 모른다는 뜻입니다. NoneType이라는 용어가 포함된 오류 메시지 는 거의 항상 뭔가를 반환하지 않는 함수 때문에 초래됩니다.

일반적으로 거의 모든 함수는 무언가를 반환하도록 작성돼야 합니다. 하지만 흥미롭게도 지금까지 사용해온 함수 중 아무것도 반환하지 않은 것이 하나 있었죠. 무엇인지 추측할 수 있나요? 바로 print() 함수입니다. 이 함수가 아무것도 반환하지 않는 이유는 매우 구체적인 목적을 가진 함 수이기 때문입니다. 바로 명령줄로 무언가를 출력하는 것으로, 그 결과를 변수로 출력한다면 오히려 이상합니다.

함수를 작성할 때 알아둘 점: 입력받지 않기

또 다른 나쁜 생각은 함수 내부에서 input() 함수로 사용자의 입력을 받는 것입니다.

```python
def future_value():
    present_value = float(input("What's the present value? "))
    rate = float(input("What's the rate of return? "))
    periods = int(input("Over how many periods? "))
    return round(present_value * (1 + rate) ** periods, 2)


print(future_value())
```

이번에 작성한 함수는 더 이상 매개변수를 입력받지 않도록 만들어졌습니다. 그리고 이 함수를 실행하면 다음과 같은 결과를 얻을 수 있습니다.

```
% python finance_functions.py
What's the present value? 1000
What's the rate of return? .1
Over how many periods? 5
1610.51
```

이렇게 되면 명령줄에서 입력을 수동으로 받기를 기다려야 하는 문제가 생깁니다. 예를 들어서 데이터베이스처럼 명령줄에서 직접 얻지 못하는 데이터로는 미래 가치가 어떻게 계산될까요? 또 다른 함수를 만들거나 기존 함수를 바꾸는 등 어떤 식으로든 코드를 변경해야 합니다.

만약 명령줄에서 사용자의 입력을 받아야 한다면 함수 밖에서 입력을 받은 뒤 그 값을 함수로 전달하는 편이 훨씬 좋습니다.

```python
def future_value(present_value, rate, periods):
    return round(present_value * (1 + rate) ** periods, 2)


present_value = float(input("What's the present value? "))
rate = float(input("What's the rate of return? "))
periods = int(input("How many periods? "))
print(future_value(present_value, rate, periods))
```

대체로 함수는 입력값의 위치와, 출력 결과가 어떤 식으로 쓰일지를 유연하게 정할 수 있도록 작성해야 합니다.

함수의 매개변수

앞서 언급했듯이 함수에 매개변수를 전달할 때 매개변수마다 라벨을 지정할 수 있습니다.

```python
def future_value(present_value, rate, periods):
    return round(present_value * (1 + rate) ** periods, 2)


print(future_value(present_value=1000, rate=.1, periods=5))
```

그러면 함수의 각 입력 매개변수의 의미를 명확히 파악할 수 있습니다. 한편 함수 매개변수가 나열되는 순서도 원하는 대로 바꿀 수 있다는 장점도 있습니다.

```
...
print(future_value(rate=.1, present_value=1000, periods=5))
```

하지만 더 중요한 것은 함수의 각 매개변수에 기본값을 할당하려면 라벨을 필수적으로 지정해야 한다는 사실입니다. 가령 매개변수 중 하나의 기본값은 다음처럼 할당할 수 있습니다.

```
def future_value(present_value, rate, periods=1):
    return round(present_value * (1 + rate) ** periods, 2)
```

마지막 매개변수가 periods=1로 바뀌었습니다. 이 코드는 함수를 실행할 때 periods 매개변수를 선택적으로 입력받을 수 있도록 만듭니다.

```
...
print(future_value(1000, .1))
```

즉 앞 코드처럼 함수를 호출하면 present_value의 값은 1000, rate의 값은 .1로 전달한 값 그대로 설정되는 반면 periods의 값은 기본값인 1로 설정됩니다.

사실 지금까지 사용한 여러 함수에도 선택적으로 사용할 수 있는 매개변수가 존재했습니다. 예를 들어 print() 함수를 보면 sep=' '(구분자)를 포함한 여러 선택적 매개변수가 있습니다. 다시 말해 print() 함수의 기본 구분자는 공백 문자입니다. 하지만 sep의 값을 덮어쓰는 것도 가능하죠. 즉 원한다면 다음과 같은 일을 할 수도 있습니다.

```
% python
```

```
>>> print("Dollar", "dollar", "bills", "y'all", sep='$')
Dollar$dollar$bills$y'all
```

print() 함수에는 기본값을 가진 여러 매개변수가 존재하기 때문에, 그중 하나를 덮어쓰고 싶다면 매개변수의 이름과 덮어쓸 값을 적어줘야 합니다(예: sep='$'). 앞으로 사용할 수많은 함수에는 선택적으로 사용 가능한 매개변수들이 있습니다. 특히 데이터 분석 파트에서 소개할 함수들은 더욱 그렇습니다. 이런 함수를 배우는 가장 좋은 방법은 온라인에서 공식 문서를 확인하는 것입니다.

print() 함수의 공식 문서는 다음처럼 쓰여 있습니다.

```
print(*objects, sep=' ', end='\n', file=sys.stdout, flush=False)
```

모든 비 키워드 인자는 str()이 하듯이 문자열로 변환된 후 스트림에 쓰이는데, sep로 구분되고 end를 뒤에 붙입니다. sep과 end는 모두 문자열이어야 합니다; None일 수도 있는데, 기본값을 사용한다는 뜻입니다. objects가 주어지지 않으면 print()는 end만 씁니다.

. . .

공식 문서를 읽고 이해하기가 언제나 쉬운 건 아닙니다. 하지만 가능한 한 일찍 공식 문서에 익숙해지는 게 좋습니다. print() 함수의 경우 *objects 매개변수는 우리가 원하는 만큼 print() 함수가 입력을 받을 수 있도록 만들어줍니다.* 그리고 네 개의 선택적 매개변수인 sep, end, file,

---

*   리스트라고 볼 수 있습니다.

flush를 건드릴 수 있어 보입니다.

앞으로 새로운 함수가 소개될 때마다, 공식 문서를 찾아 읽어보고 사용 가능한 다양한 매개변수로 무엇이 있는지 확인해보세요. 그러면 파이썬 지식이 기하급수적으로 쌓일 것입니다.

파이썬 패키지 불러오기

파이썬 기본기에서 다룰 마지막 주요 주제는 파이썬 패키지를 불러오는 것입니다. 패키지(때로는 라이브러리 또는 모듈이라고도 합니다[7])는 다른 여러 스크립트나, 프로그램에서 사용할 수 있도록 설계된 코드 덩어리를 나타내는 용어입니다. 파이썬이 좋은 점 중 하나는 쉽게 불러와 사용할 수 있는 내장 패키지가 많다는 것입니다. 그리고 내장 패키지만으로 부족하다 싶으면 파이썬 패키지 인덱스 웹사이트(pypi.org)에서 사용 가능한 수많은 패키지를 검색하고 내려받을 수도 있습니다.

파이썬의 한 가지 강점은 다양한 범주의 패키지가 존재한다는 것입니다. 원하는 패키지를 찾고 불러오기만 하면 코드로 하고 싶은 거의 모든 일을 해낼 수 있죠. 랜들 먼로가 연재하는 xkcd라는 웹 코믹 시리즈에서 「파이썬」 만화는 이 점을 잘 보여줍니다.

이 만화의 내용을 이해하지 못해도 괜찮습니다. 그렇게 재밌지는 않거든요. 하지만 다른 프로그래밍 언어와 비교했을 때 마법과도 같은 기능을 간단하게 사용할 수 있게 해주는 파이썬의 특성을 잘 묘사합니다.[8]

사실 우리는 이미 파이썬 패키지를 불러온 적이 있습니다. happy_hour.py 파일의 다음 코드를 기억하나요?

```
import random

...
```

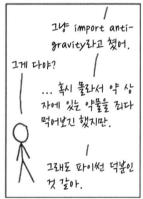

```
random_bar = random.choice(bars)
random_person = random.choice(people)
...
```

여기서 우리는 import random으로 random 패키지를 불러왔고, 해당 패키지에 포함된 choice() 함수를 사용했습니다. 패키지를 불러오고 패키지에 포함된 함수 중 하나를 사용하는 일반화된 공식은 다음과 같습니다.

```
import package
package.function()
```

이 코드를 그대로 실행하면 ModuleNotFoundError: No module named 'package'라는 오류가 발생합니다. 그 이유는 package라는 이름의 패키지가 존재하지 않기 때문입니다.

패키지를 불러오면 해당 패키지가 제공하는 모든 함수를 사용할 수 있습니다. 그 작동 방식을 이해하기 위해서 importing.py라는 파일을 생성한 뒤 다음 코드를 추가해보죠.

```
import statistics

print(statistics.mean([90, 85, 74]))
print(statistics.mean([12.99, 9.99, 5.49, 7.50]))
```

코드를 실행하면 다음과 같은 결과가 출력됩니다.

```
% python importing.py
83
8.9925
```

앞서 만든 average() 함수를 기억하나요? 파이썬에는 평균을 구하는 mean() 함수를 제공하는 통계 패키지가 존재합니다. 뿐만 아니라 통계 패키지는 median(), mode(), stdev(), variance() 등 통계에 관련된 수많

은 유용한 함수도 제공합니다. 통계 패키지를 불러오는 코드를 파일 상단
에 넣어주면 '패키지 이름.함수' 형식으로 해당 패키지에 속한 모든 함수에
접근할 수 있습니다. 예를 들어 평균을 구하는 함수는 statistics.mean()
처럼 쓸 수 있습니다.

만약 함수를 사용할 때마다 매번 패키지 이름을 입력하기가 불편하다
면 as 키워드를 사용해 패키지에 일종의 별칭을 붙여줄 수도 있습니다.

```
import statistics as st


print(st.mean([1, 2, 3]))
print(st.mean([12, 87, 10.5]))
```

이 기법은 앞으로 데이터 분석용 패키지인 판다스pandas의 사용법을 배
울 때 자주 볼 것입니다. 한편 패키지에 속한 수많은 함수 중 단 하나만 사
용하고 싶으면 어떻게 해야 할까요? 이 경우 from과 import 키워드로 특
정 함수 하나만 불러올 수 있습니다.

```
from statistics import mean


print(mean([1, 2, 3]))
print(mean([12, 87, 10.5]))
```

from statistics import mean처럼 패키지에서 특정 함수를 불러올 때
는 패키지 이름 다음에 마침표(.)를 입력하지 않았습니다. 즉 importing.
py 파일 안에서 해당 함수를 사용할 때 매번 패키지 이름을 입력해줄 필요
가 없습니다. 이런 식으로 함수를 불러오는 방법이 더 권장됩니다. 사용하

지도 않을 패키지 전체를 불러오기보다, 사용할 것만 선별해서 불러오기 때문이죠. 물론 패키지가 어떤 함수를 제공하는지를 미리 알아야 합니다.

파이썬 표준 라이브러리

파이썬이 자체적으로 지원하는 내장 패키지를 파이썬 표준 라이브러리라고 합니다. 잠시 후에는 웹에서 패키지를 다운로드하고 불러오는 방법을 간단히 살펴봅니다. 아나콘다로 파이썬을 설치했다면 인기가 높은 패키지들도 함께 설치되어 있습니다. 즉 이들을 개별적으로 다운로드할 필요가 없는 것이죠.

'파이썬 표준 라이브러리Python Standard Library'라고 구글에 검색해보면 random, math, statistics 등 수많은 패키지 목록이 나열된 페이지를 발견할 수 있습니다. 하지만 패키지를 배울 필요는 없습니다. 여러분의 상황에 따라 어떤 것은 한 번도 사용되지 않기 때문에, 필요한 것만 선별적으로 배우는 게 중요합니다.

happy_hour.py 파일에서 이미 사용한 random 패키지를 좀 더 깊게 파보겠습니다. '파이썬 표준 라이브러리'라고 구글링하면 random 패키지의 사용법을 설명한 문서도 찾을 수 있습니다(단순히 'Python Random'으로 검색한 뒤 해당 패키지에 대한 파이썬3의 문서를 찾는 것도 좋은 방법입니다).

random 패키지 문서를 읽어보면 앞서 사용한 choice() 함수를 좀 더 자세히 알 수 있습니다. 뿐만 아니라 다음과 같이 임의성에 관한 흥미로운 다른 함수도 찾을 수 있죠.

- shuffle(): 리스트를 임의로 뒤섞습니다
- sample(): 리스트에서 임의로 표본을 추출합니다
- random(): 0 과 1 사이의 숫자를 임의로 생성합니다. 엑셀에서 쓰는 RAND() 함수와 유사합니다.

- uniform(a, b): a 와 b 사이의 숫자를 임의로 생성합니다.

사실 random 패키지는 이보다 더 많은 함수를 제공합니다. 다만 모두가 임의성에 관련되어 있다는 공통점을 보여드리고 싶었습니다.

한편 모든 파이썬 파일에서 표준 패키지와 함수가 기본적으로 지원되지 않는 이유는 무엇일까요? 왜 매번 원하는 패키지를 수동으로 불러와야 할까요? 우선 패키지가 너무나도 많다는 점이 한 가지 이유입니다. 만약 파이썬 표준 라이브러리의 모든 패키지를 불러온다면 매번 수 초의 시간이 소요될 것입니다. 매우 불필요한 과정이죠. 파이썬의 대화형 모드를 열고 다음을 실행해봅시다.

```
% python
>>> import this
```

팀 피터스가 쓴 '파이썬의 선The Zen of Python'이라는 멋진 시가 명령줄로 출력됩니다. 이 시는 다음과 같이 시작하죠.

```
Beautiful is better than ugly.
Explicit is better than implicit.
...
```

그리고 여기서 다음을 실행해봅니다.

```
>>> import antigravity
```

농담이 아닙니다. import antigravity를 실행하면 웹 브라우저가 열리면서 앞서 본 xkcd 만화가 게재된 사이트로 이동합니다. 멋지지 않나요? 약간 괴짜스럽기까지 하죠! 이 만화가 매우 유명해진 데에는 파이썬 자체에 심어져 있는 것도 한몫을 합니다.

파이썬 패키지 불러오기 도전 과제

파이썬 표준 라이브러리에 관한 문서를 탐색해보겠습니다. statistics, math, datetime 패키지를 불러오고, 각각이 제공하는 함수 중 하나를 골라서 사용법을 터득해보세요. 그리고 각 함수의 작동 방식을 주석으로 남겨보세요. 10분 정도 시간을 두고 이 과제를 수행해보세요(책에서는 이 도전 과제의 해결책을 별도로 제시하지 않습니다).

서드파티 패키지 다운로드 및 불러오기

파이썬의 내장 패키지 말고도 다른 개발자들이 작성한 방대한 양의 패키지가 있는데, 이처럼 공식적인 내장 패키지가 아닌 개인이 개발한 패키지를 서드파티 패키지third-party package라고 합니다. 파이썬에서 제공하는 공식 웹사이트인 pypi.org에서 개발자들은 자신만의 패키지를 업로드하거나 다른 개발자가 만든 패키지를 다운로드할 수 있습니다. 또한 파이썬은 명령줄에서 사용 가능한 pip 명령어도 제공합니다. pip 명령어는 웹에서 파이썬 패키지를 손쉽게 다운로드하도록 해줍니다.[9]

판다스는 이런 패키지 중 하나로, 파이썬으로 엑셀과 CSV 파일을 읽고 작업할 수 있게 해줍니다. 기술적으로 판다스는 파이썬의 일부라고 보기 어렵지만, 인기가 많아서 아나콘다를 설치하면 자동으로 딸려오는 패키지입니다. 하지만 만약 판다스가 설치되어 있지 않다면 다음처럼 패키지를 설치할 수 있습니다.

```
% pip install pandas
```

이 명령어는 pypi.org 웹사이트에 접근하고 판다스 패키지를 다른 파이썬 파일에서 접근할 수 있는 특수 폴더로 다운로드합니다(정해진 폴더에 저장하기 때문에 매번 다운로드할 필요도 없죠). 한편 pip install 명령어는 파이썬이 아니라 명령줄에서 실행해야 합니다.

2부에서는 판다스와 함께 다른 데이터 분석용 도구들을 면밀히 살펴볼 예정입니다. 이러한 서드파티 패키지의 대부분은 구글링으로 발견하고 pip으로 설치할 수 있습니다.

깃허브

파이썬 패키지를 구글링하다 보면 깃허브(github.com)라는 사이트를 자주 보게 될 것입니다. 코드와 사용 설명서 등을 공유하는 공간으로 개발자들 사이에서 매우 유명하죠. 또한 깃허브는 개발자로 구성된 팀이 함께 코드를 개발하는 유용한 기능도 제공합니다(코드를 저장하는 드롭박스Dropbox 같은 곳으로 생각해도 좋습니다).

파이썬 서드파티 패키지를 검색할 때는 패키지의 설치와 사용 방법을 담은 명확한 문서가 있는지 확인해보는 게 좋습니다. 아직 인기가 없는 신생 패키지라면 문서화가 제대로 되지 않은 경우도 있습니다. 이런 패키지는 사용법을 파악하기가 어렵습니다. 하지만 패키지가 지속적으로 개발되어 더 유명해지고 더 많은 개발자가 참여하다 보면 문서가 더욱 정돈됩니다(예를 들어 깃허브에서 pandas 패키지를 검색해보세요).

다만 특정 작업을 하기 위한 서드파티 패키지 사용을 고려해야 한다면 그 패키지의 문서가 얼마나 잘 정돈되어 있는지를 확인해봐야 합니다. 서드파티 패키지를 평가할 또 다른 지표는 깃허브에서 받은 별의 개수입니다(페이스북의 좋아요와 같은 역할이죠). 이 두 사항을 확인하면 특정 패키지가 다른 패키지보다 얼마나 더 인기가 많은지를 비교할 수 있습니다.

요약

이 장에서는 함수란 무엇인지, 그리고 어떻게 사용하는지를 깊게 살펴 봤습니다. 특히 함수로 코드를 리팩터링하는 법을 다뤘고, 매개변수를 지나치게 많거나 적게 사용할 때나 잘못된 매개변수를 사용할 때 발생할 수 있는 문제도 같이 살펴봤습니다.

마지막으로 파이썬의 import 키워드로 다른 패키지에 정의된 함수를 가져와 사용하는 방법도 배웠습니다. import로 서드파티 도구에 접근할 수 있다는 사실도 알게 되었죠. 그리고 이 책의 후반부에서 다룰 데이터 분석이라는 주제에서는 서드파티 도구를 많이 활용할 것입니다.

1부를 마치며

이렇게 이 책의 1부를 마쳤습니다. 여기까지 따라온 여러분께 축하드리고 싶습니다! 우리는 실제 비즈니스 문제 해결에 파이썬을 활용하는 법을 다루는 후반부 내용을 소화할 수 있도록, 파이썬의 기초를 배우는 데 1부의 대부분을 투자했습니다. 지금까지 배웠던 정보가 흥미로웠기를 바랍니다. 앞으로 배울 내용은 더욱 유용하고 실용적인 것으로 채워져 있습니다.

우리가 다루고자 하는 모든 내용은 전반부에서 소개한 개념에 기초합니다. 따라서 기억이 잘 나지 않는 개념이 있다면 그 개념을 다룬 곳으로 돌아가서 복습해야 합니다.

2부

2부에 오신 것을 환영합니다. 저는 여러분께 파이썬을 사용한 데이터 분석을 소개해드릴 대니얼 게타입니다. 이미 여기까지 헤쳐온 여러분께, 21세기에 데이터 리터러시data literacy가 얼마나 MBA에 중요한지를 설득할 필요는 없을 것 같습니다. 다만 잠시 저의 배경을 말씀드리고, 팔란티르와 아마존에서 일한 경험을 토대로 왜 2부의 내용이 모든 MBA 커리큘럼에서 중요한지를 설명하고자 합니다.

저는 케임브리지대학교와 MIT에서 물리학과 수학을 전공했고, 수학적 분석 방법을 활용한 운용과학operations research 분야의 박사 학위를 목표로 뉴욕에 왔습니다. 학위 논문 연구 덕분에 저는 아마존의 공급망 그룹에 들어갔고, 거기서 매일 데이터로 수천 건의 결정이 내려지는 현장을 목격했습니다. 모든 일을 개선하는 데이터의 능력은 저를 사로잡았으며, 이후 전 세계의 민간 기업과 정부가 데이터로 가치를 창출하도록 돕는 팔란티르 테크놀로지스Palantir Technologies에 합류하게 되었습니다. 저는 민간 기업을 담당하며 전 세계의 광범위한 산업 조직과 협력해 데이터를 분석해서 중요한 결정을 내리는 데 도움을 주는 일을 했습니다. 처음에는 데이터 과학자로 입사해서 나중에는 더욱 분석적인 프로젝트를 담당하는 팀 리더가 되었습니다.

저는 오랜 시간을 들여 관리자들과 이야기를 나눴습니다. 전문 지식을 갖춘 다재다능한 분들이었고 MBA 출신도 있었죠. 저는 그들에게서 사업 방식을 이해하는 데 도움을 받았고, 동시에 그들이 데이터로 통찰을 얻을 수 있는 코드를 작성하고 실행하도록 도와주었습니다. 팔란티르의 팀에서는 기술적인 작업을 하면서 대부분의 시간을 보냈는데, 이러한 저희의 일을 진정으로 이해하고 참여하고자 하는 클라이언트가 헤아릴 수 없을 정도로 도움이 된다는 것을 알게 되었습니다. 제약, 소비재, 법률, 소비자 금융 등 어떤 산업에서라도 프로젝트의 성공 여부를 가장 잘 말해주는 예측 변수는 바로 상대방의 참여라는 사실을 깨달은 것이죠.

점점 더 데이터 중심적인 세상이 되어가는 오늘날, 데이터를 활용하는 능력은 더 이상 예외적인 기술이 아니라 표준이 되고 있습니다. 저는 데이터 활용 능력을 개발하려는 열정을 가진 컬럼비아 대학생들에게서, 제가 컨설팅하는 거의 모든 회사에서 이런 현상을 매일 목격합니다. 이미 데이터 분석가를 고용했더라도, 그 분석가가 하는 일을 이해한다면 더 날카로운 질문을 할 수 있고, 그들이 도출한 답을 더 명확히 이해할 수 있습니다. 여러분이 직접 분석을 수행할 능력이 있다면 더할 나위가 없겠죠. 예전에는 엑셀만 잘해도 충분했지만, 데이터가 점점 더 커지고 복잡해짐에 따라 더 이상 엑셀만으로는 해결하기 어려운 일이 많아지고 있습니다.

2부에서는 파이썬으로 어떤 도움을 받을 수 있는지 살펴봅니다. 뉴욕시에 본부를 두고 식당 체인점을 운영하는 디그의 사례 연구를 살펴보며 데이터 분석의 중요성과 효력을 보여드리겠습니다. 1부에서 배운 파이썬의 기초 내용과 데이터에 기반해 디그가 겪는 문제를 해결하는 과정을 살피며, 문제 해결에 대규모 데이터세트를 사용하는 방법을 보게 될 것입니다.

2부에서는 각 장의 중간중간에 스스로 학습할 기회를 제공합니다. 본문의 ◆(다이아몬드) 기호는 잠시 읽기를 멈추고, 제시된 해결책을 보기 전 여러분이 스스로 문제를 생각하고 해결해보라는 표시입니다. 어떤 것은 개념적인 질문이고, 또 어떤 것은 실제로 코드를 작성해보는 질문입니다. 물론 이 책은 광범위한 독자를 위해 쓰였기 때문에, ◆ 기호를 무시하고 해결책까지 즉시 확인하며 가벼운 마음으로 읽어도 좋습니다. 지나치게 세세한 내용을 놓고 끙끙거리며 씨름하지 말고, 파이썬으로 어떤 일까지 가능한지 총체적인 아이디어만 얻어가도 좋다는 것이죠. 다만 직접 데이터세트를 사용해 분석을 해야 하는 사람이라면 ◆ 기호가 나타날 때마다 시간을 들여 문제를 풀어보는 것이 좋습니다.

저는 데이터를 사용해서 무언가를 더 나은 방향으로 이끄는 방식을 열정적으로 탐구하는 사람입니다. 빠르지는 않더라도 확실하게 방대한 데이터세트에서 실제로 비즈니스 운영에 실천할 수 있는 통찰을 추출하는 것만큼 만족스러운 일은 없습니다. 여러분도 파이썬이 이러한 일을 가능하게 해주는 도구라는 사실을 깨닫기를 희망합니다.

5장

파이썬으로 데이터 다루기

지금까지 여러분은 파이썬의 기본기를 견고히 다졌습니다. 그 지식을 토대로 2부에서는 파이썬이 비즈니스에서 사용되는 가장 중요한 방식 중 하나인 데이터 분석을 다룹니다.

시작하기에 앞서, 왜 파이썬을 사용해야 할까요? 그냥 엑셀을 쓰면 안 될까요? 여기에는 다양한 이유가 있습니다.

① **확장성**: 최신 버전을 기준으로 엑셀이 지원하는 가장 큰 데이터세트는 최대 16,384개의 열과 1,048,576개의 행을 가질 수 있습니다. 하지만 데이터가 클수록 반응 속도는 느려지죠. 또한 이 정도의 크기를 초과하는 수많은 데이터세트가 존재합니다.

② **안정성**: 엑셀이 꽤 복잡해지면서 점점 더 큰 그림을 그리기가 어려워졌습니다(특히 vlookup 공식 등으로 서로 다른 데이터세트를 조합하는 경우). 여러 시트의 여러 셀에 걸쳐 계산이 이루어지고, 도출된 결과의 이유를 정확히 이해하는 데만 꽤 많은 시간이 소요됩니다. 그리고 이는 처참한 결과를 초래할 수 있습니다. 한 가지 사례로 JP 모건체

이스가 수억 달러의 손실을 봤던 '런던 고래London Whale'라는 대참사가 있습니다. 이 대참사는 사실 엑셀 스프레드시트의 한 가지 단순한 오류로 인해 발생했죠.[1]

③ **자동화:** 여러 비즈니스 애플리케이션이 자동화를 요구받습니다. 그러나 엑셀로는 이를 잘 다루기 어렵습니다. 가령 회사에서 수백 개의 파일이 있는데, 각 파일에는 영업장 중 한 곳의 판매량이 기록되어 있다고 가정해보죠. 수백 개 파일에 동일한 분석을 수행하거나 전반적인 분석을 위해 이들을 조합하는 작업은 엑셀만으로 처리하기가 꽤 어렵습니다.

④ **통합성:** 데이터 분석이 그 자체로만 완료되는 경우가 있습니다. 즉 단일 질문에 대답하기 위해 데이터를 활용하는 것이죠. 하지만 회사의 다른 부분과 상호작용하는, 더 큰 흐름 속의 일부로 존재하는 데이터를 분석할 수도 있습니다. 엑셀을 운영 프레임워크의 일부로 취급하기에는 대체로 그 기반이 탄탄하지 않으며, 회사 운영의 다른 부분들과 쉽게 어우러지지 않습니다. 반면 파이썬은 웹사이트 운영, 데이터 분석 수행, 회사 채용 시스템을 수행하는 등 다양한 작업을 충분히 다룰 정도로 완전한 기능을 갖췄습니다.

파이썬은 위에 제시된 네 가지를 포함해 더 많은 문제를 해결할 수 있습니다. 대규모 데이터세트에 대한 자동화된 반복적 분석을 빠르고 효율적으로 해내죠. 2부에서는 이러한 작업의 메커니즘을 다룹니다. 그리고 데이터 주도적으로 생각하는 법도 배웁니다. 즉 비즈니스가 가진 문제를 식별하는 것부터 데이터로 그 문제의 답을 도출하는 법까지 모든 과정을 배웁니다.

5장에서 배울 내용

5장에서는 파이썬으로 데이터 관련 작업을 하는 데 필요한 기본적인 도구를 배웁니다. 먼저 지금껏 사용해온 콘솔이나 명령줄보다 파이썬과 훨씬 풍부하게 상호작용을 하도록 해주는 주피터 노트북Jupyter Notebook을 배웁니다. 그다음으로 가장 인기 있는 데이터 분석용 패키지인 판다스pandas를 다룹니다. 판다스로 다양한 유형의 데이터를 읽고 쓰는 법, 나중에 작업을 이어나가거나 공유할 목적으로 데이터를 디스크에 저장하는 법을 차례로 배웁니다. 엑셀로 데이터를 많이 다뤄봤다면 이 내용에 금세 익숙해질 것입니다. 하지만 참된 결실을 맺으려면 여러분만의 데이터로 비즈니스 문제의 답을 찾아야만 합니다. 마지막에는 미국 동부에 기반해 규모를 확장할 예정인 디그라는 식당 체인을 소개합니다. 그리고 이 식당이 가진 데이터로 다양한 문제를 해결해봅니다.

그러면 디그의 데이터세트로 중요한 실제 분석을 다루는 6장을 배울 준비를 마칠 수 있습니다.

5장에서 필요한 것

이번 장을 시작하기에 앞서 'Part 2'라는 폴더를 생성합니다. 앞으로 2부에서 작성할 모든 파일은 해당 폴더에 저장합니다. 그리고 'Part 2' 폴더 속에 다음 두 개의 폴더를 추가로 생성합니다.

- 후반부의 연습 문제에서 작업한 내용을 저장할 'Chapter 5' 폴더: 지금은 이 폴더를 빈 채로 둡니다.
- 2부에서 분석할 데이터를 다운로드해서 저장할 'raw data' 폴더: 모든 데이터는 이 책의 웹사이트(pythonformbas.com/code)에서 this

zip file을 클릭하면 다운로드할 수 있습니다. 다운로드해서 'raw data' 폴더에 넣는 파일은 다음과 같습니다.

- ○ Students.xlsx
- ○ Restaurants.csv
- ○ Items.csv
- ○ Simplified orders.zip
- ○ Summarized orders.csv
- ○ University.xlsx

요약하자면 'Part 2' 폴더를 만든 뒤 위 파일을 저장할 'raw data' 폴더 및 비어 있는 'Chapter 5' 폴더를 'Part 2' 폴더 안에 생성합니다.

주피터 노트북

2부에서는 명령줄 대신 주피터 노트북을 사용합니다. 이 도구는 파이썬 코드를 명령줄과는 매우 다른 방식으로 실행하며, 이에 따른 몇 가지 장점이 있습니다. 그중 하나는 표와 그래프를 포함해 코드의 출력을 훨씬 쉽게 시각화할 수 있다는 것입니다. 사실 주피터 노트북은 파이썬으로 데이터를 분석하는 가장 인기 있는 도구입니다.

주피터 노트북으로 실행할 파이썬 코드도 명령줄에서 실행한 것과 다르지 않습니다. 다만 다음 그림에서 보이는 웹사이트처럼 생긴 인터페이스를 이용해 코드를 작성한다는 점이 다릅니다. 꽤 복잡한 분석도 사용자 친화적인 방식으로 할 수 있으며, 표와 그래픽 등으로 출력 내용을 풍부하게 확인할 수 있습니다.

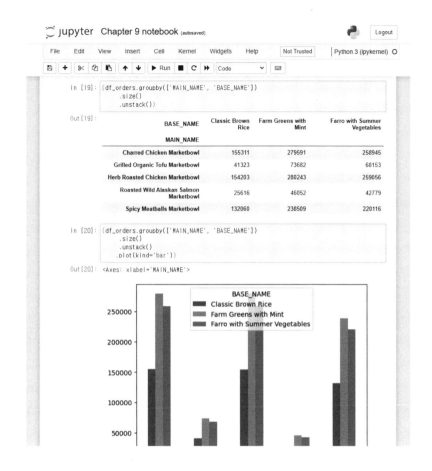

주피터 노트북 실행하기

주피터 노트북을 실행해보죠. 우선 명령줄(터미널이나 파워셸 프롬프트)을 실행하고 pip install jupyter를 입력해 주피터를 설치합니다(pip 명령이 실행되지 않으면 pip3 install jupyter를 입력해보세요). 설치가 완료되면 jupyter notebook 혹은 python -m notebook을 입력합니다.[2] 그러면 웹 브라우저에서 다음처럼 생긴 페이지가 열립니다.

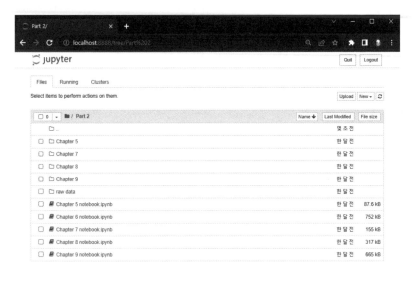

실제 폴더 목록은 여러분과는 다를 수 있습니다. 여기 보이는 폴더와 파일 목록은 jupyter notebook 명령어를 실행한 폴더의 내용을 그대로 보여주기 때문이죠. 이후 실습의 코드 실행 결과를 확인하고 싶다면 주피터 노트북 화면에서 'Upload'를 클릭한 후 pythonformbas.com/code에서 다운로드한 예제 파일을 열어보면 됩니다.

사실 이 폴더와 파일들은 인터넷으로 접근 가능한 파일이 아닙니다. 누구나 접근할 수 없죠. 주피터 노트북은 단지 웹 브라우저를 인터페이스로 활용하여, 여러분의 컴퓨터에 든 파일을 둘러보고 상호작용할 수 있게 한 것입니다. 이 내용은 잠시 후 더 자세히 알아봅니다.

그다음 앞에서 생성한 'Part 2' 폴더로 이동한 뒤 오른쪽 상단의 'New' 메뉴에서 'Python 3'을 선택합니다.

그러면 새 주피터 노트북 파일이 생성되고 새 탭에서 열립니다.

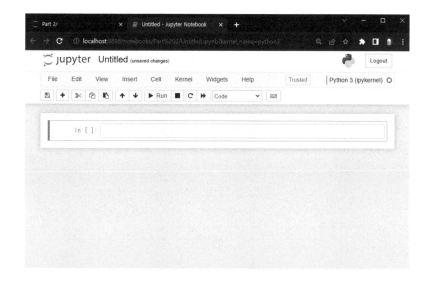

상단의 'Untitled'에 주의합니다. 이전 탭으로 돌아가보면 Untitled. ipynb라는 이름의 새 파일이 생성된 것을 확인할 수 있습니다. 즉, 이 화면은 실제로 생성된 파일을 주피터 노트북을 연 것이죠.

이 파일의 이름을 변경해보겠습니다. 'Untitled'를 'My first notebook' 으로 바꿉니다. 그리고 다시 첫 번째 탭으로 돌아가보면 바뀐 파일명이 반영된 것을 확인할 수 있습니다.

코드 셀

주피터 노트북은 여러 셀로 구성됩니다. 방금 만든 노트북에는 하나의 셀(왼쪽에 In [ ]이라고 적힌 사각형)만 있지만, 앞으로 더 많은 셀이 추가될 것입니다. 그리고 각 셀은 수정 또는 명령 모드 중 하나로 다뤄집니다. 이 두 모드의 다름은 곧 살펴보겠습니다.

셀의 첫 번째 목적은 코드를 작성하는 것입니다. 셀을 클릭하면 In [ ] 왼쪽에 녹색 막대가 표시됩니다. 이는 해당 셀이 수정 모드에 진입했다는 것을 나타냅니다. 이제 1 + 1이라는 코드를 입력합니다.

```
In [ ]:  1 + 1
```

코드를 입력한 뒤 컨트롤과 엔터 키를 함께 누릅니다. 이 단축키는 현재 수정 모드인 셀의 코드를 실행하라는 의미입니다. 또는 툴바의 'Run' 버튼(작은 삼각형)을 클릭해도 같은 결과를 얻습니다. 그러면 세 가지 일이 일어납니다.

```
In [1]:  1 + 1
Out[1]:  2
```

- 해당 코드의 결과가 셀 아래에 출력됩니다.
- In [ ]가 잠시 동안 In [*]로 바뀐 뒤(매우 잠깐이어서 눈치채지 못할 수도 있습니다), In [1]로 변경됩니다. In [*]는 해당 셀이 현재 실행 중임을, In [1]은 해당 셀이 노트북에서 첫 번째로 실행이 완료됐음을 나타냅니다.
- 셀 왼쪽의 막대 색이 파란색으로 변합니다. 이는 수정 모드에서 명령 모드로 진입했음을 의미합니다. 이 내용은 잠시 후 자세히 설명합니다.

해당 셀을 다시 실행하기 위해, 컨트롤(맥은 커맨드)과 엔터 키를 다시 한번 누릅니다. 출력은 변하지 않지만(코드가 바뀌지 않았기 때문이죠), 셀 왼쪽의 텍스트가 In [2]로 변경된 것을 알 수 있습니다. 그 이유는 노트북에서 두 번째로 실행이 완료된 셀이 되었기 때문입니다(그리고 노트북을 재시작하지 않는 한 다시 1로 돌아갈 방법은 없습니다).

지금까지 어려운 내용은 없었을 겁니다. 이번에는 노트북에 더 많은 셀을 추가해보죠. 가장 먼저 할 일은 명령 모드로 진입하는 것입니다. 명령 모드의 활성화 여부는 셀 왼쪽의 막대 색이 파란색임을 확인하면 알 수 있습니다. 직전 과정을 따라 했다면 이미 여러분은 명령 모드에 진입했을 것입니다. 만약 막대 색이 초록색이라면(셀을 클릭해 편집 모드로 진입한 경우), Esc 키를 눌러 명령 모드로 진입합니다.

명령 모드에서는 다양한 단축키를 사용할 수 있습니다. 가령 A 키를 누르면 현재 선택된 셀 위쪽에 신규 셀을 추가합니다. 또 B 키를 누르면 현재 선택된 셀 아래쪽에 신규 셀을 추가합니다.

이렇게 여러 셀을 만들었다면 원하는 셀을 선택해 편집 모드로 진입할 수 있습니다. 원하는 셀을 클릭하거나, 셀이 선택되었을 때 엔터 키를 누르면 되죠(셀 왼쪽의 막대 색이 초록색으로 변하는지에 주목합니다). 또 방향키를 사용하면 셀 간에 이동할 수 있는데, 원하는 셀에서 엔터 키를 눌러도 편집 모드로 진입합니다.

셀을 삭제하려면 원하는 셀을 클릭한 뒤 Esc 키를 눌러 명령 모드로 진입한 다음 D 키를 빠르게 두 번 누릅니다. 그러면 셀이 삭제됩니다(유의하세요). 만약 마지막에 삭제된 셀을 되살리고 싶다면 명령 모드에서 Z 키를 누릅니다.

주피터 노트북의 모든 셀은 동일한 파이썬 작업 공간에서 실행됩니다. 이 작업 공간을 파이썬 커널kernel이라고 합니다. 이를 확인하기 위해서 아래와 같이 두 셀을 작성합니다.

첫 번째와 두 번째 셀을 차례로 실행합니다. 변수 a는 첫 번째 셀에서 정의됐지만, 두 번째 셀에서도 여전히 접근할 수 있습니다. 이 특성은 여러 단계로 구성된 긴 분석을 수행할 때 편리합니다. 만약 완전히 따로 노트북을 생성한다면 그 노트북은 별도의 커널에서 실행됩니다. 따라서 서로 다른 분석을 양쪽에 배치해서 진행할 수도 있습니다.

여태까지 셀을 컨트롤과 엔터 키 조합으로 실행했습니다. 이 방식으로 셀을 실행하면 그 셀은 계속해서 선택된 상태로 남겨집니다. 사실 셀을 실행하는 두 가지 방식이 더 있습니다. 시프트와 엔터 키를 동시에 누르면 현재 셀을 실행한 다음 그 아래의 셀을 선택합니다. 또 알트(맥에서는 옵션)와 엔터 키를 동시에 누르면 현재 셀을 실행한 다음 그 아래에 신규 셀을 추가합니다. 주피터 노트북을 처음 사용한다면 세 가지 방식을 모두 외우기 어려울 수도 있습니다. 따라서 당장은 이 중 하나만 기억하세요. 주피터 노트북을 많이 쓰다 보면 그때 나머지 두 단축키도 손에 익을 것입니다.

커널과 프런트엔드

1부에서 명령줄로 코드를 즉시 실행한 방식과 주피터 노트북을 사용하는 방식은 어떻게 다를까요? 명령줄의 경우 모든 것이 한곳에서 이루어졌습니다. 즉 명령줄에 python 명령어를 입력하면 해당 파이썬 '엔진'이 주어진 코드를 실행하게 됩니다.

주피터 노트북은 약간 다릅니다. jupyter notebook 명령어를 명령줄 창에서 실행해야 하며, 웹 브라우저로 작업하는 한 열린 창은 파이썬 커널을 실행하게 됩니다. 하지만 코드는 명령줄에 직접 입력되는 것이 아니라, 브라우저 속 주피터 노트북 인터페이스에서 입력됩니다. 셀을 실행할 때마다 코드가 파이썬 커널로 보내지고, 커널이 해당 코드를 실행한 뒤 그 결과를 다시 브라우저 인터페이스로 반환하는 식이죠.

초심자라면 이 행동 방식이 헷갈릴 수 있습니다. 만약 주피터가 브라우저에서 실행 중인 동안, 명령줄 창을 종료하면 어떤 일이 일어날까요? 그러면 브라우저에서 다음과 같은 팝업창이 뜹니다.

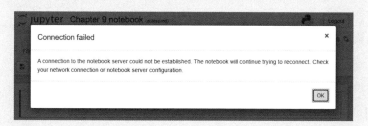

이 팝업창은 파이썬 커널에 접속할 수 없다는 메시지를 전달합니다. 커널을 종료했기 때문이죠. 즉 코드 실행을 위해 연결해야 할 커널 자체가 존재하지 않기 때문에, 지금부터는 노트북에서 어떠한 코드도 실행되지 않습니다. 만약 이 문제가 발생하면 모든 것을 종료한 뒤 주피터를 재시작해야 할 수도 있습니다. 주피터가 코드를 입력하고 결과를 출력하는 인터페이스를 파이썬 커널과 분리한 이유가 궁금할 것입니다. 그 이유 중 하나는 데이터세트와 알고리즘이 너무 복잡해서, 간단한 단일 데스크톱 컴퓨터로는 처리가 불가능한 여러 산업용 애플리케이션과 연관되어 있습니다. 이 경우 보통 클라우드의 고성능 기기를 활용하죠. 하지만 이런 클라우드 기기는 데이터 센터에 있기 때문에 직접 접근하기 어렵습니다. 주피터 노트북은 모든 계산을 실행하는 파이썬 커널을 클라우드 기기에 설치해둔 채, 코드 입력만 여러분의 컴퓨터에서 수행할 수 있도록 해줍니다(인터페이스 실행에는 비싼 장비가 필요 없죠). 다만 이 책은 그런 방식으로 주피터 노트북을 활용하지 않습니다. 파이썬 커널과 인터페이스를 모두 같은 컴퓨터로 실행합니다. 하지만 회사 내 데이터 과학 팀 단위의 작업이 필요하다면 클라우드를 엮는 좀 더 복잡한 환경을 구축해야 할 가능성이 높습니다.

마크다운 셀

주피터 노트북에는 코드만 작성할 수 있는 것이 아닙니다. 신규 셀을 생성하고, Esc 키를 눌러 명령 모드에 진입한 다음에 M 키를 눌러보죠. 그러면 현재 선택된 셀이 마크다운 셀로 바뀝니다. 또는 툴바에서 셀 유형을 'Markdown'으로 변경해도 동일한 효과가 적용됩니다.

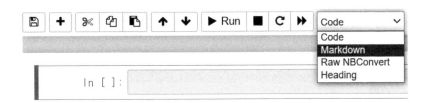

마크다운 셀은 코드가 아닌 주석 내용이 들어갑니다. 코드 속 주석과 유사하지만, 서식을 추가할 수 있다는 점이 다릅니다.

마크다운 셀에 텍스트를 입력한 뒤 컨트롤과 엔터 키를 눌러 실행해보세요. 그 결과로 나타난 텍스트에는 다른 글꼴이 적용된다는 사실을 알 수 있습니다. 노트북에 자세한 설명을 달 때 유용하겠죠.

마크다운 셀에는 단순 텍스트를 입력할 뿐만 아니라, 마크다운이라는 언어로 더 풍성하게 서식을 꾸밀 수도 있습니다. 마크다운 셀을 선택해 편집 모드로 진입해보죠. 그리고 셀에 # Chapter 5라고 입력한 뒤 실행합니다. 셀 시작에 입력한 #은 텍스트의 서식을 첫 번째 수준의 제목 형식으로 만들어줍니다. 마찬가지로 ##은 두 번째 수준의 제목, ###은 세 번째 수준의 제목을 표현하는 데 사용됩니다.

마크다운은 다양한 방식으로 텍스트에 서식을 부여하지만, 이를 모두 다루는 것은 이 책의 범위가 아닙니다. 좀 더 깊게 알고 싶다면 구글에 '마크다운 치트시트Markdown Cheatsheet'를 검색해보세요.

Chapter 5

Chapter 5 ¶

Section 5.5

Section 5.5

Section 5.5.1

Section 5.5.1

ipynb 파일

노트북 내용은 ipynb 파일에 저장됩니다. 이 파일을 다른 사람에게 공유하면 그 사람은 노트북이 실행된 마지막 시점의 모든 내용(마크다운, 코드, 코드의 실행 결과)을 즉시 확인할 수 있습니다. 이는 꽤 편리한 기능이지만, 노트북을 처음 사용할 때 많은 사람이 헷갈려 하는 부분입니다.

그 이유를 이해하기 위해, a = "Hello"와 print(a)를 담은 두 셀만 있던 시점으로 노트북의 상태를 되돌리겠습니다. 그리고 각 셀을 순차적으로 실행하고 모든 것이 잘 작동하는지 확인합니다.

이제 메뉴의 'File > Save and Checkpoint'를 선택하거나, 맥OS에서는 커맨드와 S 키를, 윈도우에서는 컨트롤과 S 키를 동시에 눌러 노트북을 저장합니다. 그러면 저장된 노트북 파일의 아이콘이 녹색 책 모양으로 바뀝니다. 이 아이콘은 노트북에 대응된 파이썬 커널이 백그라운드에서 실행되고 있다는 뜻입니다. 만약 노트북을 닫은 뒤 다시 노트북을 열어보면 마치 노트북이 닫힌 적이 없었던 것처럼 직전 상태를 그대로 유지하는 것을 확인할 수 있습니다.

여기서 해당 노트북에 연결된 파이썬 커널을 재시작하는 법은 다음과 같습니다. 파일 목록 창으로 돌아가서 원하는 파일 왼쪽의 체크상자를 클릭한 뒤 상단의 'Shutdown' 버튼을 클릭합니다. 그러면 주피터가 해당 노트북에 연결된 파이썬 커널을 완전히 종료하라는 지시를 내립니다. 이는 1부에서 완전히 명령줄을 종료했던 것과 동일한 효과를 불러일으켜, 파이썬이 메모리에 저장한 모든 변수가 제거됩니다.

이제 다시 노트북을 열어봅시다. 모든 내용이 비어 있을 것으로 예상했을지도 모르지만, 직전에 출력한 내용이 그대로 남았음을 알 수 있습니다. 주피터가 출력 내용도 ipynb 파일에 저장했기 때문이죠. 이렇게 직전의 출력 내용을 저장하는 이유는 여러분이 수행한 분석을 다른 사람과 공유하기 위함입니다. 다른 사람의 컴퓨터에 파이썬 커널이 없더라도 출력 내용을 확인할 수 있겠죠.

한 가지 단점은 마치 커널이 여전히 실행 중인 것처럼 보인다는 것입니다. 실제로는 실행되고 있지 않죠. 그 사실을 확인하기 위해서, 첫 번째 코드 셀은 건너뛰고 print(a)가 담긴 두 번째 코드 셀만 실행합니다. 그러면 다음과 같은 오류가 발생합니다.

```
---------------------------------------------------
NameError
Traceback (most recent call last)
<ipython-input-1-f04e0af0ace6> in <module>
----> 1 print(a)


NameError: name 'a' is not defined
```

첫 번째 코드 셀이 실행되지 않았기 때문에 현재 파이썬 커널에는 변수 a가 아직 생성된 적이 없습니다. 따라서 출력하고자 했지만 해당 변수를 찾지 못해 오류가 발생한 것입니다.

만약 이 같은 오류를 목격했다면 간단한 해결책은 노트북 전체를 위에서부터 가장 아래까지 모두 실행하는 것입니다. 필요한 모든 변수를 다시 생성하게 될 테니까요. 메뉴의 'Kernel > Restart & Run All'을 선택하면 모든 셀이 순차적으로 실행됩니다.

때로는 NameError가 발생한 이유를 잊어버릴 수 있겠죠. 변수가 선언된 셀의 위치를 파악하기 힘들 수도 있습니다. 이럴 때는 'Restart & Run All' 기능을 활용하길 권장합니다.

이어서 마지막으로 주피터 노트북에서 매우 유용한 기능을 설명하겠지만, 판다스의 데이터프레임을 소개할 때까지 잠시 미뤄두겠습니다.

디그의 사례 : 감으로 내리는 판단에서 데이터 중심적 분석으로

주피터 노트북의 기본 내용을 살펴봤으니, 이제는 파이썬으로 데이터를 다루기 시작할 차례입니다. 보통 다른 책이나 학습 과정에서는 단순한 가상 데이터세트를 이용하며, 넓은 의미의 비즈니스보다는 파이썬 작업 자체에만 중점을 두는 편이죠. 저희는 다른 접근법을 제시하고 싶습니다. 2부의 목표는 여러분이 데이터 중심적으로 사고하도록 돕는 것입니다. 이는 실제 비즈니스 사례에 얽힌 복잡한 데이터세트를 다루지 않고는 습득하기가 어렵습니다.

이러한 이유로, 뉴욕시에 자리 잡았으며 확장을 계획 중인 디그 식당 체인의 사례 연구를 살펴보며 데이터 분석을 해보려고 합니다. 디그의 이야기를 읽다 보면 9장에서 수행할 다양한 분석에 앞서 디그의 비즈니스적 입장에 공감하게 될 것입니다. 만약 이 이야기를 건너뛰고 싶다면, 사용할 데이터를 소개하는 249쪽부터 읽어도 좋습니다.

소개

이번 사례는 셔린 애스매트, 몰리 피셔, 디그의 리더십 팀과 나눈 대화에 근거를 둡니다. 디그의 상세한 사업 내용은 비공개 정보이므로 이들의 활동 내용과 보유 데이터는 이 책의 목적에 맞게 각색되었습니다.

이 사례는 원래 대니얼 게타가 연구하고 컬럼비아대학교의 컬럼비아 케이스워크(gsb.columbia.edu/caseworks)가 2019년에 발행한 「직관적 분석에서 데이터 중심적 분석으로: 디그의 사례From Intuition to Data-Driven Analytics: The Case of Dig」(사례번호 200202)에 게재된 내용으로 허가를 받아 책에서 활용합니다.

디그(예전에는 디그 인Dig Inn[3])는 다음과 같은 사업 전략을 세웠습니다. 바로 농장에서 직접 재료를 공수해 현장에서 전문 요리사들이 직접 요리한, 적당한 가격의 맛있는 채식 위주 메뉴를 제공하는 것입니다. 디그의 음식을 먹기 위해 매장 밖까지 줄이 길게 늘어선 풍경은 꽤 흔히 볼 수 있습니다. 하지만 고맙게도 계산대 뒤에서 잘 훈련된 직원들이 빠르게 움직이고 있죠. 이 사례가 작성되던 시점에 뉴욕시, 라이브룩, 보스턴에는 디그 식당의 분점 30여 개가 있었으며, 벤처 캐피털의 탄탄한 지원에 힘입어 디그는 확장할 준비가 되어 있었습니다.

2011년에 설립된 디그는 단일 식당에서 여러 도시에 퍼진 브랜드로 확장했습니다. 이런 발전 과정에서 메뉴뿐만 아니라 운영에도 큰 변화를 겪었습니다. 예를 들어서 배달 앱 서비스, 케이터링(행사 음식 공급) 서비스, 일부 배달 전용 메뉴[4]의 개발 같은 일들이죠. 디그는 성장하며 운영과 관리의 모든 측면에서 데이터를 수집해왔지만, 상품에 완벽을 기하고 디그의 정체성을 확립하는 데 가장 집중했습니다. 데이터를 분석하기는 했지만 주로 일회성에 그쳤고, 대시보드 같이 더욱 강력한 시스템과 보고서 도구를 활용하기보다는 특정한 질문의 답을 구하기 위해 서로 다른 데이터 세트를 힘들게 취합해야 했습니다.

디그가 다음 확장 단계의 준비를 마친 2019년 6월, 경영진은 전보다 데이터를 더욱 적극적으로 활용해야 한다는 사실을 깨달았습니다. 점차 더 많은 신규 매장이 문을 열면서, 예전처럼 경영진의 직관에 따라 의사 결정을 하기가 점점 더 어려워졌습니다. 데이터 및 운영 제품의 수석 관리자인 셔린 애스매트와 그의 팀이 직면한 가장 중요한 도전 과제는 디그가 세 도시보다 더 넓게 사업을 확장하는 것이었습니다. 그는 디그 매장의 지리적 범위와 기반 고객의 수가 늘어남에 따라, 공급망의 모든 부분에 세심한 주의를 기울여야 한다는 사실을 알고 있었습니다. 애스매트는 이렇게 말했습니다.

"가능한 한 최선의 방법으로 네트워크를 구축하고 싶습니다. 우리의 성장에 따라 수요의 차이, 현지 농산물과 육류의 공급량, 노동력의 공급과 미국 노동법의 변화 등 비즈니스에 영향을 미칠 수 있는 요소가 점점 더 복잡해진다는 문제에 직면할 것입니다. 저희 팀의 임무는 데이터로 통찰을 얻어 이 문제를 해결하는 데 도움을 주는 것입니다."

펌프 에너지 푸드에서 디그 인까지

디그의 설립자인 애덤 에스킨은 브라운대학교를 졸업한 후 코네티컷주 그리니치에 위치한 사모펀드 회사인 웩스퍼드 캐피털에서 근무했습니다. 비즈니스 아이디어를 찾는 임무를 받은 그는 스티브와 엘레나 카펠로니스가 1997년에 설립하고 맨해튼에서 매장 다섯 개를 운영 중인 펌프 에너지 푸드Pump Energy Food(펌프) 체인점을 알게 됐습니다.[5] 펌프는 피트니스 고객을 겨냥한 고단백 식품 메뉴를 제공하는 것으로 유명했습니다. 달걀 흰자 오믈렛, 건강한 기름, 샐러드 등의 메뉴를 선보였죠. 웩스퍼드의 직원이었던 에스킨은 자신의 회사가 펌프의 지분 절반 이상을 매입하도록 설득했고, 이후 2006년 12월 투자를 담당하게 되었습니다. 그는 즉시 사무실을 만들고 브랜딩 전문가를 영입하는 등 펌프의 로고, 웹사이트, 매장의 모양과 느낌을 개선하는 작업에 착수했습니다.

비즈니스의 복잡성을 줄이기 위해서, 에스킨은 펌프의 메뉴 150개 중 건강 식품에만 중점을 두기로 했습니다.[6] 그리고 4년간 펌프에 변화를 주면서 체인점의 방향을 전환할 기회를 발견했습니다.

그는 이렇게 회상합니다. "저는 개인적으로 좋아하는 식사 방식, 즉 매일 신선한 채소 위주의 식사를 제공하는 미개척 시장이 존재한다는 사실을 빨리 깨달았습니다. 그래서 2011년 적당한 가격대의 지역 제철 농산물에 중점을 둔 완전히 새로운 메뉴로, 비즈니스를 '디그 인'이라고 리브랜딩했죠."[7]

에스킨은 펌프의 고단백 저지방 식품이 보디빌더 같은 소비자에게는 통했지만, 일반 대중에게는 '맛없다'라는 인식이 있었다고 말합니다. 그의 핵심 통찰은 건강한 음식도 맛있다는 것이었습니다. 가령 신선한 오레가노와 적포도주 식초를 곁들인 쇠고기 조림, 겨자와 이탈리아 파슬리를 곁들인 적양배추, 호두를 곁들인 사과와 근대 조림 같은 요리는 좋은 영양분을 맛 좋게 전달합니다. "사람들은 더 풍부한 맛을 원하며, 식사는 모두가 즐길 수 있는 경험을 선사합니다." 에스킨은 말했습니다. 펌프에서 디그인으로 리브랜딩한 것에 고객은 열렬히 반응했죠.

"지금까지의 고객 반응은 환상적이었습니다. 사람들은 지난 10년간 음식과 건강에 대해 훨씬 더 많은 것을 알게 되었습니다. 특히 음식의 출처와 조리법에 관련하여 저희가 가진 철학의 진가를 알아보는 것 같았습니다."[8]

디그의 비즈니스 모델: 적당한 가격의 맛있는 지역 음식

포괄적인 편의를 제공하는 전통적인 풀서비스 식당과 패스트푸드의 교차점에서, 패스트캐주얼 부문은 작지만 빠르게 성장하고 있습니다. 일반적인 카운터 서비스를 제공한다는 점은 같지만 장식, 서비스, 메뉴 측면에서 맥도날드나 버거킹과 같은 패스트푸드 체인보다 고급스러운 형태의 식당입니다. 실제로 전통적인 패스트푸드보다 건강한 재료에 중점을 두며, 일반적인 패스트캐주얼 소비자들도 더 건강한 음식을 원합니다.[9] 그 결과 패스트캐주얼의 평균 식사 비용은 패스트푸드 비용 5.8달러의 두 배가 넘는 12달러에 달합니다. 패스트캐주얼 부문은 2016년 전체 식당 매출 7800억 달러의 7.7퍼센트에 불과한 작은 규모지만, 그 성장세는 빠릅니다. 2018년 미국의 상위 500개 식당 체인 중 패스트캐주얼 체인의 매출은 422억 달러로, 전년 대비 약 8퍼센트가 증가했습니다.[10]

언뜻 보기에 디그는 패스트캐주얼 부문의 여러 식당과 유사해 보입니다. 하지만 디그는 그들만의 주요 차별화 전략이 있습니다. 애스매트는 이렇게 말합니다. "저희는 스스로를 패스트캐주얼 체인으로 생각하지 않습니다. 실제로 디그는 다른 패스트캐주얼 식당과 비교해 핵심 콘셉트가 다릅니다. 저희 회사는 계획적인 대외 구매에 집중합니다. 즉 소규모 농장과의 관계에 초점을 맞춰, 이들과 공정한 계약을 체결하고 농부들이 더 지속 가능하도록 돕는 프로세스에 집중하죠."

에스킨은 초기에 직면한 문제를 다음과 같이 설명했습니다. "사업 초기에 겪은 어려움 중 하나는 메뉴에 어떤 종류의 요리를 제공할지, 즉 고객이 원하는 것과 '모두가 같은 마음'을 느끼게 만드는 것이 무엇인지 파악하는 일이었습니다. 저희는 주스, 셰이크, 수프, 샌드위치 등 많은 종류를 시도했습니다. 시행착오 끝에 마침내 디그에 딱 맞는 메뉴를 만들어낼 수 있었죠. 바로 샐러드보다 훨씬 더 건강에 좋은 메인과 사이드로 구성되어 고객이 직접 선택하는 자신만의 볼bowl입니다. 저희는 여러분이 가정식에서 기대할 만한 종류의 음식을 제공하고 싶습니다. 단 저희 요리사가 만든 것으로요!"

매력적인 메뉴를 제공하면서 동시에 이 사명에 충실하도록, 디그는 최고 요리 책임자 매트 와인가튼을 고용해서 맛있는 메인과 사이드를 포함해 12가지의 메뉴를 디자인했으며 식사의 가격을 10달러로 책정했습니다.[11] 자료 1은 2019년 9월에 판매된 디그의 메뉴를 보여줍니다. 이 정도 가격에 수익성을 유지하기란 어려운 일이며, 재료가 수확되고 가공되는 현지 농장에서부터 요리되어 고객에게 제공되는 식당에 이르기까지 세심하게 조정된 가치 사슬이 필요합니다.

가치 사슬: 농부에서 요리사, 그리고 고객까지

가치 사슬의 가장 위에는 디그에 농산물을 공급하는 지역 농부들이 있습니다. 디그는 보통 이들과 협력하여 정기적으로 함께 연간 수요를 계획하고, 계절에 따른 주문(계약)을 처리합니다. 이런 방식으로 회사는 파트너를 육성하고 제품 조달 절차를 최대한 효율적으로 운용할 수 있습니다. 농부와 파트너는 매일 디그의 공급 센터로 농산물을 배달하고, 공급 센터

Spring Menu

DIG FEATURED BOWLS

MARKETBOWLS

BASES

MARKET SIDES

SAUCES

COLD SIDES

HOT SIDES

WHOLE GRAINS

DRINKS & SNACKS

ORDER NOW

DIG FEATURED BOWLS

Classic Dig
Charred Chicken (thigh), Charred Broccoli with Lemon, Roasted Sweet Potatoes, Brown Rice with Parsley, and Garlic Aioli dressing.
CONTAINS: SOY

Greens & Grains
Grilled Organic Tofu, Cashew Kale Caesar, Blistered Shishitos, Farro, and Pesto dressing.
CONTAINS: GLUTEN, SOY, NUTS

MARKETBOWLS

Farmer's Favorite Marketbowl
Three market vegetable sides.

Charred Chicken Marketbowl
Antibiotic-free chicken thigh with lemon, fennel, and mustard seeds. Gluten-Free.

Spicy Meatballs Marketbowl
Carman Ranch and Happy Valley beef and chicken meatballs (three), classic tomato ragu. Add an extra for $1
CONTAINS: EGG

Grilled Organic Tofu Marketbowl
VEGAN
Organic tofu with roasted onion, pickled pepper relish, and pesto. Gluten-free.
CONTAINS: SOY

Herb Roasted Chicken Marketbowl
Antibiotic-free chicken breast, garlic, marjoram, parsley, and rosemary. Gluten-Free.

Roasted Wild Alaskan Salmon Marketbowl
Wild Alaskan Salmon with lemon thyme. Gluten-Free.

BASES

Classic Brown Rice
VEGAN
Long grain brown rice with thyme-infused olive oil, red onions, lime juice, and fresh parsley. Gluten-free.

Farm Greens with Mint
VEGAN

Farro with Summer Vegetables
NEW
Organic Maine farro, summer vegetables, lemon, mint, Calabrian chili. Vegetarian.
CONTAINS: GLUTEN

는 배달된 농산물을 식당으로 보냅니다. 냉장 보관된 농산물이 물류 시스템을 거쳐 디그의 각 매장으로 도착한 뒤 요리사들이 재료를 손질하는 데까지 약 3일이 소요되는 것으로 추정됩니다. 2019년 디그는 자체 소유한 농장에서 생산한 채소 10만 파운드를 포함해 다른 130여 명의 농부, 파트너, 목장주에게서 약 900만 파운드의 채소를 구매할 것으로 예상됩니다.

디그의 가치 사슬의 핵심은 파트너와 협력하고, 이들을 육성하며, 고객의 요구와 계절마다 변하는 농산물의 가용성 사이 균형을 유지하는 능력입니다. 고객의 취향을 파악하고 제철 메뉴에 반영하려면 상당한 기술이 필요합니다. 다음은 여기에 대해 애덤 에스킨이 한 말입니다.

"저희 요리사들은 계절에 따라 달라지는 농산물로 요리에 어려움을 겪습니다. 누구에게나 맞는 흔한 요리를 취급하는 게 아니기 때문이죠. 요리사들은 농장에서 온 신선한 원재료에 따라 레시피를 조정해야 합니다. 이런 레시피는 특히, 전문 요리를 해본 적이 없는 요리사라면 습득하는 데 시간이 더 오래 걸리기 마련입니다. 저희는 이 문제를 인식하고 있으며, 칼을 다루는 능력을 키우는 수업을 열고 디그가 운영하는 농장[12]을 투어하는 등 최선을 다해 요리사들을 멘토링합니다. 음식의 품질을 유지할 뿐만 아니라 팀원들의 요리 경력을 성장시키는 데 도움이 되므로 이러한 훈련 과정을 시행하고 있습니다."

음식을 준비하면서도 디그는 여타 패스트캐주얼 식당과는 다른 접근법을 취합니다. 애스매트는 이렇게 말했습니다. "모든 재료는 반드시 매장 안에서 요리돼야 하고, 디그의 모든 직원은 음식을 준비하며 특히 칼을 잘 다루도록 훈련받아야 합니다." 즉 모든 직원이 음식을 준비하는 일손으로 투입될 수 있다는 뜻입니다. "저희는 모든 직원이 저희가 제공하는 음식을 경험했는가를 중요하게 생각합니다. 그리고 이는 곧 경쟁자보다 더욱 신중하게 직원을 채용해야 한다는 것이죠. 디그에서 일할 때 필요한 기술은 평균 패스트캐주얼 식당과 비교해 꽤 광범위합니다."

모든 매장의 모든 식재료를 신선하게 준비하다 보니 직원을 배치하는 문제가 매우 복잡해집니다. 실제로 디그는 고객에게 음식을 제공하는 일을 포함해 음식을 준비하는 데 있어 모든 매장이 충분한 인력을 갖췄는지를 확인해야 합니다. 이 작업은 고객의 수요가 시간, 날짜, 날씨, 현지의 이벤트 등 매우 다양한 요인에 따라 달라지기 때문에 매우 어렵습니다.

무엇보다 음식을 우선시하는 디그의 매장은 직원 배치 말고도 신경 쓸 일이 많습니다. 각 매장은 독특한 구조로 설계됐는데 공간의 상당 부분은 신선한 음식을 준비·저장·제공하도록 꾸며져 있죠. 준비가 완료된 재료는 큰 철제 그릇에 나뉘어 담긴 뒤 긴 카운터 뒤쪽 선반에 진열되어, 신선함을 과시하며 동시에 고객에게 효율적으로 제공됩니다.

대부분의 고객이 주문하는 메뉴는 볼로, 하나의 베이스(세 개의 옵션 중 선택), 두 개의 사이드(여덟 개의 옵션 중 선택), 메인(여섯 개의 옵션 중 선택)으로 구성되지만, 각각 주문할 수도 있습니다. 또한 디그는 다양한 음료와 스낵도 함께 판매합니다.

음식의 주문과 제공은 가치 사슬의 마지막을 연결하는 중요한 고리입니다. 대부분의 주문은 앞서 설명한 대로 매장에서 이뤄지지만, 디그는 매장 밖 주문에서도 많은 가치를 창출할 수 있다는 사실을 빠르게 깨달았습니다. 그래서 매장 내 주문 외에도 추가적인 세 가지 방법으로 음식을 주문하는 시스템을 도입했습니다. 앱으로 주문을 하고 매장에서 픽업하거나, 배달 주문을 하거나, 대규모 케이터링 주문을 할 수 있죠.

디그의 기존 시설은 매장 내 주문에 맞춰져 있기 때문에 초기에는 여러 주문 방식을 서비스하는 데에 시설의 영향을 크게 받았습니다. 하지만 디그는 제3의 배달 서비스와 계약을 맺어 고객이 해당 서비스로도 주문할 수 있도록 했습니다. 그리고 이 방식의 도입은 크게 성공적이었습니다. 개업 7년 후 이스트 52번가에 위치한 매장의 매출 30퍼센트 이상이 배달 부문에서 발생했습니다.[13] 그러나 여전히 몇 가지 문제가 있었습니다. 볼 메뉴를 구성하는 모든 옵션을 고려하면 약 1500 종류의 주문이 가능했기에 고객이 옵션을 잘못 선택할 여지가 큰데, 일단 음식이 식당을 떠나 배달에 들어가면 옵션은 수정될 수 없죠. 더불어 온도도 문제입니다. 매장 내 주문은 즉시 그 자리에서 소비되지만, 배달은 고객에게 도달하기까지 약 15분에서 60분 정도가 소요되기 때문입니다.

디그의 패스트캐주얼 비즈니스가 시작되면서 팀은 계속해서 혁신하며 고객의 경험의 한계를 뛰어넘기를 열망했습니다. 고객의 피드백과 업계 동향을 심사숙고하면서 배달이 중요한 기회 영역이라는 것이 분명해졌습니다. 2018년 온라인 음식 배달은 약 847억 달러 규모의 산업이었지만,[14] 디그의 조사에 따르면 고객들은 눅눅한 음식과 부족한 의사소통을 참아왔습니다. 이 문제를 해결하기 위해서 2019년 디그는 룸 서비스를 시범적으로 출시했습니다. 이 서비스는 완전히 새로운 메뉴와 플랫폼을 제공해 배달에 최적화되도록 재해석한 신규 서비스였습니다.

2019년 4월, 에스킨과 그의 팀은 당시 세 개 도시에 분점을 둔 디그를 더욱 확장할 방법을 모색하고 있었습니다. 투자금 2000만 달러로 24개의 분점을 계획했죠. 이 중 1500만 달러는 대니 메이어의 인라이튼드 호스피탈리티 인베스먼트 주식 펀드에서 나온 것이었습니다. 디그는 앞서 OSI 레스토랑 파트너스의 전 CEO인 빌 앨런, 모노그램 캐피털 파트너스, 아발트가 이끈 시리즈 D 펀드에서 3000만 달러를 유치했습니다.[15]

확장 전략의 일환으로 디그의 관련 팀은 가치 사슬의 모든 측면에서 가시성을 확보하고자 했습니다. 예를 들어 필라델피아와 같은 신규 시장에 진입하려면 현지의 농부들을 포함한 새로운 공급망을 결합하고, 매장의 위치를 찾고, 직원을 고용하고, 메뉴와 근무 스케줄을 설계하는 등의 작업이 필요합니다.

데이터 중심으로

확장 계획은 흥미진진했습니다. 하지만 그만큼 나름대로 도전 과제가 뒤따랐죠. 직관, 기술, 경험은 강력한 도구지만, 아쉽게도 확장될 수 없다는 단점이 있습니다.

"우리는 역사적으로 성장에 대해 신중하게 접근했습니다." 애스매트가 말했습니다. "모든 매장을 뉴욕에서만 운영함으로써 음식과 문화에 일관성을 가질 수 있었습니다. 보스턴에서 새로운 가게를 개시한 것은 우리가 규정한 표준이 다른 도시에서도 유지되는지를 확인하는 첫 번째 시도였습니다. 여기서 우리는 브랜드를 대표할 현지의 리더십을 찾아야 했습니다. 또한 일관성을 잃지 않으면서 동시에 지리적 근접성에 덜 의존하는 데 익숙해져야 했습니다."

더 많은 식당이 존재하는 새로운 환경에서, 디그는 모든 매장의 모든 의사 결정을 직관에 따라 내리기가 어렵다는 사실을 알게 되었습니다. 따라서 의사 결정을 보조할 데이터를 더 많이 활용하기 시작했으며, 애스매트의 팀은 가치 사슬의 모든 단계에 데이터를 사용해서 의사 결정을 내릴 방법을 찾아야 했습니다.

그러나 어떤 의미에서 데이터를 사용한 의사 결정은 디그 여정의 마지막 단계라고 볼 수 있습니다. 많은 사람이 데이터 중심적 의사 결정의 최종 단계에 집중합니다. 가령 통찰을 얻을 수 있는 대시보드 및 복잡한 예측 분석 모델을 사용하는 것이죠. 하지만 이런 노력에는 기반이 필요합니다. 즉 회사 전체가 신뢰할 수 있는 견고하고 통합된 데이터 자산이 필요하다는 뜻입니다. 디그도 예외는 아니었으며, 애스매트는 이미 그 사실을 너무 잘 알고 있었습니다.

"데이터 수집을 유용한 데이터를 모으는 일이라고 착각하기 쉽습니다. 하지만 분석에 돌입해보면 매우 고통스럽다는 것을 금세 깨닫게 됩니다. 한 가지 예로 인적관리 데이터를 들어보겠습니다. 불가피하게 직원 명단과 그들의 근무 시간을 추적하기 위해 여러 시스템을 사용하는 지경에 이르렀다고 해보죠. '평균적으로 각 매장에서 몇 명의 직원이 일하고 있나요?' 같은 간단한 질문조차 답을 얻으려면, 가장 뛰어난 분석가가 투입되더라도 반나절 이상이 걸릴 수 있습니다. 데이터세트를 가져와서, 결과를 조합하고, 도출한 결과가 옳은지 확인하는 데 상당한 시간을 할애해야 합니다."

이는 데이터를 더 잘 활용하고 싶은 기업이 종종 좌절하는 부분이며, 처음부터 데이터를 더욱 엄격히 활용하면 피할 수 있는 성장통이라고 생각하기도 합니다. 하지만 그렇게 간단하지 않습니다. "돌이켜보면 다시 그때로 돌아간다고 해서 크게 달라지지 않았을 것 같아요"라고 애스매트는 말합니다. "성장과 정체성 확립을 시도하며 어리석게도 귀중한 시간과 자원을 소비했습니다. 솔직히 말해서 초기에 어떤 데이터든 수집했기에 우리가 앞서가게 됐다고 생각합니다!" 사실 디그가 이 부분에 더 일찍 집중하고 싶었다고 해서, 정말로 그럴 수 있었을지는 모릅니다. 사람들이 매일 사용하며 점진적으로 피드백을 제시하지 않는다면 견고한 데이터 기반을 구축하기가 쉽지 않기 때문입니다. 데이터가 방대하고 인프라가 둔중한 오래된 대기업만 이런 문제를 겪는다고 생각하기 쉽습니다. 하지만 그 누구도 이 문제를 피해갈 수는 없죠.

이는 발생할 수 있는 하나의 문제만을 예로 든 것일 뿐입니다. 여러 데이터세트에 걸쳐 간단한 지표를 비교하는 일조차도 어려울 수 있습니다. 예를 들어서 '순판매'를 고려해보죠. 순판매에는 온라인 주문도 포함될까요? 반품, 환불, 신용거래는 또 어떤가요? 그리고 직원의 배치가 판매에 미치는 영향을 평가하는 등 완전히 다른 데이터세트를 비교한다면 상황은 훨씬 더 복잡해집니다.

의사 결정에 데이터를 체계적으로 사용하기 전에 애스매트의 팀은 이런 이질적인 데이터 자산을, 빠르고 효율적으로 질문의 답을 구하는 데 쓰일 '신뢰성 있는 단일 저장소'인 데이터베이스로 결합하는 절차를 만들어야 했습니다. "지금까지 우리가 한 작업 중 많은 부분이 의사 결정을 지원하는 인프라를 준비하는 것이었습니다. 그리고 저희 팀과 긴밀하게 협업하는 데이터 엔지니어 팀을 꾸리는 등 이를 실현하는 데 상당히 많은 자원을 투자했습니다."

이런 데이터베이스를 만드는 일에는 사용할 도구를 결정하는 것이 중요합니다. 오늘날 대부분의 회사가 보유한 데이터 규모는 마이크로소프트 엑셀이나 액세스와 같은 간단한 도구로 다루기에는 너무 큽니다. 다행히 이 목적을 달성하기 위한 클라우드 기반의 도구를 제공하는 회사들이 있습니다. 그중에서도 디그는 구글의 빅쿼리BigQuery와 루커Looker를 사용합니다. 자료 2와 3은 디그의 애스매트 팀에서 사용하는 해당 도구의 화면입니다.

기술적인 어려움 외에 문화도 이런 노력을 저해하는 요소가 될 수 있습니다. 잘못된 데이터에 기반한 프로젝트를 너무 일찍 시작하는 것은 데이터에 정통한 경영진과의 대면에서 역효과를 냅니다. 초기 결과에서 문제점이 발견되는 즉시 그 프로젝트에 대한 신뢰는 곤두박질치고 말 것입니다. "우리는 디그에서 매우 운이 좋았던 케이스입니다"라고 애스매트는 말합니다.

"회사 전체를 더 데이터 중심적으로 만드는 것은 CEO인 애덤 에스킨의 참여에서 시작됩니다. 모든 직원은 이 과정이 점진적으로 일어난다는 사

자료 2 디그의 빅쿼리 환경 화면   출처: 디그. 대외비 정보는 가렸습니다.

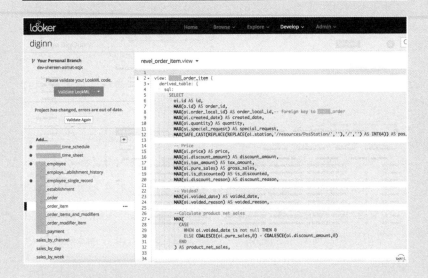

실과, 도중에 일시적인 문제가 발생할 수 있다는 점을 이해했죠. 그리고 그들은 견고한 데이터 기반을 먼저 구축하려는 우리의 노력에 매우 협조적입니다. 저는 우리가 하는 일을 회사 전체에 투명히 공개함으로써 많은 가치를 창출하게 됐습니다. 멀찍이 떨어져서 고립된 상태로 일하는 대신, 즉시 유용한 대시보드를 만드는 등 작지만 달성 가능한 목표에 집중했고, 모든 사람에게 우리의 현재 진행 상황을 공유했습니다."

이는 대체로 성공에 이르는 전략입니다. 이론적 관점에서 모든 시스템과 데이터세트를 처음부터 야심차게 하향식으로 재설계하려는 시도는 꽤 매력적으로 다가옵니다. 하지만 하향식 접근법은 여러 가지 이유로 실패합니다. 우선 처음부터 필요한 작업량을 과소 평가할 가능성이 높습니다. 그로 인해 고비용의 지연이 여러 차례 발생하죠. 둘째, 하향식 재설계는 현재 시스템을 무너뜨리고 처음부터 시작해야 한다는 것을 의미하곤 합니다. 프로젝트가 끝날 때까지 중간 과정에서 확인할 수 있는 내용이 거의 없다는 뜻이기도 하며, 결국 지연의 영향을 악화합니다. 셋째, 회사의 운영 및 데이터 수집용 프레임워크가 정적인 경우는 거의 없습니다. 시간을 많이 요하는 하향식 접근법을 취하면 프로젝트가 채 완료되기도 전에 현장에 어떤 변화가 발생할 수도 있고, 그러면 결국 프로젝트는 진행 도중에 이미 구식이 되어버립니다. 마지막으로 하향식 접근법을 구현할 때는 초기 프로젝트의 계획 단계 이후 회사 다른 부문의 노력들과 소통하지 못한 채 고립될 가능성이 높습니다. 따라서 하향식 접근법은 옳지 않습니다. 프로젝트를 아무리 철저하게 계획하더라도 사업의 모든 복잡한 측면을 포착할 수는 없기 때문이죠.

디그의 접근법은 이 문제점을 피하도록 설계됐습니다. 구체적이고 시급한 목표에 집중하여, 애스매트와 그의 팀은 관련 팀들과 긴밀한 관계를 유지하고, 매번 즉시 실행 가능한 프로젝트를 작업할 수 있었습니다. 물론 전체적으로 볼 때, 더 오랜 시간이 걸릴지도 모릅니다. 하지만 나아가는 한 단계 한 단계마다 의미 있는 가치가 확실히 창출되는 방식입니다.

몇 가지 사례를 요청하자 애스매트의 눈이 빛났습니다.

"우선 가장 중요한 결정 사항은 메뉴 구성입니다. 저희는 계절에 따라 변하는 것을 좋아합니다. 즉 그때그때 메뉴를 변경하고, 농부가 생산하는 재료에 따라 짧은 기간만 판매하는 특별 메뉴를 제공하기도 하죠. 지금까지 저희는 항상 판매 데이터에 의존하여 각 제품이 얼마나 잘 팔리는지를 추적하는 주간 보고서를 발행했습니다. 하지만 아쉽게도 일회성 분석으로 생성된 정적 보고서였고, 수년에 걸쳐 스프레드시트와 구글 문서로 작성된 탓에 엉망이 되어버렸죠. 결국 연도별 데이터에 기반해 미래의 의사 결정을 내려야 하는 시점에서는 저희의 직관에 의존해야 했습니다. 각자의 선호도에 편향된 결정이 내려졌을 가능성이 높았죠. 가령 저희는 디그 내에서도 꽤 건강을 자부하는 사람들이었고, 저희가 미국의 다른 지역 사람들보다 맥앤치즈와 같은 정크푸드를 훨씬 덜 섭취한다는 농담을 주고받곤

했습니다! 하지만 새로운 데이터 기반과 함께 과거의 제품이 얼마나 성공적이었는지 기록을 조회할 수 있게 됐고, 준비할 특별 메뉴를 더 현명하게 결정하기 위해 더 이상 직관에 의존할 필요가 없어졌습니다(때로 어떤 메뉴가 저희에게는 괜찮아 보이지만, 데이터는 그렇지 않다고 말하곤 합니다). 심지어 저희가 알아낸 사실이 마케팅 활동에 영향을 미친 한 가지 사례를 들 수도 있습니다. 저희 고객들은 추수감사절의 특별 메뉴를 좋아했기 때문에, 그 과거 기록에 기반해 추수감사절 콘셉트에 주목했죠."

"완전히 다른 영역에서의 또 다른 사례도 있습니다. 디그는 직원을 교육하고 성장시키는 데 우선순위를 둡니다. 한편 직원이 교대 근무 시간에 나타나지 않는다는 것은 그들이 어려움을 겪고 있음을 보여주는 주요 지표 중 하나입니다. 과거에는 이런 노쇼의 횟수를 세기가 꽤 힘들었습니다. 왜냐하면 두 데이터세트, 즉 직원의 출퇴근 여부를 확인하는 일정 시스템의 데이터와 급여 데이터를 결합해야 했기 때문입니다. 하지만 지금은 직원 출입 관리 시스템을 도입했고, 매우 세분화된 정보를 얻을 수 있다는 사실이 놀라울 따름입니다. 저희는 이제 우려되는 개별 직원을 식별할 수 있을 뿐만 아니라, 식당의 성과를 문화적 지표로 사용하여 특정 지역 매장의 성과가 뒤처지는 경우 직원을 보충하는 등의 행동을 취할 수도 있습니다. 마지막으로 저희는 직원의 교육을 담당하는 팀에게 귀중한 통찰력을 제공할 수도 있습니다. 만약 특정 역할의 직원이 노쇼를 더 많이 하는 경향이 있다면 해당 역할 또는 교육 방식을 재구성해야 한다는 판단을 내릴 수 있습니다."

"음식물 쓰레기도 꼭 언급해야 하는 주제입니다. 저희의 목표는 가능한 한 주문한 모든 재료를 완전히 소진하는 것입니다. 하지만 매장에서 얼마나 많은 음식과 재료가 낭비되는지 파악하는 것은 꽤 골치 아픈 일이었습니다. 이를 위해 매장, 배달, 케이터링 등 모든 주문 시스템의 판매 데이터를 결합해야 했고, 결합된 데이터와 이전 데이터를 비교해 적정 주문량을 파악해야 했죠. 여러 매장에 대해 이 지표를 비교하는 것은 설명할 필요가 없을 정도로 매우 복잡하고 어려운 일입니다. 이제는 낭비가 많은 순서로 매장의 순위를 빠르게 매길 수 있으며, 어려움을 겪는 매장이 더 효율적인 매장에게서 노하우를 배우도록 장려할 수 있게 되었습니다."

자료 4는 시간에 따라 디그 공급망의 성과를 추적하기 위해 애스매트 팀의 노력으로 구축된 대시보드 중 하나의 예시입니다. 이러한 노력이 있기 전에는 대시보드를 생성하기까지 많은 시간을 투자해야 했습니다. 그의 팀은 이 대시보드가 보여주는 데이터세트를 통합했고, 그 데이터는 지속적으로 갱신되며 디그의 관리 팀에 귀중한 통찰을 실시간으로 제공합니다.

디그가 사업을 확장하기 시작하면서, 애스매트는 디그의 경영진부터 매장의 팀원에 이르기까지 모든 사람에게 풍부한 데이터에 접근할 권한을 부여하는 데 집중했습니다. 해야 할 일이 아직 많이 남아 있었지만, 지금까지의 성과를 감안할 때 그는 직원들과 협력하는 자신의 접근법이 노력할 만한 가치를 지닌 결과를 만들어낼 것이라고 확신했습니다. "내년에 이 대화를 다시 나눠봅시다. 제가 보여드린 세 가지 예시를 보면 알겠지만, 그 무엇도 저를 막을 수는 없습니다!"

자료 4 디그의 주간 공급망 리포트 화면

출처: 디그. 대외비가 포함되어 흐릿하게 표현했으며, 이 그래프는 품목의 수요를 나타내지 않습니다.

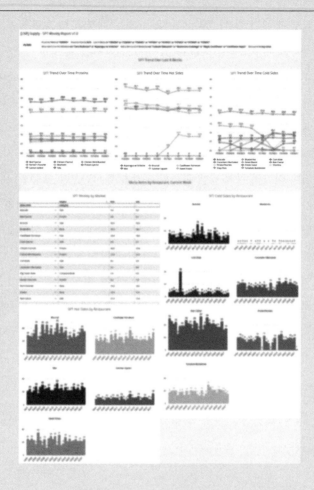

데이터

219쪽에서 다운로드한 파일들은 디그의 뉴욕 매장에서 수집된 1년치 데이터입니다. 물론 비공개 정보를 보호하기 위해 실제 데이터를 약간 각색했습니다. 그러면 각 데이터세트에 담긴 내용물을 하나씩 확인해보죠. 일부 데이터세트는 엑셀로 열어보기엔 너무 크기 때문에, 지금은 저희의 설명만 듣고 넘어가야 할 수도 있습니다. 268쪽에서 여러분이 직접 확인해보세요.

- Restaurants.csv는 다음의 열들로 구성된 매장별 데이터를 제공합니다.
  - RESTAURANT_ID: 매장 고유 ID 번호
  - NAME: 매장의 이름
  - ADDRESS: 매장의 주소
  - LAT: 매장의 위도
  - LONG: 매장의 경도
  - OPENING_DATE: 매장의 개업 일자
  - DELIVERY_START: 매장의 배달 서비스 시작일
- Items.csv는 판매된 물품에 대한 데이터를 제공하며 다음의 열들로 구성됩니다. 여기에는 볼 구성 재료 또는 개별 식품(예: 사이드 및 디저트)이 모두 포함됩니다. 모든 재료는 볼에 포함되거나, 개별적으로 주문될 수 있습니다.
  - ITEM_ID: 재료의 고유 ID 번호
  - ITEM_NAME: 재료의 이름
  - ITEM_TYPE: 재료의 유형(메인/사이드/소스/콜드 사이드/디저트/음료)

- Simplified orders.csv는 다운로드한 파일 중 가장 덩치가 큰 데이터를 제공합니다. 1년간 축적된 것으로, 한 행당 한 건의 주문을 나타냅니다. 상상해보세요. 이 파일은 꽤 클 수밖에 없습니다. 정확한 데이터의 양을 확신하기 어렵죠. 이는 268쪽의 내용을 배우고 나서야 파악할 수 있습니다.

이 파일에 기록된 대부분의 주문은 볼 메뉴입니다. 각 볼은 다음 요소를 포함합니다.

  ○ 베이스(샐러드, 파로farro*, 쌀밥)
  ○ 메인(닭고기, 쇠고기 등)
  ○ 두 개의 사이드(맥앤치즈, 당근 등)

또한 각 주문은 쿠키나 음료를 하나 이상 포함할 수 있습니다. 그리고 볼 없이 쿠키나 음료만 주문한 경우도 있습니다.

이 데이터세트는 실제 데이터세트를 많이 간소화한 것입니다(파일 이름도 '간소화된Simplified'이라고 되어 있죠). 실제로는 좀 더 복잡한 경우도 있습니다. 가령 동일 재료를 여러 개 포함한 볼을 주문하거나, 사이드를 따로 주문하거나, 볼을 하나 이상 주문하는 경우 등도 취급하죠. 이 책의 목적상 이 모든 복잡한 상황을 전부 다루지는 않습니다.[16]

이 데이터세트는 다음의 열들로 구성됩니다.

  ○ ORDER_ID: 주문의 고유 ID 번호

---

*   외피만 벗겨 주로 샐러드와 곁들여 먹는 통곡물을 말합니다.

○ DATETIME: 주문이 접수된 일시

○ RESTAURANT_ID: 매장의 고유 ID 번호. Restaurants.csv 데이터의 RESTAURANT_ID 열 값에 대응됩니다.

○ TYPE: 주문의 유형(IN_STORE, PICKUP, DELIVERY)

○ DRINKS: 주문에 포함된 음료의 잔 수

○ COOKIES: 주문에 포함된 쿠키의 개수

○ MAIN: 주문한 볼의 메인 재료. Items.csv 데이터의 ITEM_ID 열 값에 대응됩니다. 만약 볼에 두 개의 메인이 포함된다면 그중 임의로 하나만 저장합니다. 만약 주문에 볼이 포함되지 않았다면 값은 빈 채로 남겨집니다(누락).

○ BASE: 주문한 볼의 베이스 재료. Items.csv 데이터의 ITEM_ID 열 값에 대응됩니다. 만약 볼에 두 개의 베이스가 포함된다면 그중 임의로 하나만을 저장합니다. 만약 주문에 볼이 포함되지 않았다면 값은 빈 채로 남겨집니다(누락).

○ SIDE_1과 SIDE_2: 주문한 볼과 함께 곁들일 사이드 두 개. Items.csv 데이터의 ITEM_ID 열 값에 대응됩니다. 만약 주문에 볼이 포함되지 않았다면 값은 빈 채로 남겨집니다(누락).

• Summarized orders.csv는 세부 주문 파일을 일 단위로 취합한 데이터를 제공하며 다음의 열들로 구성됩니다. 각 행은 매장이 문을 연 시점부터, 각 매장의 일별 주문에 대한 요약 정보를 담습니다.

○ location: 장소(매장)의 이름

○ day: 날짜

○ number of orders: 해당 날짜에 특정 매장의 주문 건수

○ percentage of deliveries: 해당 날짜의 주문 중 배달이 차지하는 비율

사례 연구에서 짐작할 수 있듯이, 디그가 데이터에 대해 직면한 주요 과제는 결정권자가 최대한 효율적으로 데이터를 열람하도록 하는 것입니다. 이를 가능케 할 한 가지 방법은 대규모 데이터세트(Simplified orders.csv)를 더 쉽게 분석하도록 소규모(Summarized orders.csv)로 요약하는 것이죠. 2부를 마치면 여러분은 이런 요약을 해내는 모든 기술을 갖추게 될 것입니다.

판다스 라이브러리

파이썬으로 데이터 분석을 할 때는 판다스라는 라이브러리가 주로 사용됩니다. 웨스 매키니가 개발한 판다스 라이브러리는 개발자끼리 질문과 답을 나누는 스택 오버플로를 포함해 라이브러리를 지속적으로 발전시키는 활발한 사용자 커뮤니티를 갖추고 있습니다.

2부에서는 각 장에 대한 주피터 노트북을 만들고, 각 노트북에서 코드의 작성과 실행을 수행합니다. 각 장의 코드를 담은 주피터 노트북은 이 책의 웹사이트에서 다운로드할 수 있습니다. 나중에 작성될 코드 셀은 이전 셀의 내용에 의존합니다. 따라서 노트북에서의 코드는 순차적으로 실행돼야만 합니다. 우선 219쪽에서 생성한 'Part 2' 폴더에 주피터 노트북을 만듭니다(1부에서 생성한 데스크톱의 code 폴더도 좋습니다).

노트북을 만들었다면 다음처럼 판다스 라이브러리를 불러옵니다.

```
import pandas as pd
```

앞 코드는 pandas에 pd라는 별칭을 부여한 것입니다. 이후 판다스를 사용할 때마다 pandas를 모두 입력하지 않고 축약된 pd를 대신 쓸 수 있습니다.

판다스 라이브러리는 두 가지 자료형으로 데이터 작업을 지원합니다.

- 한 열을 저장하는 시리즈Serie
- 여러 시리즈(열)를 조합해 표를 저장하는 데이터프레임DataFrame

다음 그림은 데이터프레임의 구조를 보여줍니다. 각 열은 이름과 함께 시리즈로 저장됩니다. 그리고 행 인덱스(259쪽에서 더 자세히 다룹니다)는 모든 행의 이름입니다. 기본적으로 행 인덱스는 0부터 1씩 증가하는 숫자지만, 별도의 이름을 부여할 수도 있습니다. NaN(숫자가 아님을 뜻하는 Not a Number의 약어입니다)은 판다스에서 누락된 값을 표현하는 방식입니다.

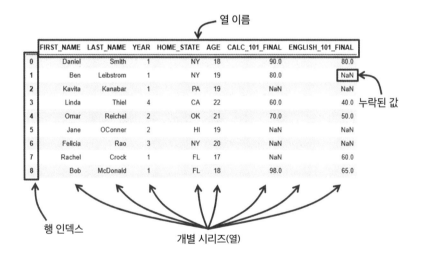

판다스 데이터프레임

보통은 파일(예: 엑셀, CSV 등)을 곧바로 데이터프레임에 불러옵니다. 그 방법은 268쪽에서 다룹니다. 그 전에 우선은 더 간단한 예시로 시작해보죠. 여러 리스트를 가진 딕셔너리로 판다스의 데이터프레임을 만들 수도 있습니다. 이때 딕셔너리의 각 요소(리스트)가 한 열입니다. 주피터에서 신규 셀을 생성하고, 다음 코드를 실행합니다(pythonformbas.com/df_students에서 복사해도 좋습니다).

```python
students = (
    {'FIRST_NAME': ['Daniel', 'Ben', 'Kavita', 'Linda',
                    'Omar','Jane', 'Felicia', 'Rachel',
                    'Bob'],
     'LAST_NAME': ['Smith', 'Leibstrom', 'Kanabar', 'Thiel',
                   'Reichel', 'OConner', 'Rao', 'Crock',
                   'McDonald'],
     'YEAR': [1, 1, 1, 4, 2, 2, 3, 1, 1],
     'HOME_STATE': ['NY', 'NY', 'PA', 'CA', 'OK', 'HI',
                    'NY','FL', 'FL'],
     'AGE': [18, 19, 19, 22, 21, 19, 20, 17, 18],
     'CALC_101_FINAL': [90, 80, None, 60, 70, None, None,
                        None, 98],
     'ENGLISH_101_FINAL': [80, None, None, 40, 50, None,
                           None, 60, 65]} )
df_students = pd.DataFrame(students)
```

코드의 첫 번째 문장은 각 열에 대응되는 요소(키/값)를 담은 딕셔너리를 생성합니다. 이 한 문장이 꽤 길기 때문에 15줄로 나누어 표현한 점에 유의하세요. 15줄의 코드가 사실은 한 문장이라는 것을 어떻게 파이썬에게 알려줄까요? 간단합니다. 첫 번째 줄 마지막에 소괄호를 열고 마지막 줄의 끝에 소괄호를 닫으면 되죠. 그러면 파이썬은 소괄호 사이에 존재하는 줄바꿈을 모두 무시합니다.

두 번째 문장은 딕셔너리로 데이터프레임을 생성하는 판다스 패키지의 기능을 사용합니다(판다스 패키지를 pd로 참조한 것을 기억하세요). 그러면 그 결과로 만든 데이터프레임은 df_students 변수에 저장됩니다.

마지막으로 신규 셀을 하나 더 생성하고, 다음 코드를 실행합니다. 그러면 데이터프레임이 셀 하단에 출력됩니다.

df_students

	FIRST_NAME	LAST_NAME	YEAR	HOME_STATE	AGE	CALC_101_FINAL	EI
0	Daniel	Smith	1	NY	18	90.0	
1	Ben	Leibstrom	1	NY	19	80.0	
2	Kavita	Kanabar	1	PA	19	NaN	
3	Linda	Thiel	4	CA	22	60.0	
4	Omar	Reichel	2	OK	21	70.0	
5	Jane	OConner	2	HI	19	NaN	
6	Felicia	Rao	3	NY	20	NaN	
7	Rachel	Crock	1	FL	17	NaN	
8	Bob	McDonald	1	FL	18	98.0	

판다스와 주피터 노트북은 서로 어우러져 작동하여 데이터프레임을 보기 좋게 출력합니다.

시리즈(열)에 접근하기

이렇게 데이터프레임을 생성했다면 두 가지 방식으로 데이터프레임의 각 시리즈에 접근할 수 있습니다. 그중 첫 번째는 원하는 열 이름을 대괄호 속에 입력하는 것입니다.

```
df_students['FIRST_NAME']
```

```
0    Daniel
1       Ben
2     Kavita
3      Linda
4       Omar
5       Jane
6    Felicia
7     Rachel
8       Bob
Name: FIRST_NAME, dtype: object
```

두 번째 방법은 데이터프레임 다음에 마침표(.)를 찍고, 원하는 열 이름을 기입하는 것입니다(서식을 간소화하기 위해서 때로는 주피터 노트북 셀을 표시하지 않고, 다음처럼 코드만 수록했습니다. 하지만 모든 코드는 여전히 주피터 노트북에서 실행돼야 한다는 것을 알아두세요).

```
df_students.FIRST_NAME
```

무엇을 사용할지는 여러분의 선택입니다. 하지만 첫 번째 방법이 더 나은 경우가 있습니다. 가령 변수로 저장된 열 이름으로 열에 접근하고 싶다고 가정해보죠. 그러면 다음처럼 코드를 작성할 수 있습니다.

```
i = 'HOME_STATE'
df_students[i]
```

이때는 df_students.i가 작동하지 않습니다. 판다스는 변수에 든 문자열 대신 i라는 이름의 열을 찾으려고 시도하기 때문이죠. 또 열 이름에 공백 문자가 포함된 경우에도 두 번째 방식은 사용할 수 없습니다.

단일 시리즈를 출력한 결과는 데이터프레임과는 다르게 서식이 없습니다. 단순히 텍스트로만 출력됩니다. 데이터프레임(여러 열) 대신 시리즈(단일 열)를 출력했다는 신호이기도 하죠. 그렇다면 다음 코드를 실행해보겠습니다.

```
df_students[['FIRST_NAME']]
```

	FIRST_NAME
0	Daniel
1	Ben
2	Kavita
3	Linda
4	Omar
5	Jane
6	Felicia
7	Rachel
8	Bob

두 출력 결과 사이에서 주로 어떤 점이 다른지 주목하세요. 첫 번째는 대괄호 속에 문자열을 넣었고, 이는 곧 '해당 문자열 이름의 열을 선택하여, 시리즈로 반환해주세요'라고 요청한 것입니다. 그 결과가 시리즈이기 때문에 출력 결과는 단순한 텍스트 덩어리로만 구성됐습니다. 두 번째는 대괄호 속에 리스트를 넣었는데, 이는 곧 '리스트에 명시된 열을 포함한 데이터프레임을 주세요'라고 요청한 것입니다. 그 결과가 데이터프레임이기 때문에(단일 열만 가지기는 했지만) 출력할 때 보기 좋은 서식이 지정됩니다.

다음 그림은 이 두 모드의 차이를 분명히 보여줍니다. 왼쪽은 데이터

프레임에서 단일 열을 선택한 다음 이를 시리즈로 추출합니다. 오른쪽은
열 목록을 리스트로 선택한 다음 이들을 포함한 데이터프레임을 반환합
니다. 판다스는 여러분이 어떤 것을 시도하는지 어떻게 눈치챌까요? 바로
대괄호 속에 기입된 자료형을 보고 판단합니다. 왼쪽의 대괄호 속에 입력
된 문자열을 보고 판다스는 단일 열을 시리즈로 반환해야 한다고 판단하
며, 오른쪽의 대괄호 속에 입력된 리스트를 보고는 데이터프레임을 반환
해야 한다고 판단하는 것입니다.

```
df_students[ 'FIRST_NAME' ]        df_students[[ 'FIRST_NAME' ]]
              문자열                               리스트
```

새로 배운 지식을 토대로, 이번에는 두 개의 열을 선택해보겠습니다. 어
떻게 해야 할지 감이 오나요? ◆ (2부의 다이아몬드 기호는 잠시 책을 덮고 스
스로 생각하는 시간을 가져보라는 신호입니다.)

```
df_students[['FIRST_NAME', 'LAST_NAME']]
```

	FIRST_NAME	LAST_NAME
0	Daniel	Smith
1	Ben	Leibstrom
2	Kavita	Kanabar
3	Linda	Thiel
4	Omar	Reichel
5	Jane	OConner
6	Felicia	Rao
7	Rachel	Crock
8	Bob	McDonald

흔히 저지르는 실수

데이터프레임에서 여러 열을 선택할 때 흔히 실수를 저지르곤 합니다. 실수로 대괄호 속에 리스트를 넣는 것을 까먹기 때문입니다. 가령 다음 코드를 보죠.

```
df_students['FIRST_NAME', 'LAST_NAME']
```

이 코드는 오류를 일으킵니다. 판다스에서 처음 겪는 오류이기 때문에, 오류 메시지가 길고 때로는 여러분을 겁나게 할 수도 있습니다. 이 오류 메시지를 읽는 좋은 방법 중 하나는 스크롤을 가장 밑까지 내리는 것입니다. 오류를 일으킨 것과 가장 연관성이 높은 내용은 보통 맨 마지막에 표시되기 때문입니다. 앞 코드의 경우, 가장 마지막 내용을 보면 다음과 같은 메시지를 확인할 수 있습니다.

```
KeyError: ('FIRST_NAME', 'LAST_NAME')
```

판다스는 열 이름 때문에 오류가 발생했다고 판단했습니다. 즉 대괄호 속 내용이 문자열로 취급되기 때문에 판다스가 ('FIRST_NAME', 'LAST_NAME')이라는 이름의 단일 열을 찾으려고 시도한 것입니다. 하지만 이 이름을 가진 열은 존재하지 않습니다. 그래서 오류가 발생했죠. 이를 해결하는 방법은 대괄호 속에 또 다른 대괄호를 두는 것입니다. 그래야 판다스는 여러 열을 조회한다는 사실을 인지할 수 있습니다.

행 인덱스와 열 이름

판다스 데이터프레임의 모든 열은 이름을 가집니다. 열이 이름을 가진다는 개념은 꽤 익숙합니다. 반면 판다스의 모든 행도 이름을 가진다는 사실은 약간 생소할 것입니다(총칭하여 행 인덱스라고 합니다). 기본적으로 행 번호가 행 이름으로 부여되지만, 때로는 다른 값을 사용해야 합니다.

열 이름이나 행 인덱스를 바꾸는 법은 간단합니다. 만약 ENGLISH _101_FINAL이라는 열 이름을 ENGLISH_101_FINAL_SCORE로 바꾸고 싶다면 다음처럼 코드를 작성하면 되죠.

```
df_students.columns = ['FIRST_NAME', 'LAST_NAME', 'YEAR',
                       'HOME_STATE', 'AGE', 'CALC_101_FINAL',
                       'ENGLISH_101_FINAL_SCORE']
df_students
```

코드를 실행하고 데이터프레임의 생김새를 확인합니다. 그러면 열 이름이 원하는 대로 바뀐 것을 확인할 수 있습니다. 비슷한 방식으로 행 인덱스를 0 대신 1부터 시작하고 싶다면 다음처럼 코드를 작성하면 됩니다.

```
df_students.index = [1,2,3,4,5,6,7,8,9]
```

그리고 df_students 데이터를 다시 확인합니다. 그러면 행 인덱스가 바뀐 것을 확인할 수 있습니다.

한편 열 이름을 하나만 바꾸고 싶은데 매번 모든 열 이름을 나열해야 한다면 꽤 불편할 것입니다. 다행히 단일 열 이름만 수정하는 방법도 있습니다. 가령 앞서 바꾼 열 이름을 다시 원래대로 되돌리고 싶다면 다음처럼 코드를 작성하면 됩니다.

```
df_students.rename(columns={'ENGLISH_101_FINAL_SCORE':
'ENGLISH_101_FINAL'})
```

LAST_NAME	YEAR	HOME_STATE	AGE	CALC_101_FINAL	ENGLISH_101_FINAL
Smith	1	NY	18	90.0	80.0
Leibstrom	1	NY	19	80.0	NaN
Kanabar	1	PA	19	NaN	NaN

이 코드는 데이터프레임에 함수를 적용한 첫 번째 사례입니다. 그러니 좀 더 자세히 들여다보죠. 우선 df_students.rename을 통해 rename() 함수에 접근했습니다. 그러면 해당 함수는 df_students에 한정적으로 적용됩니다(문자열 a에 upper() 함수를 적용하기 위해 a.upper()를 입력했던 것과 유사하죠). 그다음 이전 열 이름을 키, 바뀔 열 이름을 값으로 하는 딕셔너리 값을 요구하는 columns 매개변수를 설정합니다. 이 함수가 실행되면 지정한 열 이름을 반영합니다.

다시 한번 데이터프레임을 출력합니다.

df_students

AME	YEAR	HOME_STATE	AGE	CALC_101_FINAL	ENGLISH_101_FINAL_SCORE
Smith	1	NY	18	90.0	80.0
strom	1	NY	19	80.0	NaN
habar	1	PA	19	NaN	NaN

그런데 이전 열 이름이 여전히 그대로입니다. 어떤 일이 일어난 것일까요? 사실 rename() 함수는 데이터프레임 자체를 변경하지 않습니다. 그 대신 변경이 반영된 새로운 데이터프레임을 반환하며, 원본 데이터프레임은 그대로 둡니다. 다음 코드와 행동 방식이 유사하죠.

```
name = 'Daniel'
name.upper()
```
```
'DANIEL'
```

```
name
```
```
'Daniel'
```

name.upper() 함수는 대문자로 변환된 문자열을 반환하지만 실제 변수의 내용을 바꾸지는 않습니다.

때로는 원본 데이터프레임을 바꾸고 싶을 수도 있겠죠. 이 책에서는 항상 반환된 신규 데이터프레임을 원본에 덮어쓰는 방식을 사용합니다.[17]

```
df_students = (
    df_students.rename(columns={'ENGLISH_101_FINAL_SCORE'
                             : 'ENGLISH_101_FINAL'}) )
```

이제는 df_students 변수가 열 이름이 바뀐 신규 데이터프레임을 담게 됩니다.

마지막으로 한 가지 더 알아볼 내용이 있습니다. 때로는 행 인덱스를 0부터 시작하는 기본 설정으로 되돌리고 싶을 수 있습니다. 이 경우에는 다음 코드를 실행하면 됩니다.

```
df_students = df_students.reset_index(drop = True)
```

여기서도 마찬가지로 호출된 함수의 결과를 df_students로 재할당합니다. 원본을 담은 변수가 변경된 것처럼 만들기 위함이죠. 한편 drop = True 매개변수가 하는 일은 무엇일까요? 만약 이 매개변수를 지정하지 않으면 이전 인덱스를 별도의 열에 보존하는 신규 데이터프레임을 만듭니다. 이 매개변수가 있을 때와 없을 때의 차이는 직접 시도하며 알아보세요.

.head() 함수와 .shape 속성

판다스로 대규모 데이터세트를 불러올 때는 전체 대신 처음 몇 개의 행만 확인하는 것이 좋습니다. head() 함수가 바로 이러한 기능을 하죠.

```
df_students.head()
```

	FIRST_NAME	LAST_NAME	YEAR	HOME_STATE	AGE	CALC_101_FINAL	EI
0	Daniel	Smith	1	NY	18	90.0	
1	Ben	Leibstrom	1	NY	19	80.0	
2	Kavita	Kanabar	1	PA	19	NaN	
3	Linda	Thiel	4	CA	22	60.0	
4	Omar	Reichel	2	OK	21	70.0	

또 데이터프레임의 크기를 알 방법이 있다면 유용할 것입니다. 이는 shape 속성으로 알 수 있습니다.

```
df_students.shape
```
```
(9, 7)
```

이 코드의 결과는 파이썬 튜플을 반환합니다(튜플이란 읽기 전용 리스트로 볼 수 있습니다. 자세한 내용은 135쪽의 '튜플'을 참조하세요). 해당 튜플의 첫 번째 요소는 행 개수, 두 번째 요소는 열 개수를 의미합니다. 만약 행 개수만 알고 싶다면 df_students.shape[0]로 해당 정보에 접근할 수 있습니다(또는 len(df_students)로도 행 개수를 구할 수 있습니다).

소괄호를 사용하느냐 마느냐의 문제

앞의 설명을 읽다 보면 일관성이 없다고 느끼는 부분이 있을 겁니다. head() 및 reset_index() 함수에서는 소괄호를 사용했지만, 열을 시리즈로 가져올 때는 소괄호를 사용하지 않았습니다.

여기에는 근본적인 이유가 있지만, 소괄호를 써야 할 때와 그러지 말아야 할 때를 구분하는 데 별로 도움이 되는 내용은 아닙니다. 그 대신 실수를 했을 때 어떤 일이 발생하는지 알려드리고자 합니다. 그래야 나중에 여러분이 문제를 진단하고 해결해나갈 수 있겠죠.

다음 두 줄의 코드를 실행해보죠. 실제로는 소괄호가 필요 없지만, 소괄호를 사용했다는 가정입니다.

```
df_students.FIRST_NAME()
df_students.shape()
```

두 줄의 코드에서 모두 오류가 발생합니다. 저희가 드린 팁에 따라 오류의 맨 아래쪽으로 스크롤을 내려보면 모두 'is not callable(호출할 수 없는 것)'이라는 키워드가 보입니다. 이 키워드는 필요 없는 곳에 소괄호를 사용했음을 알려줍니다. 소괄호를 포함하면 함수를 호출한다는 의미지만, df_students.FIRST_NAME과 df_students.shape는 함수가 아닙니다. 이 둘은 단지 각각 시리즈와 튜플일 뿐이죠. 따라서 '호출할 수 없는 것'이라는 오류가 발생합니다.

그렇다는 그 반대의 경우는 어떨까요? 다음 코드를 시도해보죠.

```
df_students.reset_index
```

이 경우에는 오류가 발생하지는 않지만 기대한 결과(데이터프레임)를 얻을 수도 없습니다. 그 대신 'bound method…'라는 텍스트가 화면에 출력됩니다. 여기서 'method(메서드)'는 함수의 또 다른 용어이며, 이 메시지는 함수를 호출할 때 소괄호를 포함하지 않았다는 것을 알려줍니다.

마지막 예제는 소괄호를 빠뜨리는 문제를 분명히 보여줍니다. 가령 인덱스를 재설정한 다음, FIRST_NAME 열에 접근하고 싶다고 가정해보죠. 이를 올바르게 수행하는 방법은 다음과 같습니다.

```
df_students.reset_index(drop = True).FIRST_NAME
```

먼저 데이터프레임의 인덱스를 재설정했고, 그 결과 변경된 데이터프레임을 얻었습니다. 그다음 변경된 데이터프레임의 FIRST_NAME 열에 접근했습니다. 이렇게 하나의 결과에 또 다른 속성이나 함수를 연이어 접근하는 방식을 '연쇄'라고 합니다(앞으로 자주보게 됩니다).

만약 연쇄 코드에서 소괄호를 깜빡하면 어떻게 될까요? 다음처럼 코드를 바꿔보죠.

```
df_students.reset_index.FIRST_NAME
```

그러면 다음과 같은 문장으로 시작하는 오류가 발생합니다.

```
'function' object has no attribute . . .
```

이는 여러분이 연쇄된 코드 어딘가에서 소괄호를 깜빡 잊었다는 명백한 신호입니다.

주피터 노트북의 코드 자동 완성

마지막으로는 주피터 노트북의 기능으로서 여러분이 가장 좋아하게 될 코드 자동 완성을 알아봅니다.

이 기능이 작동하는 방식을 보기 위해, 신규 셀을 만든 뒤 df_s를 입력합니다. 그리고 탭 키를 누릅니다. 그러면 주피터 노트북이 변수 이름을 마법처럼 완성해줍니다. 일부 문자만 기억하면 나머지를 자동으로 채워주죠. 즉시 자동 완성이 된 이유는 주피터 노트북이 df_s로 시작하는 변수가 df_students 밖에 없는 것을 알기 때문입니다.

만약 df_s로 시작하는 변수가 여러 개라면 어떨까요? df_surfboard라는 변수를 만들고 어떤 일이 일어나는지 확인해보겠습니다.

```
df_surfboard = 1
```

그리고 신규 셀에서 df_s를 입력한 뒤 탭 키를 누릅니다.

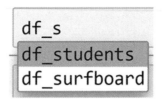

그러면 주피터 노트북은 df_s로 시작하는 모든 변수 중 하나를 선택할 수 있는 드롭다운 메뉴를 화면에 띄웁니다. 방향키로 원하는 것을 선택한 후 엔터 키를 누르면 원하는 변수 이름이 자동으로 완성됩니다.

주피터 노트북은 변수 이름뿐만 아니라 판다스 데이터프레임 관련 내용도 자동 완성할 수 있습니다. 그 의미를 직접 확인해보기 위해서 신규 셀을 만든 뒤 df_students.E까지 입력하고 탭 키를 눌러보세요. 주피터 노트북은 여러분이 ENGLISH_101_FINAL 열에 접근하려고 한다는 것을 파악하고 이를 자동 완성해줍니다. 만약 E로 시작하는 열이 여러 개라면 마찬가지로 드롭다운 메뉴가 나타나죠.

주피터 노트북은 함수 이름도 자동 완성할 수 있습니다. 예를 들어서 df_students 데이터프레임의 열 이름을 변경하고 싶다고 가정해보죠. 신규 셀을 만들고 df_students.re까지 입력하고 탭 키를 누릅니다. 그러면 다음과 같은 화면이 나타납니다.

```
df_students.re
        reindex
        reindex_like
        rename
        rename_axis
        reorder_levels
        replace
        resample
        reset_index
```

보다시피 데이터프레임에 적용할 수 있는 함수 중 소문자 re로 시작하는 것의 목록이 나타납니다. 물론 이름이 re로 시작하는 열이 있다면 이것도 같은 드롭다운 목록에 포함됩니다.

　아직 하나가 더 남았습니다. 신규 셀을 만든 다음 df_students.rename 까지 입력하고, 시프트 키를 누른 채 탭 키를 두 번 빠르게 눌러보세요. 그러면 다음과 같은 대화상자가 나타납니다.

　보다시피 함수를 설명하는 문서가 즉시 화면에 출력됩니다. 사실 파이썬의 모든 함수에 적용되는 기능이죠. 함수의 역할이나 매개변수 등이 기억나지 않을 때 매우 유용합니다(지금 출력된 문서를 처음부터 끝까지 모두 읽어야 할까 봐 겁먹을 필요 없습니다. 판다스에 점점 더 익숙해지면 문서의 내용을 하나씩 이해하게 될 것입니다).

독스트링으로 여러분만의 함수를 문서화하세요

1부에서는 여러분만의 함수를 직접 작성하는 방법을 다뤘습니다. 그렇다면 직접 만든 함수의 문서가 주피터 노트북에서 어떤 식으로 보일지 궁금하겠죠. 우선 다음처럼 두 숫자를 더하는 간단한 함수를 만들어보겠습니다.

```
def add_numbers(a, b):
    return a+b
```

이어서 신규 셀을 만들고 add_numbers를 입력한 뒤 시프트 키를 누른 채 탭 키를 두 번 빠르게 누릅니다. 그러면 다음과 같은 화면이 나타납니다.

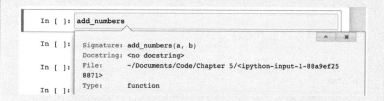

아무런 문서도 포함하지 않았기 때문에 당연히 표시된 내용도 없습니다. 문서화하는 방법은 꽤 간단합니다. 함수의 시작 부분에 따옴표 세 개를 쌍으로 한 문자열을 작성하기만 하면 되죠(함수의 시작 부분에 이런 식으로 들어가는 문자열을 독스트링docstring이라고 합니다).

```
def add_numbers(a, b):
    '''
    This function takes two numbers, a and b, and returns
    the sum
    '''
    return a+b
```

이렇게 작성된 셀을 실행한 뒤 다시 자동 완성 기능을 시도해보면 작성한 독스트링이 그대로 출력되는 것을 확인할 수 있습니다.

데이터 읽고 쓰기

지금까지 딕셔너리로 생성한 df_students 데이터프레임을 사용해왔습니다. 때로는 이렇게 데이터프레임을 생성하는 게 좋을 수 있지만, 대부분의 상황에서는 파일을 불러와 데이터프레임을 만들고, 필요하면 데이터프레임을 다시 파일로 저장해서 사람들과 공유합니다.

데이터 읽기

간단하게 시작해보죠. Students.xlsx는 254쪽에서 만든 데이터세트를 엑셀 형태로 저장한 파일입니다. read_excel() 함수로 엑셀 파일을 판다스에 불러올 수 있습니다.[18]

```
df_students = pd.read_excel('raw data/Students.xlsx')
```

이 코드는 실행하면 아무것도 출력하지 않습니다. 하지만 엑셀 파일을 읽고 데이터프레임으로 만든 결과는 df_students 변수에 저장됐습니다. 만약 여러 시트가 포함된 엑셀 파일이라면 그중 하나를 선택해서 읽는 것도 가능합니다. 여기서는 Sheet 1이라는 시트 하나만 있기 때문에 별도로 지정하지 않았지만, 다음 방식으로 특정 시트를 선택할 수 있습니다.

```
df_students = pd.read_excel('raw data/Students.xlsx',
                  sheet_name='Sheet 1')
```

판다스의 다른 함수들과 마찬가지로 read_excel() 함수에도 다양한 옵션이 존재하며, 이들 모두를 다루려면 이 책에서 한 장을 통째로 할애해야 할 만큼 그 양이 방대합니다. 다행히 판다스의 공식 문서는 각 옵션에 대한 유용한 정보를 제공합니다. 'pandas read_excel'이라고 구글에 검색해보세요. 여러 시트를 읽기, 머리글 행의 포함 여부 정하기 등 다양한 방식으로 엑셀 파일을 읽는 옵션을 확인할 수 있습니다.

자주 볼 또 다른 파일 형식은 CSV입니다. 디그의 사례를 활용하기 위해 준비해둔 주문 요약 파일도 CSV로 제공됩니다. CSV 파일은 read_csv()

함수로 읽을 수 있습니다. 그 결과 중 처음 몇 개를 head() 함수로 출력해
보죠.

```
df_summarized_orders = pd.read_csv('raw data/Summarized
orders.csv')
df_summarized_orders.head()
```

	location	day	number of orders	percentage of deliveries
0	Bryant Park	2018-01-01	373	0.0
1	Bryant Park	2018-01-02	789	0.0
2	Bryant Park	2018-01-03	818	0.0
3	Bryant Park	2018-01-04	782	0.0
4	Bryant Park	2018-01-05	719	0.0

열 이름이 길고 공백이 있어서 꽤 공간을 차지합니다. 원하는 열에 접근
할 때마다 긴 이름을 매번 입력하기는 꽤 번거롭죠. 따라서 좀 더 관리가
편한 새로운 이름을 부여하는 게 좋습니다.

```
df_summarized_orders.columns = ['RESTAURANT_NAME',
                                'DATE', 'NUM_ORDERS',
                                'PERC_DELIVERY']
```

같은 방식으로 매장과 재료 파일도 다음처럼 읽을 수 있습니다.

```
df_items = pd.read_csv('raw data/items.csv')
df_restaurants = pd.read_csv('raw data/restaurants.csv')
```

마지막으로 주문 데이터세트를 읽습니다. 이 데이터는 CSV 파일로 제공되지만, ZIP 형식으로 압축되어 있습니다. 다행히 ZIP 파일의 압축을 해제할 필요가 없습니다. 판다스는 압축 파일의 데이터를 직접 읽을 수 있거든요. 다음 코드를 시도해보죠. 압축 파일 속 데이터를 읽고 그 데이터세트의 크기를 출력합니다.

```
df_orders = pd.read_csv('raw data/Simplified orders.zip')
df_orders.shape
```

이 데이터세트는 꽤 큰 편이어서 읽는 데 약간 시간이 소요됩니다. 하지만 238만 개 이상의 행을 포함한 데이터세트인 것을 안다면 판다스의 뛰어난 성능을 체감할 수 있을지도 모르겠군요.

지금까지 엑셀과 CSV 파일을 다뤘습니다. 판다스는 여러 가지 다른 형식의 파일도 읽을 수 있습니다. 처음 보는 형식의 파일을 다룬다면 판다스가 그 파일을 읽는 함수도 제공할 확률이 높습니다. 따라서 먼저 구글링을 해보세요.

데이터 쓰기

이 책 후반부에서는 판다스로 데이터를 변형하고, 수정하고, 요약하는 작업을 다룹니다. 이 작업들은 원본 데이터 자체를 수정하지는 않습니다. 하지만 현재까지의 작업을 다른 사람과 공유하거나, 미래의 분석을 위해 저장하는 등 데이터를 파일로 보관하고 싶을 때가 있습니다. 이를 위해 판다스가 제공하는 간편한 기능을 살펴보겠습니다.

판다스의 데이터프레임을 CSV 파일로 저장하는 예시를 살펴보죠. 해당 파일을 공유할 상대방이 엑셀을 사용한다면 유용한 형식입니다. 앞서 열들의 이름을 수정한 주문 요약 데이터세트를 CSV 파일로 저장해보겠습니다.

```
df_summarized_orders.to_csv('Chapter 5/Summarized orders new.
csv')
```

to_csv() 함수에 입력된 문자열은 저장될 파일의 경로입니다. 이 경로에는 저장될 파일의 이름도 함께 포함됩니다. 저장된 파일을 엑셀로 열어 보면 첫 번째 열이 행 인덱스로 된 것을 알 수 있습니다. 하지만 이런 식으로 저장되길 원하는 상황은 흔치 않습니다. 보통은 단순히 행 번호가 행 인덱스로 쓰이길 바라죠. 행 인덱스를 제외한 채 저장하려면 다음처럼 저장할 때 index 매개변수 값을 False로 설정해야 합니다.

```
df_summarized_orders.to_csv(
    'Chapter 5/Summarized orders new.csv', index=False)
```

데이터프레임을 CSV로 저장할 때 겪는 한 가지 문제는 파이썬으로 한 여러 작업 상태를 잃어버린다는 것입니다. 가령 274쪽에서는 데이터프레임 각 열의 유형을 지정하는 방법을 배울 텐데, CSV 파일로 저장하면 해당 정보는 사라져서 CSV 파일을 불러올 때마다 매번 같은 작업을 반복해야 합니다.

다행히 파이썬은 피클pickle이라는 파일 유형을 지원합니다. 피클을 사용하면 데이터프레임을 포함한 모든 파이썬의 변수를 보존하고 정확히 그 모습 그대로 불러오는 것이 가능합니다(마치 오이를 절여 피클로 보관하는 것처럼 말이죠). 데이터프레임을 피클로 저장하는 방법은 간단합니다. 단순히 다음처럼 to_pickle() 함수를 호출하기만 하면 됩니다.

```
df_students.to_pickle('Chapter 5/df_students.pickle')
```

그러면 df_students.pickle 이라는 파일이 지정된 폴더 'Chapter 5' 안에 생성됩니다. 이 파일은 엑셀로는 열 수 없습니다. 오직 pd.read_pickle() 함수를 이용해 파이썬으로만 다시 읽을 수 있죠.

```
pd.read_pickle('Chapter 5/df_students.pickle')
```

	FIRST_NAME	LAST_NAME	YEAR	HOME_STATE	AGE	CALC_101_FINAL	Eı
0	Daniel	Smith	1	NY	18	90.0	
1	Ben	Leibstrom	1	NY	19	80.0	
2	Kavita	Kanabar	1	PA	19	NaN	
3	Linda	Thiel	4	CA	22	60.0	
4	Omar	Reichel	2	OK	21	70.0	
5	Jane	OConner	2	HI	19	NaN	
6	Felicia	Rao	3	NY	20	NaN	
7	Rachel	Crock	1	FL	17	NaN	
8	Bob	McDonald	1	FL	18	98.0	

이렇게 다시 읽은 데이터프레임은 피클로 저장하기 이전의 데이터프레임과 정확히 일치합니다.

피클과 판다스의 버전

이전 버전의 엑셀로 저장한 파일을 새로운 버전의 엑셀로 열면 몇 가지 문제가 발생할 수 있습니다. 피클도 마찬가지입니다. 피클 파일로 저장한 뒤 새로운 버전의 판다스로 해당 피클을 읽으면 알쏭달쏭한 오류가 발생하곤 합니다. 이 문제를 해결할 방법이 없진 않지만, 그 내용은 이 책의 범위를 벗어납니다. 따라서 여기서 실습하며 피클 파일을 저장하고 읽을 때는 항상 파이썬과 판다스의 버전이 같은지 확인해보세요. 그렇게 해도 만약 피클 파일과 관련된 오류가 발생한다면 저희에게 authors@pythonformbas.com으로 알려주세요.

열 유형

파이썬은 각 변수에 담긴 데이터가 부동소수점 수, 정수, 문자열 등 어느 유형에 속하는지를 추적합니다. 판다스도 마찬가지로 열마다 데이터 유형을 부여하고 추적하죠.

info() 함수를 사용하면 각 열의 유형을 파악할 수 있습니다.

```
df_orders.info()

<class 'pandas.core.frame.DataFrame'>
RangeIndex: 2387224 entries, 0 to 2387223
Data columns (total 10 columns):
 #   Column         Dtype
---  ------         -----
 0   ORDER_ID       object
 1   DATETIME       object
 2   RESTAURANT_ID  object
 3   TYPE           object
 4   DRINKS         float64
 5   COOKIES        float64
 6   MAIN           object
 7   BASE           object
 8   SIDE_1         object
 9   SIDE_2         object
dtypes: float64(2), object(8)
memory usage: 182.1+ MB
```

각 열의 자료형 정보가 나타납니다. 한편 객체object 유형은 판다스가 '이게 뭔지 모르겠으니 문자열로 취급하겠습니다'라고 해석한 결과입니다.

일반적으로 판다스는 각 열의 유형을 잘 파악합니다. 앞 예제에서 판다스는 자동으로 DRINKS와 COOKIES 열이 수치형이라는 사실을 파악했습니다. 이론적으로 이 두 열의 유형에는 부동소수점 수보다는 정수가 더 적합하지만, 누락된 값에 관한 여러 복잡한 이유로 판다스는 열을 정수형으로 저장하기를 선호하지 않습니다. 그 대신 부동소수점 수를 사용하는 편이죠. 그리고 저희가 다루는 예제에서는 부동소수점 수로 저장되어도 문제 없습니다.

한편 판다스가 올바르게 식별하지 못한 열이 있는데, 바로 DATETIME입니다. 직전 코드의 출력 결과에 따르면 DATETIME은 단순 문자열 유형의 열로 다뤄졌습니다. TYPE 열과 비슷하죠. 하지만 옳지 않습니다. 왜냐하면 날짜는 단순 문자열보다 더 복잡한 구조를 지녀야 하기 때문이죠.

판다스가 열 유형을 잘못 인식했다면 우리가 직접 개입해 수정할 수 있습니다. 가령 날짜/시간datetime* 유형의 열을 다룰 때면 다음처럼 to_datetime() 함수를 사용해야 합니다.

```
df_orders.DATETIME = pd.to_datetime(df_orders.DATETIME)
```

이 코드에서는 먼저 df_orders 데이터프레임의 DATETIME 열을 시리즈로 추출한 다음, pd.to_datetime() 함수에 적용합니다. 그러면 해당 시리즈의 모든 데이터는 날짜/시간 유형으로 변환됩니다(1부에서는 다룬 적이 없는 새로운 자료형입니다). 그다음 원본 데이터프레임의 해당 열을 변환된 시리즈로 교체합니다. 아직까지 열을 수정(교체)하는 방법을 다루지는 않았지만, 코드만 봐도 직관적으로 이해할 수 있습니다(이 내용은 338쪽에

---

* 공교롭게 DATETIME이라는 열 이름이 존재하여 헷갈릴 수 있습니다. 날짜/시간을 표현하는 자료형을 datetime이라고 합니다.

서 정식으로 다룹니다).

이제 df_orders.info()를 다시 실행합니다. 그러면 이번에는 DATETIME 열의 유형이 datetime64[ns]로 바뀐 것을 확인할 수 있습니다.

하지만 df_orders.head()로 데이터프레임 내용을 출력해보면 겉으로 보기에는 아무런 변화도 없는 것 같습니다. 그렇다면 왜 이런 작업을 한 것일까요? 그 이유는 6장에서 자세히 살펴보지만, 지금은 그 내용을 약간 엿보는 차원에서 다음 코드를 실행합니다.

```
df_orders.DATETIME.dt.day_name().head()
```

```
0    Thursday
1    Thursday
2    Saturday
3    Saturday
4      Sunday
Name: DATETIME, dtype: object
```

이제 판다스는 DATETIME 열을 날짜/시간으로 인식해 요일과 같은 날짜 정보를 추출할 수 있게 되었습니다. 문자열로 인식되었을 때는 쉽게 얻기가 어려운 정보입니다.

여기서 많은 의문이 생겼을 것 같습니다. 가령 pd.to_datetime() 함수가 허용하는 날짜와 시간 형식에는 어떤 것이 있을까요? 직전 예제의 데이터프레임에서 원본 문자열은 2018-10-11 17:25:50와 같은 형식을 따랐습니다. 그렇다면 만약 이 형식이 11Oct18 05:25:00pm과 같다면 어떨까요? 이는 여러분이 스스로 알아볼 주제로 남겨두고자 합니다. 다만 pd.to_datetime() 함수는 여러분이 상상하는 것 이상으로 다재다능하다는 힌트를 드리고 싶네요.

다재다능한 능력의 일부를 확인하기 위해, df_summarized_orders 데이터세트의 DATE 열도 날짜/시간 유형으로 변환해보겠습니다. 먼저 데이터프레임의 생김새를 확인합니다.

```
df_summarized_orders.head()
```

	RESTAURANT_NAME	DATE	NUM_ORDERS	PERC_DELIVERY
0	Bryant Park	2018-01-01	373	0.0
1	Bryant Park	2018-01-02	789	0.0
2	Bryant Park	2018-01-03	818	0.0
3	Bryant Park	2018-01-04	782	0.0
4	Bryant Park	2018-01-05	719	0.0

보다시피 DATE 열의 정보에는 직전과 달리 시간 정보가 누락되어 있습니다. 하지만 pd.to_datetime() 함수는 이런 형식의 문자열도 잘 다룹니다 (마찬가지로 겉보기에는 변한 게 없겠지만, 실제로는 문자열 대신 날짜/시간 유형으로 DATE 열을 저장한다는 주요 변경점을 적용합니다).

```
df_summarized_orders.DATE = (pd.to_datetime(df_summarized_
orders.DATE) )
df_summarized_orders.head()
```

	RESTAURANT_NAME	DATE	NUM_ORDERS	PERC_DELIVERY
0	Bryant Park	2018-01-01	373	0.0
1	Bryant Park	2018-01-02	789	0.0
2	Bryant Park	2018-01-03	818	0.0
3	Bryant Park	2018-01-04	782	0.0
4	Bryant Park	2018-01-05	719	0.0

요약

이번 장에서는 파이썬에서 데이터를 처리하는 주요 라이브러리인 판다스를 살펴봤습니다. 판다스의 시리즈와 데이터프레임의 개념 및 구조를 다뤘고, 파일을 읽고 쓰는 다양한 방법도 알아봤습니다.

괜찮은 내용이었지만 약간 평범하다는 생각이 들지도 모릅니다. 지금 이 시점에서 판다스의 사용으로 얻을 수 있는 단 한 가지의 장점은 바로 대규모 데이터세트를 여는 능력일 것입니다. 다음 장부터는 파이썬을 사용한 데이터 분석의 진정한 장점을 체감하게 됩니다. 그런 데이터 분석 능력으로 디그 비즈니스의 일부 중요한 질문에 답을 구하는 방법도 함께 알아봅니다.

마무리하기 전에 이번 장에서 작업한 내용을 피클 파일로 저장합니다. 그래야 다음 장에서는 지금까지 작업된 내용을 이어서 진행하기가 수월합니다. 다음 코드로 다섯 개의 파일을 'Chapter 5' 폴더에 저장합니다.

```
df_students.to_pickle('Chapter 5/students.pickle')
df_orders.to_pickle('Chapter 5/orders.pickle')
df_summarized_orders.to_pickle(
    'Chapter 5/summarized_orders.pickle')
df_items.to_pickle('Chapter 5/items.pickle')
df_restaurants.to_pickle('Chapter 5/restaurants.pickle')
```

6장

데이터 탐색, 변형, 그리기

5장에서는 판다스로 데이터를 읽고 저장하는 방법을 알아봤습니다. 하지만 아직 읽은 데이터로 작업하는 방법을 다루지는 않았습니다. 5장의 디그 이야기는 디그의 데이터 또는 더 넓은 의미에서 비즈니스에 관한 다양한 질문을 떠올리게 해줍니다.

이번 장에서는 판다스로 디그의 데이터를 탐색하고, 그래프를 그리고, 필요에 따라 수정하며 다양한 질문의 답을 구해봅니다. 가령 디그의 전체 주문 중 배달, 픽업, 매장 내 주문이 차지하는 정도, 가장 잘나가는 매장, 월별 또는 요일별 주문량의 차이 등을 파악할 수 있습니다. 이 질문들의 답을 구하는 데 사용될 데이터세트가 꽤 큰 편이지만, 판다스의 뛰어난 능력 덕분에 몇 초 안에 답을 구할 수 있습니다.

우리의 목적은 판다스를 학습하는 것이기 때문에, 대부분의 질문이 디그의 데이터에서 도출된 것이긴 해도 어렵지는 않습니다. 복잡한 비즈니스적 질문은 9장에서 다룹니다.

6장에서 배울 내용

6장을 끝내면 판다스가 제공하는 대부분의 기본 기능에 능숙해질 수 있습니다. 가장 먼저 배울 내용은 데이터프레임을 정렬하고 그래프를 그리는 방법입니다. 그리고 데이터를 탐색하고, 원하는 정보를 필터링하는 기능을 다루며, 그다음에는 데이터프레임을 수정하고 열을 다루는 방법을 배웁니다. 마지막에는 디그 이야기에 소개된, 비즈니스와 밀접히 관련된 질문에 기반한 다양한 문제를 연습해보겠습니다.

6장에서 필요한 것

시작하기 전 219쪽에서 이 책의 2부 파일들을 저장하려고 생성한 폴더로 이동합니다. 그리고 해당 폴더 속에 신규 주피터 노트북을 생성합니다(221쪽 참조). 가장 먼저 할 일은 5장 마지막에 저장한 파일을 불러오는 것입니다. 그러려면 첫 번째 코드 셀에 다음 코드를 붙여 넣고 실행합니다(파일명이 다르다면 파일명을 알맞게 변경합니다. 또한 원한다면 마크다운 셀을 추가해 제목도 달아줍니다).

```
import pandas as pd
df_students = pd.read_pickle('Chapter 5/students.pickle')
df_orders = pd.read_pickle('Chapter 5/orders.pickle')
df_summarized_orders = (
    pd.read_pickle('Chapter 5/summarized_orders.pickle') )
df_items = pd.read_pickle('Chapter 5/items.pickle')
df_restaurants = (
    pd.read_pickle('Chapter 5/restaurants.pickle') )
```

한편 앞 장에서 저장한 파일과 이번 장에서 작성할 주피터 노트북 파일은 모두 이 책의 웹사이트에서 다운로드할 수 있습니다.

판다스로 데이터 정렬하기

데이터를 정렬하는 작업을 살펴봅니다. 가장 간단한 정렬부터 해보죠. 우선 df_students 데이터프레임의 생김새를 다시 확인합니다.

```
df_students.head()
```

	FIRST_NAME	LAST_NAME	YEAR	HOME_STATE	AGE	CALC_101_FINAL	EI
0	Daniel	Smith	1	NY	18	90.0	
1	Ben	Leibstrom	1	NY	19	80.0	
2	Kavita	Kanabar	1	PA	19	NaN	
3	Linda	Thiel	4	CA	22	60.0	
4	Omar	Reichel	2	OK	21	70.0	

여기서 HOME_STATE를 기준으로 df_students 데이터프레임을 정렬한다면 다음처럼 코드를 작성할 수 있습니다.

```
df_students.sort_values('HOME_STATE')
```

	FIRST_NAME	LAST_NAME	YEAR	HOME_STATE	AGE	CALC_101_FINAL
3	Linda	Thiel	4	CA	22	60.0
7	Rachel	Crock	1	FL	17	NaN
8	Bob	McDonald	1	FL	18	98.0
5	Jane	OConner	2	HI	19	NaN
0	Daniel	Smith	1	NY	18	90.0

알파벳 순서대로 오름차순 정렬된 것을 확인할 수 있습니다. 만약 sort_values() 함수의 매개변수로 ascending=False를 지정하면 다음처럼 내림차순으로 순서를 뒤집을 수 있습니다. ♦

```
df_students.sort_values('HOME_STATE', ascending=False)
```

	FIRST_NAME	LAST_NAME	YEAR	HOME_STATE	AGE	CALC_101_FINAL
2	Kavita	Kanabar	1	PA	19	NaN
4	Omar	Reichel	2	OK	21	70.0
0	Daniel	Smith	1	NY	18	90.0
1	Ben	Leibstrom	1	NY	19	80.0
6	Felicia	Rao	3	NY	20	NaN

이 출력에서 두 가지 중요한 사실을 알 수 있습니다.

● 데이터 정렬은 각 행의 이름(인덱스)을 그대로 유지하지만, 순서는 뒤섞입니다. 정렬된 데이터프레임의 행 인덱스를 0부터 다시 매기고 싶다면 reset_index() 함수에 drop=True 매개변수를 지정하여 호출해야 합니다. 그러면 인덱스가 새로 부여되며, 과거에 부여된 인덱스를 별도의 열로 보존하지 않고 버립니다.

```
df_students.sort_values('HOME_STATE').reset_index(drop=True)
```

● sort_values() 함수는 원본 데이터프레임 자체를 바꾸지 않습니다. 다시 df_students를 확인해보면 순서와 인덱스 모두 원본 그대로인 것을 알 수 있습니다. 변경된 사항을 원본 데이터프레임에 덮어쓰고 싶다면 원본 데이터프레임을 담은 변수에 sort_values() 함수의 반환값을 할당해야 합니다.

```
df_students = ( df_students.sort_values('HOME_STATE')
                .reset_index(drop=True) )
```

정렬 기준으로 두 열을 지정하는 것도 쉽습니다. 원하는 열 목록을 담은 리스트를 sort_values() 함수에 넣기만 하면 됩니다. ♦

```
df_students.sort_values(['HOME_STATE', 'LAST_NAME'])
```

	FIRST_NAME	LAST_NAME	YEAR	HOME_STATE	AGE	CALC_101_FINAL
0	Linda	Thiel	4	CA	22	60.0
1	Rachel	Crock	1	FL	17	NaN
2	Bob	McDonald	1	FL	18	98.0
3	Jane	OConner	2	HI	19	NaN
5	Ben	Leibstrom	1	NY	19	80.0

그러면 먼저 HOME_STATE를 기준으로 데이터프레임이 정렬됩니다. 그다음 HOME_STATE의 같은 값들을 가진 행들을 다시 LAST_NAME로 정렬된 것을 알 수 있습니다.

시리즈(단일 열)는 이름을 지정하지 않고도 정렬될 수 있습니다. 단순히 sort_values() 함수를 그대로 호출하면 되죠.

```
df_students.CALC_101_FINAL.sort_values()
0    60.0
7    70.0
5    80.0
4    90.0
2    98.0
1    NaN
3    NaN
```

```
6      NaN

8      NaN

Name: CALC_101_FINAL, dtype: float64
```

때로는 열 대신 행 인덱스로 정렬하고 싶을수도 있습니다. 이 경우에는 다음처럼 sort_index() 함수를 사용해야 합니다.

```
df_students.sort_index()
```

	FIRST_NAME	LAST_NAME	YEAR	HOME_STATE	AGE	CALC_101_FINAL	EI
0	Linda	Thiel	4	CA	22	60.0	
1	Rachel	Crock	1	FL	17	NaN	
2	Bob	McDonald	1	FL	18	98.0	
3	Jane	OConner	2	HI	19	NaN	

아직까지는 이 방식의 유용성이 잘 와닿지 않을 것입니다. 행 번호로 데이터프레임을 정렬할 상황이 있기는 할까요? 이 방식은 행 인덱스에 번호 말고도 더 다채로운 정보가 포함된 상황에서 유용할 수 있습니다. 이 내용은 나중에 다시 다루겠습니다.

판다스로 데이터 그래프 그리기

파이썬에서 그래프를 그리는 것은 꽤 큰 주제입니다. 이 책에서 다루는 내용은 빙산의 일각에 불과하죠. 이 책의 목적은 세세한 기술적인 내용을 깊게 파헤치는 것이 아닙니다. 그 대신 이번 절에서는 꽤 그럴듯한 그래프를 그리는 원리와 방법에 집중합니다.

우선 다음처럼 그래프를 그리는 데 필요한 라이브러리를 불러옵니다.

```
import matplotlib.pyplot as plt
```

가장 쉽게 그래프를 그리는 방법은 판다스의 시리즈가 제공하는 plot() 함수를 그대로 사용하는 것입니다.[1] 다음을 시도해보죠.

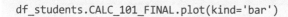

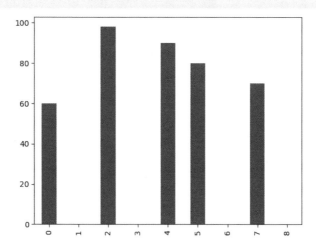

어떤 일이 일어났나요? 우선 df_students.CALC_101_FINAL은 CALC_101_FINAL 열을 시리즈로 반환하며, 이 시리즈의 인덱스는 df_students 데이터프레임의 인덱스와 일치합니다. 그리고 해당 시리즈에 대해 plot(kind='bar') 함수를 호출했습니다. 그러면 행 인덱스를 x축, 각 인덱스에 대응되는 값을 y축으로 둔 막대 그래프를 그려냅니다. 한편 값이 없는 부분에는 막대 그래프도 없습니다. 물론 막대 그래프만이 그래프를 그리는 유일한 수단은 아닙니다. 앞으로 더 다양한 방식들을 알아볼 것입니다.

위 그래프로는 딱히 유용한 정보를 잡아낼 수 없습니다. 인덱스에 큰 의미가 없기 때문이죠. 하지만 다음과 같은 코드라면 어떨까요?

```
df_students.index = df_students.LAST_NAME
df_students.CALC_101_FINAL.plot(kind='bar')
df_students = df_students.reset_index(drop=True)
```

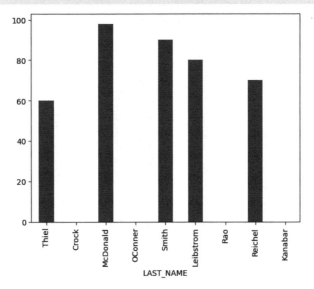

첫 번째 줄은 데이터프레임에서 사람의 성을 인덱스로 설정합니다. 두 번째 줄은 CALC_101_FINAL 열에 대한 막대 그래프를 그립니다. 이번에는 x축에 새롭게 설정된 인덱스가 사용된 것을 알 수 있습니다. 마지막으로 reset_index() 함수를 호출하여 인덱스를 행 숫자로 재설정한 다음, 원본 데이터프레임에 덮어씌워서 복원합니다.

유의미한 행을 x축으로 만들기 위해서 매번 인덱스를 변경하기는 꽤 번거롭습니다. 그래서 판다스는 데이터프레임 자체에도 plot() 함수가 사용되는 것을 허용합니다. 다음처럼 더 매끄럽게 그래프를 그려낼 수 있죠.

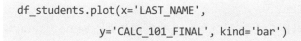

```python
df_students.plot(x='LAST_NAME',
                 y='CALC_101_FINAL', kind='bar')
```

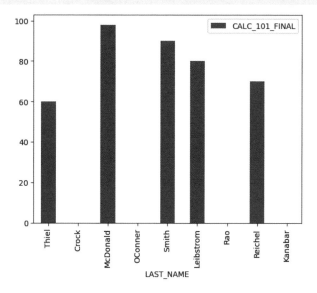

데이터프레임에 plot() 함수를 호출할 때, x와 y축에 사용될 열을 매개변수로 지정할 수 있습니다.

판다스로 데이터 탐색하기

디그의 이야기에서 우리는 '신뢰성 있는 단일 저장소'에 저장되는 데이터세트의 중요성을 이해하는 데 꽤 많은 시간을 할애했습니다. 데이터 분석은 기본적으로 그러한 데이터세트에 기초하여 진행됩니다. 하지만 그전에 비축된 데이터를 확보하고, 탐색하고, 그 속에 숨겨진 의미를 이해해야 합니다. 판다스는 이를 위한 다양한 도구를 제공합니다.

value_counts() 함수

첫 번째로 살펴볼 함수는 판다스에서 자주 사용하는 value_counts()
입니다. 시리즈에 적용할 수 있는 이 함수는 시리즈 안에서 각 값의 빈도를
파악하는 데 쓰입니다. 주문 데이터에 적용한 예시를 살펴보겠습니다. 그
전에 먼저 주문 데이터의 생김새를 확인해보죠.

```
df_orders.head()
```

	ORDER_ID	DATETIME	RESTAURANT_ID	TYPE	DRINKS	COOKIES	M/
0	O1820060	2018-10-11 17:25:50	R10002	IN_STORE	1.0	2.0	N
1	O1011112	2018-05-31 11:35:00	R10003	IN_STORE	0.0	0.0	N
2	O752854	2018-04-21 18:12:57	R10001	DELIVERY	0.0	2.0	

TYPE 열이 표현하는 값의 종류와 각각의 개수를 파악하고 싶다고 가정
해보겠습니다. 이 궁금증은 다음 코드로 해결할 수 있습니다.

```
df_orders.TYPE.value_counts()
IN_STORE    1713136
PICKUP       401440
DELIVERY     272648
Name: TYPE, dtype: int64
```

우선 df_orders 데이터프레임의 TYPE 열에 접근해 value_counts()
함수를 호출했습니다. 출력 결과 TYPE 열에는 세 종류의 값이 있다는 사
실과 각각의 개수도 함께 파악할 수 있습니다. 즉 매장 내에서 가장 많은 주
문이 이루어지긴 했지만, 픽업과 배달 주문 건수도 상당하다는 것을 즉시

파악할 수 있습니다.

value_counts() 함수에 normalize=True 매개변수를 제공하면 다음처럼 빈도를 비율로 표현할 수도 있습니다. ♦

```
df_orders.TYPE.value_counts(normalize=True)

IN_STORE    0.717627
PICKUP      0.168162
DELIVERY    0.114211
Name: TYPE, dtype: float64
```

위 결과로 전체 주문 중 72퍼센트(0.717)가 매장 내에서 이루어진 것을 알 수 있습니다.

기술 메모

첫째로 판다스가 열에 접근하는 두 가지 방식을 제공한다는 것을 떠올려보세요 (255쪽 참고). 그리고 직전 예제는 그중 점(.) 표기법을 사용했습니다. 하지만 다음처럼 표현할 수도 있죠.

```
df_orders['TYPE'].value_counts()
```

두 코드의 결과는 정확히 같습니다.

둘째로 value_counts() 함수의 출력 결과를 주의 깊게 살펴보세요. 서식화된 예쁜 표로 출력되지 않았습니다. 즉 데이터프레임이 아니라 시리즈가 출력되었다는 분명한 신호입니다. 따라서 각 고윳값의 종류를 행 인덱스로 두고, 그 값에 대응하는 빈도를 열로 저장한 시리즈로 볼 수 있습니다.

우리가 제대로 이해했음을 확인하기 위해 해당 시리즈에 reset_index() 함수를

적용해봅시다. 다음 코드를 실행하기 전에 결과를 미리 상상해보세요. ♦

```
df_orders.TYPE.value_counts(normalize=True).reset_index()
```

	index	TYPE
0	IN_STORE	0.717627
1	PICKUP	0.168162
2	DELIVERY	0.114211

시리즈의 인덱스가 별도의 열로 추가되어 시리즈가 아닌 데이터프레임이 출력됐습니다.

284쪽의 그래프 그리기 기능으로 이 정보를 시각화할 수 있습니다. ♦

```
( df_orders.TYPE.value_counts(normalize=True)
 .plot(kind='bar') )
```

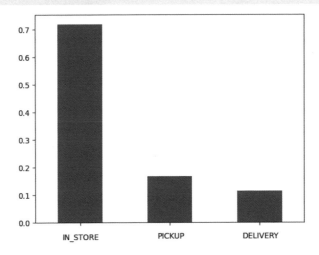

코드를 모두 이해했는지 꼭 확인하고 넘어가세요. TYPE 열에 접근해 그 결과로 시리즈를 얻었습니다. 그다음 value_counts() 함수를 적용했습니다. 그러면 TYPE 열이 표현하는 값의 종류를 행 인덱스로 가지는 시리즈를 얻습니다. 마지막으로 이 시리즈를 그래프로 그렸죠. 행 인덱스는 x축에, 각 인덱스별 빈도는 y축에 표시됐습니다. 이 과정이 어렵게 느껴진다면 각 연쇄 과정을 분리해 하나씩 실행하는 것도 좋은 생각입니다. 그러면 각 부분이 수행하는 일을 더 명확히 이해할 수 있습니다.

그러면 다른 질문으로 넘어가보죠. 판매량이 가장 많은 매장은 어디일까요? 또 판매량이 가장 적은 곳은 어디일까요? 제시된 해결책을 확인하기 전에 여러분 스스로 이 질문의 답을 고민해보세요. ◆

답을 구하는 방법은 df_orders 데이터프레임의 RESTAURANT_ID 열에 value_counts() 함수를 적용하는 것입니다. 다음처럼 말이죠.

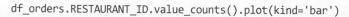

```
df_orders.RESTAURANT_ID.value_counts().plot(kind='bar')
```

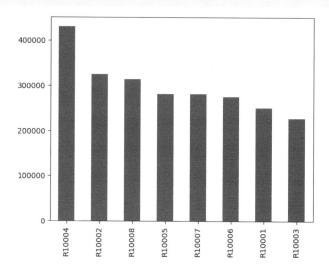

R10004 매장이 가장 활발한 반면 R10003 매장은 가장 저조해 보입니다. df_restaurants 표를 확인해보면 각 매장이 뉴욕대NYU와 브라이언트 파크Bryant Park 매장인 것도 알 수 있습니다. 한편 직접 표를 찾아보는 방법 대신 자동으로 매장의 이름을 얻는 방법은 7장에서 다룹니다.

마지막 연습 문제는 df_summarized_orders 데이터프레임에서 각 매장별 기록 횟수를 파악하는 것입니다. ♦ 먼저 df_summarized_orders의 생김새를 확인합니다.

```
df_summarized_orders.head()
```

	RESTAURANT_NAME	DATE	NUM_ORDERS	PERC_DELIVERY
0	Bryant Park	2018-01-01	373	0.0
1	Bryant Park	2018-01-02	789	0.0

운 좋게도 이미 매장의 이름이 들어 있습니다. 그러면 각 매장의 등장 빈도를 확인해보죠. ♦

```
df_summarized_orders.RESTAURANT_NAME.value_counts()
```

```
Columbia           365
Flatiron           365
Midtown            365
NYU                365
Upper West Side    365
Williamsburg       365
Upper East Side    355
Bryant Park        261
Name: RESTAURANT_NAME, dtype: int64
```

대부분의 매장이 365번 등장합니다. 행마다 각 매장의 1년치 일일 데이터를 저장하므로 예상된 그대로의 결과입니다. 그렇다면 어퍼이스트사이드Upper East Side와 브라이언트파크Bryant Park 매장의 기록된 행 개수는 왜 다를까요?

브라이언트파크 매장의 경우 행 개수가 365-(52×2)=261로 계산된다고 추측할 수 있습니다. 즉 1년에는 52번의 주말이 존재하며 각 주말은 토요일과 일요일이 포함됐음을 고려한 결과입니다. 따라서 아마도 브라이언트파크 매장은 주말에 영업을 하지 않는다고 판단할 수 있습니다. 그런데 이 추측이 정말로 사실인지는 어떻게 검증할까요? 브라이언트파크 매장을 기록한 행 중 주말 기록이 없는 것을 확인하면 알 수 있습니다.

앞서 거쳐온 과정을 되짚어보는 게 중요합니다. 우선 value_counts() 함수를 이용해 데이터가 합리적으로 보이는지 확인했습니다. 그리고 일관되지 못한 점을 발견했죠. 그다음 그 비일관성에 대한 가설을 세웠고, 마지막으로 그 가설의 옳음을 검증할 수단을 떠올렸습니다. 이 과정은 데이터 작업의 핵심을 차지합니다. 따라서 여러분이 앞으로 만나게 될 모든 데이터세트에 이 접근법을 적용해보길 강력히 권하고 싶네요.

그러면 어퍼이스트사이드 매장의 행이 355개인 것은 또 어떻게 설명할 수 있을까요? 어쩌면 국경일에만 영업하지 않는 매장일지도 모릅니다. 이 내용은 잠시 후 검증해보겠습니다.

수치형 열 분석 및 히스토그램 그리기

value_counts() 함수는 매우 유용했습니다. 하지만 수치형 열에 대해서는 유용하다고 보기 어렵습니다. 예를 들어서 Summarized orders.csv 데이터의 NUM_ORDERS 열에 value_counts() 함수를 적용하면 어떤 일이 일어날까요?

```
df_summarized_orders.NUM_ORDERS.value_counts()
```

```
752     17
815     17
791     14
811     13
836     13
        ...
1104    1
1063    1
1126    1
599     1
934     1
Name: NUM_ORDERS, Length: 797, dtype: int64
```

그 결과 797개의 행이 포함된 것을 알 수 있습니다. 한편 행 개수는 ◆ shape 속성으로 확인할 수 있습니다.

```
df_summarized_orders.NUM_ORDERS.value_counts().shape
(797,)
```

왜 이렇게나 많은 행이 존재할까요? NUM_ORDERS 열에 매우 다양한 고윳값이 있기 때문입니다. 그 이유는 매일 각 매장에서 주문마다 부여할 수 있는 번호가 매우 많기 때문이죠. 그리고 각 고유한 주문 번호(때로는 순차적으로 증가하는 주문 번호가 매장 간에 겹칠 수도 있습니다)가 value_counts() 함수로 반환한 시리즈의 각 행을 차지하는 것입니다.

판다스는 describe()라는 더 간편한 함수를 제공합니다. 이 함수는 수치형 열의 일부 통계 정보를 계산하고 요약해서 보여줍니다.

```
df_summarized_orders.NUM_ORDERS.describe()
```

```
count    2806.000000
mean      850.756949
std       195.490367
min       200.000000
25%       739.000000
50%       833.000000
75%       949.000000
max      1396.000000
Name: NUM_ORDERS, dtype: float64
```

이 결과로 NUM_ORDERS 열의 평균mean이 약 851임을 알 수 있습니다. 즉 일 평균 주문 건수가 851건이라는 말이죠. 마찬가지로 표준편차std는 195라는 것도 알 수 있습니다. 통계 수업을 들어본 사람이라면 거의 모든 값들이 평균으로부터 위아래(±)로 표준편차의 두 배만큼 떨어진 구간 안에 속한다는 사실을 알 것입니다. 그리고 이 정보는 특정 매장의 특정 영업일에 발생한 주문이 비정상적으로 많거나 적은지를 확인하는 수단으로 활용할 수 있습니다. 즉 주문 건수가 461보다 떨어지거나 1241를 넘는 경우 경고를 띄우는 등의 조치를 취할 수 있죠.[2]

한편 수치형 열은 어떤 그래프로 묘사하는 게 좋을까요? 가장 간단한 그래프는 아마도 상자 수염 그림boxplot일 것입니다. 상자 수염 그림은 다음처럼 그릴 수 있습니다.

```
df_summarized_orders.NUM_ORDERS.plot(kind='box')
```

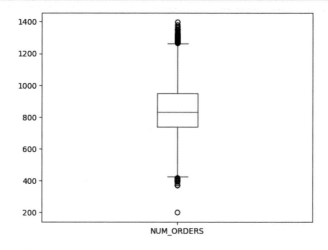

상자 수염 그림에서 먼저 중간에 그려진 선은 해당 열의 중앙값을 표시합니다(여기서는 800보다 조금 크죠). 그리고 상자의 윗변과 밑변은 각각 데이터의 3/4 분위수와 1/4 분위수를 표시합니다. 상자 위와 밑으로 뻗어난 두 수염whisker 선은 상자의 너비보다 약 1.5배 정도 깁니다. 수염을 벗어난 데이터는 모두 이상값이며, 각 데이터가 개별적으로 그래프에 표시됩니다.

상자 수염 그림이 유용하기는 하지만, 변수(열)가 가진 값들의 분포를 좀 더 자세히 파악하는 그래프가 필요한 경우도 있습니다. 이때는 히스토그램histogram을 사용합니다. 수치형 열의 값들을 x축에, 각 값들의 출현 빈도를 y축에 표현하죠. 다음은 히스토그램을 그리는 코드입니다.

```
df_summarized_orders.NUM_ORDERS.plot(kind='hist')
```

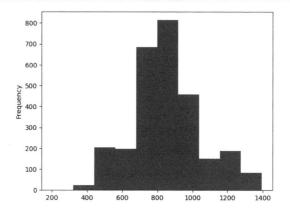

대부분의 영업일에 평균 약 800건의 주문이 처리된 것을 알 수 있습니다. 그리고 해당 평균을 기준으로 양쪽 모두에서 일부 이상값도 보입니다.

히스토그램을 좀 더 조밀하게 그리려면 각 구간(막대)의 개수를 조절하는 bins 매개변수를 설정해야 합니다. ◆

```
df_summarized_orders.NUM_ORDERS.plot(kind='hist', bins=30)
```

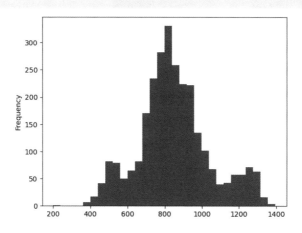

이렇게 그려진 히스토그램은 날짜들이 세 개의 '그룹'으로 나뉘어지는 모습을 좀 더 분명히 표현합니다. 즉 약 500건의 주문, 800건의 주문, 1300건의 주문 간에 서로 다른 패턴을 분명히 찾아볼 수 있습니다.

지금까지 그린 두 히스토그램의 y축 범위가 서로 다릅니다. 두 번째 히스토그램의 범위가 훨씬 좁죠. 그 이유는 히스토그램의 각 막대 높이가 주어진 구간(주문 건수의 범위)에 속한 데이터 개수를 세기 때문입니다. 따라서 구간의 너비가 좁을수록(두 번째 히스토그램처럼), 각 구간에 속한 데이터 개수는 줄어들 수밖에 없습니다. 범위가 다른 히스토그램들을 서로 비교할 방법은 무엇일까요? plot() 함수의 density=True 매개변수는 모든 막대의 합이 1이 되도록 크기를 조정합니다.

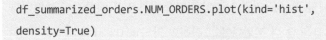

```
df_summarized_orders.NUM_ORDERS.plot(kind='hist',
density=True)
```

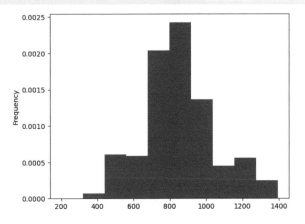

그러면 크기가 서로 달랐던 히스토그램들을 비교할 수 있겠죠.

PERC_DELIVERY 열(총 주문 중 배달이 차지하는 비율)에서도 NUM_ORDERS와 유사한 통찰을 얻을 수 있을까요? 그렇다면 어떤 식으로 해당 열을 탐색해야 할까요? ◆

```
df_summarized_orders.PERC_DELIVERY.hist(bins=40)
```

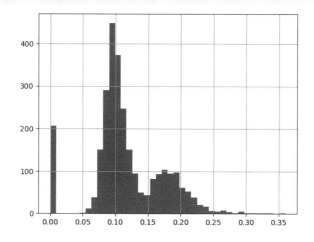

이 히스토그램은 무엇을 의미할까요? 우선 0 부분에서 높이 치솟은 막대는 배달을 전혀 하지 않은 날이 꽤 많았음을 보여줍니다. 그다음 주문량의 약 10퍼센트와 17퍼센트를 차지한 경우에도 데이터가 몰린 것을 확인할 수 있습니다.

여기서 또 다른 궁금증이 생길지도 모릅니다. 배달이 전혀 없던 날의 데이터가 모두 동일한 매장에서 발생했을까요? 배달을 전혀 하지 않는 매장도 있을까요? 배달 건수와 날씨 사이에 어떤 관계가 있을까요? 이를 포함한 여러 질문의 답을 이어서 알아봅니다.

마지막으로 두 변수 간에 상관관계가 있는지 알 방법이 무엇일까요? 가령 주문이 더 많았던 날에는 배달의 비율도 높게 나타날 수 있습니다. 또는 주문이 많았던 것은 유동 인구가 많은 날이었기 때문이었을지도 모르죠. 이런 질문의 답은 페어플롯pairplot으로 구할 수 있습니다.

```
import seaborn as sns
sns.jointplot(x='NUM_ORDERS', y='PERC_DELIVERY',
              data=df_summarized_orders, kind='kde')
```

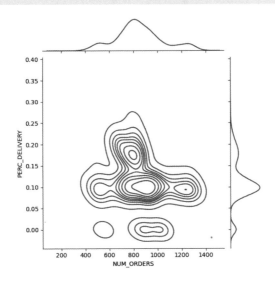

이는 그래프를 그리는 고급 기능을 제공하는 시본seaborn 라이브러리로 그린 것입니다. 여백의 두 그래프는 앞서 본 두 히스토그램을 연속적인 모양으로 바꾼 밀도 그래프density plot입니다.[3] 그리고 정중앙의 주 도표인 조인트플롯joint plot은 두 변수에서 동시에 발생한 데이터를 표현합니다. 등고선의 안쪽 부분이 두 변수 간 동시에 발생한 데이터를 의미합니다. 가령 조인트플롯에서 맨 오른쪽 상단 모서리의 빈 영역은 1400건의 주문과 그중 40퍼센트의 배달이 겹치는 부분이 존재하지 않는다는 것을 말해줍니다(즉 주문을 배달로 처리한 일수가 0에 가깝다는 뜻이죠).

그렇다면 이 페어플롯으로 무엇을 파악할 수 있을까요? 솔직히 말하자면 설명하기 쉽지는 않습니다. 가장 안쪽 부분에서 분명히 알 수 있는 사실은 두 변수 간에, 매일 약 900건의 주문과 그중 10퍼센트의 배달이 가장 공통된 조합이라는 것입니다.

이 예제는 페어플롯처럼 복잡한 시각화 기법을 사용할 때 주의를 기울여야 하는 이유를 보여줍니다. 지나치게 일반화할 위험이 있기 때문에, 복잡한 데이터일수록 적절한 시각화 자료를 만들어내는 데 더 많은 시간과 기술이 필요합니다. 가령 앞의 페어플롯은 어떻게 그려졌을까요? 밀도 그래프의 높이와 너비는 어떻게 정해졌을까요? 등고선 간 거리는 어떻게 계산된 것일까요? 만약 더 조밀하게 세분화된 그래프를 그리려면 어떻게 해야 할까요? 정확히 이해하지 못하는 세부 사항이 많을수록 무언가 잘못될 가능성이 높아지기 마련입니다. 이 페어플롯과 비교해, 지금까지 그린 막대 그래프나 히스토그램처럼 간단한 그래프를 살펴보세요. 훨씬 그 의미를 쉽게 파악할 수 있을 것입니다.

취합

지금까지 살펴본 모든 함수는 어떤 식으로든 데이터를 취합하고 조합하여 결과를 만들어내는 것과 연관되어 있었습니다. 예를 들어 value_counts()와 describe() 함수는 대상이 되는 열의 모든 값을 입력받아 그 목적을 수행했습니다.

그 밖에도 데이터를 취합하는 다양한 방법이 존재합니다. 판다스는 거의 모든 종류의 취합 작업을 수행할 수 있을 정도로 유연합니다. 다음은 몇 가지 유용한 함수입니다.[4]

- sum(): 열의 모든 값을 더합니다.
- max(): 열의 최댓값을 찾습니다.
- min(): 열의 최솟값을 찾습니다.
- mean(): 열의 평균을 계산합니다.
- median(): 열의 중앙값을 찾습니다.
- std(): 열의 표준편차를 계산합니다.

- unique().tolist(): 열의 고윳값을 추출해서 리스트로 반환합니다.

예를 들어 디그의 데이터에서 주문당 포함된 음료의 평균 잔 수는 다음처럼 구할 수 있습니다. ◆

```
df_orders.DRINKS.mean()
```
0.09649031678635939

유사하게 df_summarized_orders 데이터프레임의 모든 매장 목록은 다음처럼 구할 수 있죠. ◆

```
df_summarized_orders.RESTAURANT_NAME.unique().tolist()
```
```
['Bryant Park',
 'Columbia',
 'Flatiron',
 'Midtown',
 'NYU',
 'Upper East Side',
 'Upper West Side',
 'Williamsburg']
```

엄격히 말하자면 마지막 tolist()는 필요 없습니다. unique() 함수는 배열array이라는 자료형을 반환하는데, 이 자료형은 리스트와 유사한 방식으로 작동하기 때문이죠. 다만 새로운 자료형을 소개하는 대신 우리에게 이미 친숙한 리스트로 변형했을 뿐입니다.

또 다른 유용한 데이터 취합용 함수를 하나 더 꼽자면, 두 변수 간의 상관관계를 구하는 corr()이 있습니다(두 변수 간의 상관관계는 -1과 1 사이의 값으로 표현됩니다. 0은 어떠한 관계도 없다는 뜻이고, 양수는 두 변수의 값 모두 같이 커지는 경향을 나타내며, 음수는 두 변수 중 하나의 값은 커지는 반면 다른 하나는 작아지는 경향이 있음을 의미합니다). 이 함수는 단일 열 대신 두 열을 사용해야 한다는 점에서 앞서 본 함수들과는 사용 방법이 약간 다릅니다. 다음은 corr() 함수의 사용법을 보여줍니다.

```
df_summarized_orders.NUM_ORDERS.corr(
    df_summarized_orders.PERC_DELIVERY)
```

```
-0.1966740921641795
```

그런데 데이터프레임 안의 일부 데이터에만 취합 연산을 적용할 수도 있을까요? 가령 전체 주문에 대하여 주문당 포함된 음료의 평균 잔 수를 찾는 대신, 이 평균 잔 수를 매장별로 구하고 싶을 수 있겠죠. 이 내용은 8장의 그룹화를 통한 취합 연산 사용법을 살펴보며 다시 다룹니다.

데이터프레임 필터링하기

이번에는 또 다른 주요 작업으로서 데이터프레임을 필터링하는 방법을 알아보겠습니다. 예를 들어 특정 매장의 주문에 대해서만 value_counts() 함수를 적용하고 싶을 수 있겠죠. 그러면 먼저 df_orders 데이터프레임의 범위를 원하는 매장으로 좁힌 뒤 그 범위에 대해서 value_counts() 함수를 호출해야 합니다.

사실 필터링은 꽤 간단한 작업입니다. 단순히 데이터프레임의 행 개수만큼으로 구성된 True, False 값의 리스트를 생성하면 되죠. 여기서 False와 True는 각각 필터링이 되거나 되지 않을 열을 의미합니다. 이 리스트를 다음처럼 데이터프레임의 대괄호 사이에 넣습니다.

```
df_students[ [True, True, False, False, True, False, False,
False, True] ]
```

	FIRST_NAME	LAST_NAME	YEAR	HOME_STATE	AGE	CALC_101_FINAL	El
0	Linda	Thiel	4	CA	22	60.0	
1	Rachel	Crock	1	FL	17	NaN	
4	Daniel	Smith	1	NY	18	90.0	
8	Kavita	Kanabar	1	PA	19	NaN	

앞의 출력 결과를 보면 원본 데이터프레임에서 첫 번째, 두 번째, 다섯
번째, 아홉 번째 열만 포함한 신규 데이터프레임이 반환됐습니다.

이때 몇 가지 알아둘 사항이 있습니다.

- 결과 데이터프레임의 행 인덱스는 재설정되지 않았습니다. 즉 원본
  데이터프레임의 행 인덱스를 그대로 가져왔습니다. 만약 이 결과를
  원치 않는다면 reset_index(drop=True) 함수로 인덱스를 새로 부여
  해야 합니다.
- 가끔 판다스에서는 서로 다른 일을 하는 데 같은 표기법이 사용되곤
  합니다. 가령 앞 코드의 데이터프레임 다음에 쓴 대괄호 쌍은 다양한
  의미를 가질 수 있습니다.
  ○ 만약 df_orders['DRINKS']처럼 대괄호 속에 문자열이 들어 있다
    면 해당 열을 담은 단일 시리즈를 반환합니다.
  ○ 만약 df_orders[['DRINKS', 'COOKIES']]처럼 대괄호 속에 리스
    트가 들어 있다면 해당 리스트에 담긴 열 목록으로 구성된 데이터
    프레임을 반환합니다.
  ○ 만약 앞 예제처럼 대괄호 속에 True, False로 구성된 리스트가 들
    어 있다면 필터링된 데이터프레임을 반환합니다.

○ 그 밖에도 대괄호 표기의 다른 사용법이 있지만, 여기서는 헷갈릴 수 있기 때문에 다루지 않겠습니다.

● 원본 데이터프레임을 직접 수정하지 않고, 필터링된 버전의 신규 데이터프레임을 반환합니다.

물론 원하는 행을 가리키는 True, False 리스트를 작성할 방법이 없다면 유용하지 않습니다. 가령 컬럼비아Columbia 매장의 주문만 필터링하고 싶다면 해당 매장의 모든 주문 행에 대해 True 값을 가진 리스트와, 그렇지 않은 주문 행에 대해 False 값을 가진 리스트가 필요합니다. 이 내용이 당장은 추상적으로 들릴지도 모르지만, 313쪽에 다다르면 더 쉽게 이해할 수 있습니다.

열에 적용 가능한 연산

287쪽에서는 판다스로 데이터를 탐색하는 방법으로, 특정 열의 모든 값을 취합하여 어떤 결과를 얻는 연산을 배웠습니다. 이번에는 특정 열에서 모든 행(값)에 적용하는 연산을 다룹니다. 예를 들어보죠. 각 행의 값마다 1씩 더하거나, 5를 곱하거나, 또는 특정 문자열을 포함한 행을 찾고 싶다면 어떻게 해야 할까요? 지금부터 배울 연산들은 우리가 앞으로 수행할 분석을 분명하게 만들어줄 것입니다.

산술
산술은 수치형 열에 적용할 수 있는 가장 간단하지만 동시에 가장 중요한 연산입니다. 판다스로는 파이썬에서와 같은 연산자로 산술을 수행할 수 있습니다. 즉 시리즈(열)를 마치 단일 숫자처럼 취급하여 바로 연산자를 적용해볼 수 있습니다.

가령 디그의 각 매장이 음식 서비스를 제공하기 위해 100개 단위로 포장된 볼 패키지를 구매하는데, 이때 각 매장에서 소비된 패키지의 개수를 알고 싶다고 가정해보죠. 그러면 다음과 같은 코드로 그 답을 구할 수 있습니다. ◆

```
(df_summarized_orders.NUM_ORDERS / 100).head()
0    3.73
1    7.89
2    8.18
3    7.82
4    7.19
Name: NUM_ORDERS, dtype: float64
```

(너무 긴 결과가 페이지를 차지하지 않도록 head()를 사용했습니다.)

한 열과 숫자 사이는 물론, 열 간에도 산술 연산을 수행할 수 있습니다. 가령 주문당 '부가 주문(쿠키나 음료)'의 총 개수는 다음처럼 알아냅니다. ◆

```
(df_orders.COOKIES + df_orders.DRINKS).head()
0    3.0
1    0.0
2    2.0
3    1.0
4    0.0
dtype: float64
```

또 다른 예를 들어보죠. 매장별 일일 주문량 중 배달이 아니었던 경우의 횟수를 구하고 싶다면 어떻게 해야 할까요? 이는 다음처럼 배달이 아닌 주문의 비율을 전체 주문량에 곱해서 구할 수 있습니다. ◆

```
(df_summarized_orders.NUM_ORDERS *
    (1 - df_summarized_orders.PERC_DELIVERY)).head()
```

```
0    373.0
1    789.0
2    818.0
3    782.0
4    719.0
dtype: float64
```

파이썬에서는 숫자 외에도 비교 연산을 적용할 수 있었습니다. 두 문자열을 '더하기' 하여 이어 붙일 수 있었죠. 그리고 이런 방식은 판다스에서도 그대로 사용됩니다. 예를 들어서 각 주문에 대해 '주문 ID:주문 유형'(예: O1279827:PICKUP)으로 구성된 새로운 시리즈를 만들고 싶다면 아래처럼 코드를 작성할 수 있습니다. ♦

```
(df_orders.ORDER_ID + ':' + df_orders.TYPE).head()
```

```
0    O1820060:IN_STORE
1    O1011112:IN_STORE
2     O752854:DELIVERY
3      O2076864:PICKUP
4    O1988898:IN_STORE
dtype: object
```

이 코드는 먼저 ORDER_ID 열 값을 취한 뒤 그 값에 콜론(:)을 덧붙이고, 여기에 다시 TYPE 열 값을 취해 덧붙입니다(만약 앞 코드를 서로 다른 두 데이터세트의 열들에 적용하면 약간의 문제가 발생할 수 있습니다. 두 데이터세트의 열 개수가 다를 수 있기 때문이죠. 이 문제는 370쪽에서 다룹니다).

누락된 값

df_students 데이터프레임의 생김새를 다시 한번 확인합니다.

```
df_students.head()
```

	FIRST_NAME	LAST_NAME	YEAR	HOME_STATE	AGE	CALC_101_FINAL	EI
0	Linda	Thiel	4	CA	22	60.0	
1	Rachel	Crock	1	FL	17	NaN	
2	Bob	McDonald	1	FL	18	98.0	
3	Jane	OConner	2	HI	19	NaN	
4	Daniel	Smith	1	NY	18	90.0	

CALC_101_FINAL 열의 일부 값이 NaN인 것을 알 수 있습니다. 이는 판다스가 누락된 값을 표현하는 방식입니다. 일부 값이 누락된 이유는 아마도 학생이 CALC_101_FINAL 교과를 수강하지 않았기 때문에 기록 자체가 없는 것이라고 추측해볼 수 있습니다.

만약 누락된 값에 산술 연산을 적용하면 어떻게 될까요? 예상했겠지만 그 결과 또한 누락된 값이 되어버립니다. 다음 코드를 살펴보죠.

```
df_students.CALC_101_FINAL + df_students.ENGLISH_101_FINAL
```

```
0    100.0
1     NaN
2    163.0
3     NaN
4    170.0
5     NaN
6     NaN
```

```
7    120.0
8      NaN
dtype: float64
```

0, 2, 4, 7번 행은 CALC_101_FINAL(미적분 시험 점수)과 ENGLISH_101_FINAL(영어 시험 점수)이 모두 존재합니다. 그리고 이 둘을 더하면 시리즈를 얻습니다. 남은 행들은 두 열 중 하나 또는 둘 모두의 값이 누락되었고, 그래서 연산 결과도 누락된 것으로 처리됐습니다.

만약 이 누락된 값들을 다른 방식으로 처리하고 싶다면 어떻게 해야 할까요? 예를 들어서 누락된 값 대신 0으로 취급한다든지 말이죠. 판다스는 누락된 값을 채우는 fillna() 함수를 제공합니다. 가령 CALC_101_FINAL 열의 값들이 다음과 같을 때

```
df_students.CALC_101_FINAL
0    60.0
1     NaN
2    98.0
3     NaN
4    90.0
5    80.0
6     NaN
7    70.0
8     NaN
Name: CALC_101_FINAL, dtype: float64
```

다음처럼 fillna(0) 함수를 적용하면

```
df_students.CALC_101_FINAL.fillna(0)
```

```
0    60.0
1     0.0
2    98.0
3     0.0
4    90.0
5    80.0
6     0.0
7    70.0
8     0.0
Name: CALC_101_FINAL, dtype: float64
```

보다시피 모든 누락된 값이 0으로 대체된 것을 알 수 있습니다.

이 방식을 활용해서, 앞서 했던 덧셈을 다시 한번 수행하되, 이번에는 누락된 값들을 0으로 바꿔보겠습니다. 다음처럼 코드를 작성합니다.

```
df_students.CALC_101_FINAL.fillna(0) + (
  df_students.ENGLISH_101_FINAL.fillna(0) )
```

```
0    100.0
1     60.0
2    163.0
3      0.0
4    170.0
5     80.0
6      0.0
7    120.0
8      0.0
dtype: float64
```

마지막으로 살펴볼 유용한 함수는 isnull()입니다. 이 함수는 True, False를 담은 시리즈를 반환하는데, 이때 True는 값이 누락된 것을 나타내고 False는 값이 누락되지 않은 것을 표현합니다. 아래의 코드와 결과를 살펴봅시다.

```
df_students.CALC_101_FINAL.isnull()
```

```
0    False
1     True
2    False
3     True
4    False
5    False
6     True
7    False
8     True
Name: CALC_101_FINAL, dtype: bool
```

한편 notnull()이라는 함수도 있는데 이 함수는 isnull()과는 정확히 반대로 작동합니다.

```
df_students.CALC_101_FINAL.notnull()
```

```
0     True
1    False
2     True
3    False
4     True
5     True
6    False
```

```
7    True
8    False
Name: CALC_101_FINAL, dtype: bool
```

이 두 함수는 두 가지 목적으로 사용됩니다. 첫 번째 목적은 필터링 작업을 수행할 때 사용될 True, False로 구성된 시리즈를 얻기 위함입니다. 가령 CALC_101_FINAL의 값이 누락되지 않은 행만 추출하고 싶다면 다음처럼 코드를 작성할 수 있습니다.

```
df_students[df_students.CALC_101_FINAL.notnull()]
```

	FIRST_NAME	LAST_NAME	YEAR	HOME_STATE	AGE	CALC_101_FINAL	EI
0	Linda	Thiel	4	CA	22	60.0	
2	Bob	McDonald	1	FL	18	98.0	
4	Daniel	Smith	1	NY	18	90.0	
5	Ben	Leibstrom	1	NY	19	80.0	
7	Omar	Reichel	2	OK	21	70.0	

앞서 이야기했듯이 위 코드로 얻은 데이터프레임은 원본의 행 인덱스를 유지합니다. 인덱스를 새로 설정하고 싶다면 reset_index(drop=True) 함수를 적용해야 하죠.

두 번째 목적은 특정 행 개수를 알아내기 위함입니다. True, False 값으로 구성된 시리즈에 합을 구하는 sum() 함수를 적용하면 판다스는 True를 1로 해석하고, False를 0으로 해석합니다. 따라서 CALC_101_FINAL 열 내 누락되지 않은 행의 개수를 다음처럼 쉽게 구할 수 있죠.

```
df_students.CALC_101_FINAL.notnull().sum()
```

```
5
```

이 방식으로 볼의 총 주문 건수를 알아낼 방법을 직접 생각해보세요. MAIN 열에서 값이 누락되지 않은 행이 바로 볼을 주문한 경우를 의미합니다. 따라서 다음처럼 코드를 작성할 수 있습니다. ◆

```
df_orders.MAIN.notnull().value_counts()
```

```
True     2275639
False     111585
Name: MAIN, dtype: int64
```

볼 주문이 200만 건을 훌쩍 넘겼고, 볼 주문이 아닌 경우는 10만 건 수준임을 알 수 있습니다.

한편 동일한 결과를 다른 방식으로도 얻을 수 있습니다. 다음처럼 원본 데이터프레임 중 볼 주문만 필터링한 데이터프레임을 얻은 뒤 행 개수를 세는 방법도 생각해볼 수 있습니다.

```
df_orders[df_orders.MAIN.notnull()].shape
```

```
(2275639, 10)
```

논리 연산

논리 연산은 원본 시리즈와 동일한 크기의 시리즈를 반환합니다. 이렇게 얻은 시리즈는 조건이 맞으면 True 값으로 채워지고, 그렇지 않으면 False 값으로 채워집니다.

우리는 이미 논리 연산과 유사한 isnull() 함수를 적용해본 경험이 있습니다. 다만 이번에는 비교 연산자를 사용한다는 점이 다릅니다. 가령 각 주문에 적어도 하나 이상의 음료가 포함됐는지를 확인하고 싶다면 다음처럼 코드를 작성할 수 있습니다.

```
(df_orders.DRINKS >= 1).head()
```
```
0    True
1    False
2    False
3    True
4    False
Name: DRINKS, dtype: bool
```

돌아가서 원본 데이터프레임을 확인해보면 첫 번째와 네 번째 행에 적어도 하나 이상의 음료가 포함되며 그 외에는 음료가 없음을 알 수 있습니다. 이와 유사하게 정확히 음료가 두 잔 포함된 주문도 파악할 수 있겠죠.

```
(df_orders.DRINKS == 2).head()
```
```
0    False
1    False
2    False
3    False
4    False
Name: DRINKS, dtype: bool
```

마찬가지로 원본 데이터프레임을 확인해보면 처음 다섯 개의 주문 중 정확히 음료가 두 잔 포함된 경우는 없음을 알 수 있습니다.

이쯤이면 여러분도 신이 날 것 같습니다! 위 기능들을 적절히 활용하면 데이터프레임을 좀 더 우리의 입맛에 맞게 필터링할 수 있기 때문이죠. 가

령 쿠키가 포함된 주문만 필터링하고 싶다면 다음처럼 코드를 작성할 수
있습니다. ◆

```
df_orders[df_orders.COOKIES > 0].head()
```

	ORDER_ID	DATETIME	RESTAURANT_ID	TYPE	DRINKS	COOKIES	N
0	O1820060	2018-10-11 17:25:50	R10002	IN_STORE	1.0	2.0	
2	O752854	2018-04-21 18:12:57	R10001	DELIVERY	0.0	2.0	
27	O1566571	2018-09-02 18:01:47	R10006	IN_STORE	1.0	1.0	
33	O902238	2018-05-14 13:10:44	R10008	IN_STORE	0.0	1.0	
44	O1085575	2018-06-11 21:11:04	R10004	IN_STORE	0.0	1.0	

또 다음 두 코드는 쿠키가 포함된 주문 수를 파악하는 방법을 보여줍니
다. 필터링된 데이터프레임의 모양으로 유추하거나, True나 False로 구성
된 시리즈의 합을 구해서 알아내죠. ◆

```
df_orders[df_orders.COOKIES > 0].shape
(476507, 10)
```

```
(df_orders.COOKIES > 0).sum()
476507
```

또 음료가 정확히 두 잔 포함된 주문의 비율은 다음처럼 구할 수 있겠죠.

```
(df_orders.DRINKS == 2).value_counts(normalize=True)
```

```
False    0.988726
True     0.011274
Name: DRINKS, dtype: float64
```

음료가 정확히 두 잔 포함된 주문의 비율이 약 1.1퍼센트네요.

단순 비교만을 수행하는 것을 넘어서, 비교들을 서로 조합할 수도 있습니다. 가령 적어도 한 잔 이상의 음료와 정확히 두 개의 쿠키가 포함된 주문 비율을 알아내고 싶다고 가정해보죠. 첫 번째 조건은 df_orders.DRINKS >= 1, 두 번째 조건은 df_orders.COOKIES == 2처럼 작성할 수 있습니다. 그렇다면 이 두 개를 어떻게 조합할까요? and 연산자를 사용하려는 충동이 들 수도 있겠네요. 하지만 이 부분에서 판다스의 방식은 파이썬의 표준 표기법과는 다릅니다. and 연산자 대신 &(앰퍼샌드) 기호를 사용해야 합니다. 따라서 두 조건을 올바르게 작성하는 방법은 아래와 같습니다.

```
( ((df_orders.DRINKS >= 1) & (df_orders.COOKIES == 2))
            .value_counts(normalize=True) )
```

```
False    0.995318
True     0.004682
dtype: float64
```

두 조건을 만족하는 주문의 비율이 0.5퍼센트 정도임을 알 수 있습니다 (두 조건이 각각 소괄호에 감싸져 있어야만 한다는 것에 주의하세요).

마지막으로 문제 하나를 더 풀어보죠. 만약 적어도 한 잔 이상의 음료 또는 정확히 두 개의 쿠키가 포함된 모든 주문을 찾고 싶다면 어떻게 해야

할까요? 이번엔 or 연산자를 사용하고 싶을지도 모릅니다. 하지만 '또는' 에 대해 판다스는 or이 아니라 |(파이프, 수직선) 기호를 사용합니다. 따라서 이 두 조건 중 하나에 부합하는 결과를 얻고 싶다면 다음처럼 코드를 작성해야 합니다.

```
( ((df_orders.DRINKS >= 1) | (df_orders.COOKIES == 2))
            .value_counts(normalize=True) )
```

```
False    0.866356
True     0.133644
dtype: float64
```

즉 약 13.36퍼센트의 주문이 두 조건 중 하나를 만족합니다.

흔히 저지르는 실수(버그)

흔히 파이썬 초심자들을 괴롭히는 버그 중 하나는 괄호를 누락하거나 필요 이상으로 사용해서 발생합니다. 예를 들어 다음 코드를 실행해보세요.

```
( (df_orders.DRINKS >= 1 & df_orders.COOKIES == 2)
            .value_counts(normalize=True) )
```

이전 코드와 비교해보면 이 코드에는 두 쌍의 소괄호가 누락됐습니다. 따라서 파이썬이 결코 이해할 수 없으며, 실행 시 오류가 발생하고 맙니다. 좀 더 구체적으로 살펴보죠. 코드 중 가장 먼저 평가되는 연산자는 &이기 때문에 파이썬이 실제로는 다음처럼 코드를 이해합니다.

```
( (df_orders.DRINKS >= (1 & df_orders.COOKIES) == 2)
            .value_counts(normalize=True) )
```

물론 이 같은 해석은 파이썬 입장에서는 말이 안 되기 때문에 불평을 쏟아낼 수밖에 없습니다. 따라서 만약 & 또는 | 연산자를 사용할 때 난해한 오류가 발생한다면 괄호를 올바르게 사용했는지 점검해보는 것이 좋습니다.

isin() 함수

앞에서는 한 열의 값들이 특정 값과 같은지 검사하는 법을 배웠습니다. 여기서 더 나아가 한 열의 값들이 여러 값들 중 하나와 동일한지도 검사할 수 있습니다. 물론 파이프(|) 연산자를 여러 개 사용해도 이 목적을 달성할 수 있지만, 꽤 번거로운 방식입니다. 가령 매장 ID가 R10001과 R10002 둘 중 하나와 일치하는 매장을 파악하고 싶다고 가정해보죠(컬럼비아 Columbia와 미드타운Midtown 매장). 그러면 다음처럼 코드를 작성할 수도 있습니다.

```
((df_orders.RESTAURANT_ID == 'R10001') |
    (df_orders.RESTAURANT_ID == 'R10002')).head()
0    True
1    False
2    True
3    False
4    False
Name: RESTAURANT_ID, dtype: bool
```

isin() 함수는 이 같은 파이프의 연쇄를 한 번에 해결합니다.

```
df_orders.RESTAURANT_ID.isin(['R10001', 'R10002']).head()
```

```
0    True
1    False
2    True
3    False
4    False
Name: RESTAURANT_ID, dtype: bool
```

단순히 isin() 함수에 리스트를 넣으면 되죠. 그러면 해당 시리즈(열)의 각 값이 리스트 안의 값들 중 하나와 같은지 확인합니다. 이 방식은 파이썬의 in 연산자와 유사합니다.

날짜 유형의 열

5장에서는 날짜/시간을 표현하는 열의 값이 파이썬의 형식을 따르도록 만들었습니다. 이번에는 그때의 작업을 이용해 유의미한 결과를 얻을 차례입니다.

우선 말씀드리자면, 데이터를 다루는 사람들 사이에선 날짜에 대한 인식이 나쁜 편입니다. 그 이유는 날짜를 다루는 작업이 꽤 고통스러울 정도로 까다롭기 때문입니다. 데이터 과학자의 기분을 망치는 가장 빠른 방법은 여러 시간대로 표현된 날짜를 포함한 데이터세트를 처리해달라고 부탁하는 것이라는 말이 있을 정도죠. 좋은 소식은 판다스가 이 작업을 꽤 쉽게 만들어준다는 것입니다. 한 가지 기억해두세요. 판다스에서는 dt에 접근하여 모든 날짜/시간에 관한 기능을 사용할 수 있습니다.

이번에는 다음과 같은 몇 가지 구체적인 비즈니스 질문을 고려해보고자 합니다. 구체적으로 다음 질문을 해결하는 데 중점을 둡니다.

① 판매량을 봤을 때 다른 요일보다 더 바쁜 요일이 있었나요? 판매량이 주중에는 높고 주말에는 낮을까요? 아니면 그 반대일까요?

② 1년 동안 주문 패턴은 어떻게 변했나요? 판매량이 여름에는 높고 겨울에는 낮을까요? 아니면 그 반대일까요?

③ 특정 날짜의 판매량은 어떻게 파악할까요?

그럼 시작해보죠. DATETIME 열로 할 수 있는 첫 번째(가장 간단한) 작업은 타임스탬프*의 특정 부분을 추출하는 것입니다. 예를 들어 주문이 시간대의 몇 분에 발생했는지 알고 싶다면 다음처럼 코드를 작성할 수 있습니다.

```
df_orders.DATETIME.dt.minute.head()
0    25
1    35
2    12
3    50
4    37
Name: DATETIME, dtype: int64
```

원본 데이터프레임을 확인해보면 이 결과가 옳은 것을 알 수 있습니다. 연/월/일/시/분/초를 포함한 타임스탬프의 모든 부분을 이 방식으로 추출하죠. 당장은 획기적으로 느껴지지 않을지도 모릅니다. 계속 시도해보며 감을 잡아봅시다.

---

*   타임스탬프는 말 그대로 '시점'을 '도장 찍어' 놓은 것을 의미합니다. 즉 특정 사건이 발생한 날짜/시간의 기록이죠.

판다스가 빛나는 순간은 날짜에서 더 복잡한 정보를 추출해야 할 때입니다. 다음은 일부 유용한 사례를 소개합니다.

- dt.weekday는 0(월요일)부터 6(일요일)까지 숫자로 요일을 반환합니다. 더 구체적인 의미는 직접 df_orders.DATETIME.dt.weekday를 시도해 알아보세요. 한편 day_name() 함수는 dt.weekday로 얻은 숫자로부터 요일명을 구해줍니다(약간 헷갈릴 수 있는데, weekday는 괄호 없이 쓸 수 있지만 day_name을 사용할 때는 괄호가 필요합니다).
- weekofyear와 dayofyear는 각각 해당 날짜가 포함된 연도의 시작부터 지나온 주의 수와 일수를 반환합니다.
- quarter는 해당 날짜가 포함된 분기를 반환합니다.
- normalize() 함수는 시간이 자정으로 설정된 타임스탬프를 반환합니다. 예를 들어서 "January 1, 2019, 1:20pm"(2019년 1월 1일 오후 1시 20분)라는 타임스탬프는 "January 1, 2019, 12:00am"(2019년 1월 1일 오전 12시)으로 변형됩니다. 이 기능은 날짜별로 모든 주문을 취합할 때 유용합니다.

위 기능들은 함수와 함께 쓰면 매우 유용합니다. 그 유용성을 확인하기 위해, 요일별 판매 패턴을 파악할 방법을 고민해보겠습니다. ◆

```
( df_orders.DATETIME.dt.weekday.value_counts()
      .sort_index().plot(kind='bar') )
```

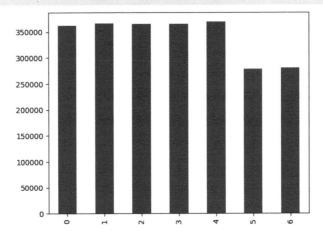

한 줄짜리 코드지만 수많은 일이 일어납니다. 먼저 DATETIME 열에 접근해서 요일weekday을 추출한 다음 value_counts()를 적용했습니다. 그리고 월요일부터 일요일 순서로 정렬했고, 마지막에는 그 결과를 막대 그래프로 그렸습니다. 한 줄에 여러 작업을 표현하는 파이썬의 능력은 매우 강력하고 코드의 의도를 분명하게 해줍니다. 하지만 평소보다 길게 작성되어 혼란스러울 수 있습니다. 이때는 각 부분을 나눠 실행하며 일어나는 일을 파악하는 것이 좋습니다. df_orders.DATETIME을 먼저 실행한 다음, df_orders.DATETIME.dt.weekday를 실행하고, 그다음으로 df_orders.DATETIME.dt.weekday.value_counts()를 실행해보는 식이죠.

이렇게 그려진 막대 그래프는 판매량이 주중에는 일정하지만 주말에는 크게 떨어진 사실을 보여줍니다.

두 번째 예로 '판매량이 여름에 높은 경향이 있나요?' 또는 '사람들이 디그의 음식에 끌리는 시기가 겨울인가요?' 같은 질문을 고려해보죠. 이 질문들의 답은 어떻게 구할까요? ◆

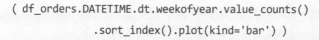

```
( df_orders.DATETIME.dt.weekofyear.value_counts()
    .sort_index().plot(kind='bar') )
```

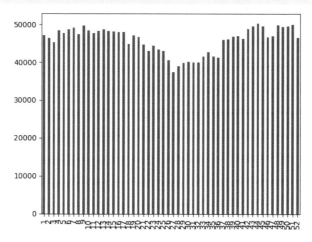

이 코드는 날짜에서 연중 주차week of year를 추출한 뒤 해당 주차의 주문 건수를 취합합니다. 이번에도 마찬가지로 코드를 더 잘 이해하고 싶다면 하나씩 나눠서 순차적으로 실행해보세요. 이렇게 그려진 그래프로, 20~30번째 주차(여름)에 주문량이 가장 적었으며 겨울에는 주문량이 높았음을 파악할 수 있습니다.[5]

그래프에서 원하는 정보를 얻었지만, 몇 가지 해석을 저해하는 요소가 있습니다. 우선 그래프에 막대가 너무 많으며 하단 x축의 정보가 겹쳐서 읽기가 매우 어렵습니다. 또 y축의 값이 0부터 시작해서 막대의 차이가 분명하게 드러나지 않습니다. 이 두 문제를 해결하는 방법 중 하나는 선 그래프line graph로 정보를 표현하는 것입니다. plot() 함수의 매개변수로 kind='line'을 제공하면 쉽게 막대 그래프를 선 그래프로 바꿀 수 있습니다.

```
( df_orders.DATETIME.dt.weekofyear.value_counts()
        .sort_index().plot(kind='line') )
```

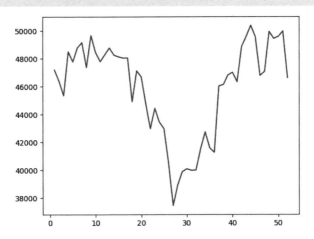

보다시피 이제는 y축이 0에서 시작하지 않습니다. 패턴을 훨씬 더 명확히 이해할 수 있죠. 또한 막대 대신 선을 사용하면 그래프를 더 쉽게 읽을 수 있습니다.

날짜에 대해 고려할 마지막 기능은 논리 연산자를 사용하는 것입니다. 다음 코드로 그 의미를 명확히 이해해보겠습니다.[6]

```
(df_orders.DATETIME >= '2018-06-01').head()
0    True
1    False
2    False
3    True
4    True
Name: DATETIME, dtype: bool
```

이 코드는 날짜가 2018년 6월 1일 이후인 경우는 True로 채우고, 그렇지 않은 경우는 False로 채워진 시리즈를 반환합니다.

다만 특정 날짜의 모든 주문을 찾을 때는 이 기능이 기대한 것처럼 작동하지 않습니다. 가령 2018년 6월 1일의 모든 주문 건수를 파악하고자 다음처럼 코드를 작성해보죠.

```
(df_orders.DATETIME == '2018-06-01').sum()
0
```

왜 결과가 0 일까요? 판다스가 == 우변의 문자열을 날짜 형식DateTime으로 변환하려 시도할 때는 시간 정보도 필요하기 때문입니다. 만약 시간을 명시하지 않았다면 단순히 자정이라고 간주됩니다. 따라서 위 코드는 정확히 2018년 6월 1일 오전 12시(자정)에 이루어진 주문 건수를 계산해버립니다. 그리고 그 결과는 당연히 0일 수밖에 없겠죠.

원하는 방식대로 작동하도록 하려면 코드를 어떻게 수정해야 할까요? 여러분 스스로 그 방법을 떠올려보세요(힌트: dt.normalize() 함수의 역할을 상기해보세요). ♦

```
(df_orders.DATETIME.dt.normalize() == '2018-06-01').sum()
6748
```

normalize() 함수는 모든 날짜의 시간을 자정으로 설정합니다. 따라서 이제는 == 비교가 잘 작동합니다. 또는 다음과 같은 방법으로도 동일한 결과를 얻을 수 있습니다.

```
( (df_orders.DATETIME >= '2018-06-01') &
    (df_orders.DATETIME < '2018-06-02') ).sum()
```

6748

2018년 6월 1일 자정부터 2018년 6월 2일 자정까지 이루어진 주문 건수를 계산하기 때문에, 6월 1일 하루 동안의 주문 건수를 얻습니다.

문자열 열

1부에서는 문자열에 대한 다양한 연산/함수를 다뤘습니다. 가령 문자열을 대문자 또는 소문자로 바꾸거나, 문자열의 일부를 추출하는 법 등을 배웠죠. 이번 절은 그러한 연산/함수를 개별 문자열 대신 판다스 시리즈에 적용하는 방법을 다룹니다. 날짜에 대한 모든 함수가 dt 키워드에 숨겨져 있듯, 문자열에 대한 모든 함수는 str 키워드에 숨겨져 있습니다.

시리즈에 포함된 모든 문자열을 대문자화하는 함수를 살펴보겠습니다.

```
df_items.ITEM_NAME.str.upper().head()
```

```
0             FARRO WITH SUMMER VEGETABLES
1                         SPINDRIFT LEMON
2                       CLASSIC BROWN RICE
3                                 KOMBUCHA
4      CAULIFLOWER WITH GARLIC AND PARMESAN
Name: ITEM_NAME, dtype: object
```

이와 유사하게 소문자로 변경하려면 lower() 함수를 사용하면 됩니다.

이번에는 다음처럼 'lemon'이라는 단어가 포함된 메뉴의 가짓수를 파악해보겠습니다.

```
( df_items.ITEM_NAME.str.lower().str
        .contains('lemon').sum() )
```

3

이 코드는 많은 일을 수행하기 때문에 찬찬히 읽어보세요. 우선 ITEM_
NAME 열에 접근한 뒤 모든 값을 소문자로 만들었습니다. 대소문자를 가
리지 않고 모든 단어에서 'lemon'을 파악하기 위해서죠. 그리고 여기까
지의 작업은 소문자로 바뀐 문자열을 담은 시리즈를 반환합니다. 즉 해
당 시리즈에도 str을 통해 문자열 함수에 접근할 수 있습니다. 여기서는
contains() 함수를 호출해 'lemon'이라는 문자열을 검색합니다. 그러면
각 메뉴별로 해당 문자열이 포함된 경우는 True로 채우고, 그렇지 않으면
False로 채우는 또 다른 시리즈를 얻게 되죠. 마지막에는 이 불리언 값들
로 채워진 시리즈의 합을 계산합니다. True는 1, False는 0으로 취급되는
특성 때문에, 합을 계산하면 'lemon' 문자열이 포함된 메뉴의 가짓수를 파
악할 수 있습니다.

다음으로는 문자열의 일부에 접근하는 방법을 알아봅니다. 3장에서 우
리는 문자열의 두 번째, 세 번째, 네 번째 문자를 "Hello"[1:4]처럼 접근했
습니다. 판다스에서도 같은 일을 할 수 있습니다. 단, 이번에는 단일 문자
열 대신 시리즈의 모든 문자열이 적용 대상입니다. 단순히 str 키워드 다음
에 대괄호를 두고 원하는 범위를 다음처럼 작성합니다.

```
df_items.ITEM_NAME.str[1:4].head()
0    arr
1    pin
2    las
3    omb
```

```
4    aul
Name: ITEM_NAME, dtype: object
```

그런데 이렇게 문자열의 일부에 접근하는 기능은 언제 유용할까요? 기억을 떠올려보면, 모든 주문 ID(ORDER_ID)는 O라는 문자로 시작했습니다. 따라서 정말로 모든 주문 ID가 O로 시작하는지를 검사하여 데이터의 품질을 보장할 수 있습니다. ◆

```
df_orders.ORDER_ID.str[0].value_counts()
```

```
O    2387224
Name: ORDER_ID, dtype: int64
```

앞 코드는 모든 문자열의 첫 번째 문자를 추출한 다음, 추출된 문자가 종류별로 몇 건이나 존재하는지를 확인합니다. 다행히 첫 번째로 사용된 문자는 O밖에 없습니다. 즉 모든 주문 ID가 정상인 것이죠.

어떤 이유로든 각 메뉴를 단어 단위로 분할해야 할 일이 생겼다고 가정해보죠. 그렇다면 다음처럼 코드를 작성할 수 있습니다.

```
df_items.ITEM_NAME.str.split(' ').head()
```

```
0            [Farro, with, Summer, Vegetables]
1                          [Spindrift, Lemon]
2                        [Classic, Brown, Rice]
3                                   [Kombucha]
4    [Cauliflower, with, Garlic, and, Parmesan]
Name: ITEM_NAME, dtype: object
```

그리고 또 다시 str 키워드를 통해 분할된 각 요소에 개별적인 접근도

가능합니다. 가령 각 메뉴 이름을 구성하는 두 번째 단어만 확인하고 싶다면 다음처럼 코드를 작성할 수 있겠죠.

```
df_items.ITEM_NAME.str.split(' ').str[1].head()
0     with
1     Lemon
2     Brown
3      NaN
4     with
Name: ITEM_NAME, dtype: object
```

네 번째 행(인덱스 3)의 값은 NaN으로 출력되었습니다. 즉 값이 누락된 것이죠. 그 이유는 해당 행의 메뉴 이름이 한 단어로만 구성되었기 때문입니다. 단어가 하나밖에 없는데 두 번째 단어에 접근했기 때문에 누락된 값으로 처리됐습니다.

apply() 함수

마지막으로 여러분이 직접 정의한 함수를 적용하는 apply()를 살펴보겠습니다. 적용된 함수는 시리즈의 각 행을 하나씩 처리합니다.

각 주문이 컬럼비아 매장(R10001)에서 이루어졌는지를 파악하는 간단한 예를 들어보겠습니다. 사실 우리는 이미 그 방법을 알고 있습니다. 다음처럼 코드를 작성하면 되죠.

```
(df_orders.RESTAURANT_ID == 'R10001').head()
0     False
1     False
2      True
```

```
3    False
4    False
Name: RESTAURANT_ID, dtype: bool
```

하지만 그 대신 is_columbia()라는 함수를 정의해보겠습니다.

```
def is_columbia(restaurant_id):
    return restaurant_id == 'R10001'

is_columbia('R10001')
```
```
True
```

마지막 줄에서는 함수의 기능을 검증했습니다. 즉 매장이 컬럼비아라면 True, 그렇지 않다면 False를 반환하는 is_columbia() 함수를 호출했고, 주어진 값이 R10001이므로 True를 반환했습니다.

apply() 함수를 사용하면 정의한 함수를 RESTAURANT_ID 열의 모든 행에 적용할 수 있습니다.

```
df_orders.RESTAURANT_ID.apply(is_columbia).head()
```
```
0    False
1    False
2     True
3    False
4    False
Name: RESTAURANT_ID, dtype: bool
```

우리가 정의한 함수가 시리즈의 모든 행에 자동으로 적용되었죠. 한편

apply()에 적용된 함수를 입력할 때는 괄호를 쓰지 않는다는 점에 주의해야 합니다.

이쯤이면 '왜 항상 apply() 함수를 사용하지 않을까?'라는 의문이 들지도 모릅니다. 단지 원하는 함수를 정의하고 apply() 함수로 적용하면 될 것을, 왜 지금까지 수많은 함수를 배워야만 했던 것일까요? 사실 판다스가 제공하는 기능을 직접 구현해 apply() 함수로 적용하면 작동 속도가 현저히 느려집니다. 주피터 노트북에는 %%time이라는 특수 지시자가 있습니다. 이 지시자를 셀 상단에 입력하면 해당 셀이 처리되는 데 소요된 시간을 쉽게 확인할 수 있습니다.

```
%%time
df_orders.RESTAURANT_ID.apply(is_columbia).head()

CPU times: user 378 ms, sys: 16.7 ms, total: 395 ms
Wall time: 395 ms

0    False
1    False
2     True
3    False
4    False
Name: RESTAURANT_ID, dtype: bool
```

보다시피 앞 코드는 실행에 약 395밀리초가 걸렸습니다. 여러분의 환경에서는 약간 다른 결과를 얻을 수도 있습니다. 그러면 이번에는 apply() 함수를 사용하지 않은 코드를 시도해보죠.

```
%%time
(df_orders.RESTAURANT_ID == 'R10001').head()
```

```
CPU times: user 161 ms, sys: 1.29 ms, total: 162 ms
Wall time: 164 ms
0    False
1    False
2     True
3    False
4    False
Name: RESTAURANT_ID, dtype: bool
```

이번에는 약 162밀리초가 소요됐습니다. 약 세 배나 빠른 결과죠. 만약 여러분의 작업이 밀리초 수준으로 처리된다면 이 정도의 성능 차이는 크게 문제되지 않을 수 있습니다. 실제로 여러분은 앞 두 셀을 실행하는 시간에서 큰 차이를 체감할 수 없었을 겁니다. 하지만 만약 동일한 코드를 반복문 안에서 사용하거나 훨씬 큰 데이터세트에 대해 수행한다면 세 배 빠른 속도는 즉각적인 결과의 도출과 밤새도록 지연되는 처리 정도의 차이로 벌어질 수 있습니다.

apply() 함수는 시리즈뿐만 아니라 데이터프레임에도 적용할 수 있습니다. 가령 다음 예제 코드를 살펴보죠. 실행에 약 1분 이상 걸린다는 사실에 주의하세요.

```
%%time
def total_extras(row):
    return row.COOKIES + row.DRINKS


df_orders.apply(total_extras, axis=1).head()
```

```
CPU times: user 2min 13s, sys: 2.17 ms, total: 2min 16s
Wall time: 2min 53s

0    3.0
1    0.0
2    2.0
3    1.0
4    0.0
dtype: float64
```

맨 마지막 줄의 코드를 먼저 살펴보겠습니다. 보다시피 데이터프레임에 apply() 함수를 적용하고 있죠. 여기서 사용자 정의 함수와 더불어 axis 매개변수를 설정한 점에 주목해야 합니다.

- 만약 axis 값이 1이라면 모든 행을 반복적으로 접근하며 제공된 함수를 적용합니다. 다시 말해 앞 코드 각 행을 순차적으로 접근하며 total_extras 함수를 적용하는 셈이죠. 함수가 호출될 때마다 그 함수로 현재 접근 중인 행이 주입됩니다.
- 만약 axis 값이 0이라면 모든 열을 반복적으로 접근하며 제공된 함수를 적용됩니다. 앞 코드에 적용된 방식은 아니지만, 각 열의 평균을 계산하고 싶은 상황에서 쓸 수 있겠죠.

함수 그 자체는 꽤 단순합니다. 행마다 쿠키의 개수와 음료의 잔 수를 더할 뿐이죠. 한편 이 작업이 처리되는 데 약 2분 16초가 소요됐다는 사실에 주목해보세요. 다음에 노트북을 열었을 때 이 셀을 다시 실행하지 않기 위해 주석 처리를 해야 할 정도로 매우 오래 걸렸죠.

그렇다면 apply() 대신 판다스가 제공하는 연산을 사용하면 얼마나 빨라질 수 있는지 확인해보죠.

```
%%time
(df_orders.COOKIES + df_orders.DRINKS).head()
```

```
CPU times: user 12.9 ms, sys: 11.4 ms, total: 24.3 ms
Wall time: 16.4 ms


0    3.0
1    0.0
2    2.0
3    1.0
4    0.0
dtype: float64
```

단 24밀리초 정도만이 소요됐습니다! 즉 10배 이상으로 빠른 결과입니다. 간단히 말해 가급적 판다스의 내장 함수를 사용하는 게 좋습니다. 단 내장 함수만으로 처리할 수 없을 때에 한정적으로 apply() 함수가 강력한 도구로 쓰입니다.

람다 함수

함수는 람다lambda라는 표기법으로도 정의할 수 있습니다. 이는 apply() 함수와 함께 사용할 때 특히 유용합니다. 람다 함수가 기능을 더 제공하지는 않습니다. 단순히 더 짧고, 더 명확한 방식으로 한 줄짜리 함수를 정의하는 수단일 뿐이죠. 이 내용을 다루는 이유는 다른 사람이 작성한 코드에서 람다 함수를 보게 되더라도 이해하는 능력을 갖추기 위해서입니다.

앞서 정의한 total_extras() 함수에 작성된 코드를 떠올려보죠.

```
def total_extras(row):
    return row.COOKIES + row.DRINKS
```

그리고 다음은 동일한 기능의 함수를 람다 표현식으로 정의한 코드입니다.

```
total_extras = lambda row : row.COOKIES + row.DRINKS
```

람다 표현식으로 정의한 함수는 지금까지 배운 내용만으로는 직관적으로 이해하기가 어렵습니다. 따라서 이를 단계별로 해부해보겠습니다.

- 첫째, lambda 키워드는 파이썬에게 우리가 한 줄짜리 함수를 정의할 것이라고 알립니다.
- 둘째, lambda 다음에는 매개변수의 이름을 기입합니다. 여기서는 row 하나만 있습니다. 만약 매개변수가 두 개 이상이라면 각 매개변수를 쉼표로 분리하여 기입합니다.
- 셋째, 매개변수들 다음에는 콜론을 기입합니다.
- 넷째, 함수가 반환해야 할 식을 작성합니다.

아마도 가장 의아한 것은 람다 함수를 몽땅 total_extras 변수에 할당하는 부분일 것입니다. 어쨌든 할당을 하고 나면 이제 total_extras 변수는 함수로 취급됩니다. 즉, 이 다음부터는 일반적인 방식으로 정의한 함수와 동일하게 사용할 수 있습니다.

람다 함수가 유용한 이유는 apply() 함수의 문맥 안에서 한 줄짜리 코드로 모든 것을 표현할 수 있기 때문입니다. 가령 다음 코드를 고려해보죠.

```
df_orders.apply(lambda row: row.COOKIES + row.DRINKS,
axis=1).head()


0    3.0
1    0.0
2    2.0
3    1.0
4    0.0
dtype: float64
```

별도로 함수를 정의하는 대신 apply()에 람다 함수를 곧장 제공했습니다.
이 간단한 소개 자료만으로 여러분이 람다 함수를 완벽히 이해했을 것이라고는 생각하지 않습니다. 하지만 적어도 다른 사람이 작성한 코드에서 람다 함수를 발견했을 때 코드의 의미를 알아보는 능력을 습득했기를 바랍니다.

데이터프레임 수정하기

이때까지 다룬 거의 모든 내용은 이미 존재하는 데이터프레임을 두고 작업했습니다. 한두 번을 제외하면, 데이터프레임의 구조 자체를 바꾸거나 내용을 수정하는 방법을 다루지는 않았죠. 엑셀을 사용해봤다면 약간 이상하게 느껴질지도 모릅니다. 셀 내용을 수정하는 것은 매우 자연스러운 행위인데, 이 내용을 아직까지 전혀 다루지 않았으니까요.

그 이유는 판다스를 일반적으로 디그의 데이터세트처럼 대규모 데이터세트를 다룰 때 사용하기 때문입니다. 대규모 데이터세트라는 문맥에서 데이터를 수정하는 일은 흔치 않습니다. 보통은 데이터베이스에서 데이터세트를 가져와 그걸로 분석을 진행하죠. 그렇지만 데이터프레임을 수정해야 할 때도 있기는 합니다.

열 추가

데이터프레임을 수정하는 가장 간단한 작업은 열을 추가하는 것입니다. 가령 df_order 데이터프레임에 주문이 음료를 포함한다면 True, 그렇지 않다면 False를 담은 신규 열을 추가하고 싶다고 가정해보죠.

이를 위해 가장 먼저 신규 열에 담길 데이터로 채워진 시리즈가 필요합니다. df_order.DRINKS > 0으로 원하는 시리즈를 얻을 수 있습니다. 시리즈를 데이터프레임에 추가하는 방법은 매우 간단합니다. 다음처럼 코드를 작성하면 되죠.

```
df_orders['HAS_DRINK'] = (df_orders.DRINKS > 0)
```

앞 코드의 왼쪽은 마치 원하는 열이 있는 것처럼 참조했고, 오른쪽은 해당 열에 할당될 시리즈를 지정했습니다. 딕셔너리에 새로운 키/값 쌍을 추가하는 방법과 유사합니다.

한 가지 주의할 사항은 점(.) 표기법으로는 열을 추가할 수 없다는 것입니다. 대괄호 표기법을 사용할 때만 작동합니다. 예를 들어 df_orders. HAS_DRINK = (df_orders.DRINKS > 0) 같은 코드는 작동하지 않습니다.

열 제거

열을 제거하는 것도 간단합니다. 제거를 원하는 열 이름과 함께 drop() 함수를 사용하기만 하면 됩니다. 예를 들어서 HAS_DRINK라는 열을 제거하고 싶다면 다음처럼 코드를 작성할 수 있습니다.

```
df_orders = df_orders.drop(columns='HAS_DRINK')
```

여기서 몇 가지 알아둘 내용이 있습니다.

- 등호를 기준으로 오른쪽 코드만 실행해서는 원본 데이터프레임을 바꿀 수 없습니다. 실제 데이터프레임을 바꾸지 않고, 바뀐 신규 데이터프레임을 반환하기 때문입니다. 따라서 df_orders와 등호를 왼쪽에 두어 그 결과로 원본 데이터프레임을 덮어써야 합니다.
- drop('HAS_DRINK')만 쓰면 작동하지 않습니다. 즉 columns라는 매개변수를 명시해서 제거하고 싶은 열 목록을 제공해야 합니다.
- 두 개 이상의 열을 제거하고 싶다면 문자열 대신, 제거하고자 하는 열 목록이 담긴 리스트를 입력해야 합니다.

열 전체 수정

열 전체를 수정하는 방법은 간단합니다. 가령 df_summarized_orders 데이터프레임의 NUM_ORDERS 열의 값들을 10으로 나눈 값으로 대체하고 싶다면 어떻게 해야 할까요?

```
df_summarized_orders['NUM_ORDERS'] =(
        df_summarized_orders.NUM_ORDERS / 10 )
```

단순히 이미 존재하는 열을 새로운 값으로 '덮어쓰면' 됩니다. 결과를 되돌리려면 다음처럼 다시 10을 곱한 새로운 열로 교체하면 되겠죠.

```
df_summarized_orders['NUM_ORDERS'] =(
        df_summarized_orders.NUM_ORDERS * 10 )
```

한 가지 주의 사항은 이번에도 역시 점(.) 표기법을 사용할 수 없다는 것입니다.

데이터프레임 안의 특정 값 수정하기: loc[]

마지막 내용이어서 가장 난해한 주제를 배치했습니다. 바로 데이터프레임 안의 특정 값을 수정하는 방법입니다. 엑셀에서 셀 내용을 입력하는 것과 동일한 기능이죠.

간단한 예로 시작하겠습니다. df_summarized_orders 데이터프레임에 ORDER_VOLUME이라는 신규 열을 추가하고 싶은데, 이 열은 각 행의 날짜에 주문된 건수가 600개 미만일 때는 'LOW', 600개 이상 1200개 미만이면 'MEDIUM', 1200개 이상이면 'HIGH' 값으로 채워진다고 가정해보겠습니다.

이 열은 다음과 같은 방식으로 추가할 수 있습니다.

① 'HIGH'로만 채워진 열을 생성합니다.
② 주문 건수가 1200개 미만인 날(열)에 대해서 'HIGH'를 'MEDIUM'으로 대체합니다.
③ 주문 건수가 600개 미만인 날(열)에 대해서 'MEDIUM'을 'LOW'로 대체합니다.

첫 번째 단계는 비교적 간단합니다. 다음처럼 해낼 수 있죠.

```
df_summarized_orders['ORDER_VOLUME'] = 'HIGH'
```

두 번째 단계는 다음처럼 코드를 작성하고 싶을지도 모릅니다.

```
df_summarized_orders[df_summarized_orders.NUM_ORDERS
        < 1200]['ORDER_VOLUME'] = 'MEDIUM'
```

앞 코드는 데이터프레임을 주문 건수가 1200개 미만인 날들로 필터링한 뒤 ORDER_VOLUME 열의 값을 'MEDIUM'으로 채워 넣으려는 시도입니다. 그런데 왜 제대로 작동하지 않을까요?

여기에 대한 답은 약간 모호합니다. 데이터프레임을 필터링하면 판다스는 내부적으로 해당 데이터프레임의 복사본을 메모리에 생성한 뒤 그 복사본을 반환합니다. 즉 원본 데이터프레임은 보존되죠. 그리고 이 복사본은 원본과는 완전히 분리된 개별 객체입니다. 따라서 필터링된 데이터프레임의 ORDER_VOLUME 열을 선택해 'MEDIUM' 값으로 설정한다면 이 작업은 원본 데이터프레임에 아무런 영향도 미치지 못합니다. 복사본의 내용을 수정할 뿐입니다.[7]

다행히도 앞 코드를 실행하면 판다스는 다음처럼 버그가 발생할 수 있다는 경고를 보여줍니다.

```
A value is trying to be set on a copy of a slice from a DataFrame.
```

이제 이 경고문의 의미를 이해할 수 있습니다. 값이 데이터프레임의 복사본에 설정되려고 한다는 사실을 판다스가 알려주는 것이죠.

그렇다면 이 문제를 어떻게 해결할까요? 판다스는 데이터프레임의 필터링과 값 설정을 동시에 할 수 있는 loc(록)이라는 키워드를 제공합니다. 이를 활용하여 앞 코드를 올바르게 바꾸면 다음과 같습니다.

```
df_summarized_orders.loc[df_summarized_orders.NUM_ORDERS
        < 1200, 'ORDER_VOLUME'] = 'MEDIUM'
```

loc을 사용할 때는 대괄호에 필터링하고 싶은 조건, 쉼표(,), 값을 수정/설정하고 싶은 열 이름을 차례대로 나열해야 합니다. 그러면 앞서 정의한 단계별 해결책의 마지막도 다음처럼 작성할 수 있습니다.

```
df_summarized_orders.loc[df_summarized_orders.NUM_ORDERS
        < 600, 'ORDER_VOLUME'] = 'LOW'
```

이제 앞서 본 경고는 더 이상 발생하지 않습니다. 이번에는 다음 코드를 살펴보죠.

```
df_new = df_summarized_orders[
        ['DATE', 'NUM_ORDERS', 'PERC_DELIVERY']]
df_new['NUM_DELIVERY'] = ( df_new.NUM_ORDERS *
        df_new.PERC_DELIVERY )
```

첫 번째 줄은 세 개의 열만 선택하여, df_summarized_orders 데이터프레임을 간소화합니다. 두 번째 줄은 배달 주문 건수를 담은 신규 열을 생성합니다(전체 주문 건수에 배달 주문 비율을 곱합니다). 믿거나 말거나 이 두 줄의 코드는 앞에서 본 것과 같은 경고를 발생시킵니다. 대체 어떤 일이 일어난 것일까요? 이번에는 데이터프레임을 필터링조차 하지 않았는데 말이죠.

해당 경고는 첫 번째 줄의 코드가 데이터프레임의 일부 열을 선택하기 때문에 발생합니다. 간소화되어 반환된 데이터프레임은 복사본일 수도 있지만, 원본 데이터프레임을 참조하는 것일 수도 있습니다. 따라서 df_new 데이터프레임이 완전히 새로운 데이터프레임인지, 단순히 원본 데이터프레임을 참조하는 것인지가 불명확합니다. 이후 신규 열을 추가하면 판다스는 추가 대상이 신규 데이터프레임인지 원본인지 헷갈려합니다.

다행히 이 상황은 쉽게 피할 수 있습니다. 원본 데이터프레임의 부분을 선택하고 나서, 나중에 수정하고자 복사본을 두고 싶다면 copy() 함수를 호출해 복사본을 만드는 게 좋습니다. 그러면 판다스가 여러분이 복사본을 원한다는 것을 눈치챕니다. 따라서 앞 코드를 올바르게 바꾸면 다음과 같습니다.

```
df_new = df_summarized_orders[
    ['DATE', 'NUM_ORDERS', 'PERC_DELIVERY']].copy()


df_new['NUM_DELIVERY'] = ( df_new.NUM_ORDERS *
                df_new.PERC_DELIVERY )
```

이 내용들이 약간은 전문적이고 처음에는 꽤 난해하게 느껴질 것입니다. 다만 'A value is trying to be set on a copy of a slice from a DataFrame'이라는 경고문을 본다면 적어도 여기서 배운 내용으로 문제를 해결할 수 있다는 것만큼은 기억하세요.

추가 연습 문제

이미 꽤 많은 내용을 배웠습니다! 다만 지금까지 이 장에서 다룬 예제들은 약간 부자연스러운 면이 있습니다. 파이썬의 기법을 익히는 데 집중하기 위해 만들어진 것이기 때문이죠. 따라서 이번 절에서는 디그의 이야기로 돌아가, 더 현실적인 질문에 답을 구하는 데 배운 내용을 적용해보겠습니다.

다양한 분석

293쪽에서 떠올린 가설은 검증할 가치가 있습니다. df_summarized_orders 데이터프레임에는 브라이언트파크Bryant Park 매장이 261번 등장했습니다. 이 사실에 기반해 해당 매장이 주말에는 문을 열지 않을 것이라는 가설을 세웠습니다. 또 이 질문에 답을 구하기 위해서는 주말의 브라이언트파크 기록이 존재하지 않음을 확인해야 한다고까지 말했죠. 다음은 그 답을 구하는 코드입니다. 바로 코드를 읽기 전에 여러분 스스로 해답을 생각해보세요. 288쪽과 313쪽의 내용이 도움이 될 수 있습니다. ♦

다음은 위 가설에 대한 해결책입니다.

```
( df_summarized_orders
  [df_summarized_orders.RESTAURANT_NAME == 'Bryant Park']
  .DATE
  .dt.day_name()
  .value_counts() )
```

```
Monday      53
Tuesday     52
Wednesday   52
Thursday    52
Friday      52
Name: DATE, dtype: int64
```

앞 코드에서 일어난 일을 하나씩 살펴보겠습니다(아래 목록의 순서는 코드의 행 번호에 대응됩니다).

① df_summarized_orders 데이터프레임으로 시작합니다(데이터프레임의 구조가 잘 기억나지 않는다면 처음 몇 개의 기록을 확인해보세요).

② 매장(이름)이 Bryant Park인 것만 데이터프레임을 필터링합니다.

③ DATE 열을 추출합니다.

④ 날짜/시간에 대한 함수에 접근하기 위해 dt 키워드를 사용합니다. 그리고 각 기록(행)의 요일을 추출합니다.

⑤ 각 요일의 등장 횟수를 value_counts() 함수로 파악합니다.

결과는 우리의 가설이 옳았다는 사실을 말해줍니다. 즉 데이터세트에서 브라이언트파크에 대한 기록은 월요일부터 금요일까지 주중에 한해 등장합니다.

또 해볼 만한 분석으로 '가장 판매량이 많은 날짜를 식별'하려면 어떻게 해야 할까요? ◆

쉬운 해결책은 NUM_ORDERS 열을 기준으로 df_summarized_orders 데이터프레임을 내림차순으로 정렬한 뒤 처음 다섯 개의 행을 확인하는 것입니다.

```
df_summarized_orders.sort_values('NUM_ORDERS',
                       ascending=False).head()
```

	RESTAURANT_NAME	DATE	NUM_ORDERS	PERC_DELIVERY	ORDE
1530	NYU	2018-06-24	1396.0	0.063754	
1397	NYU	2018-02-11	1381.0	0.099203	
1406	NYU	2018-02-20	1371.0	0.068563	
1410	NYU	2018-02-24	1361.0	0.085966	
1683	NYU	2018-11-24	1353.0	0.105691	

판매량이 가장 높은 5위의 기록이 모두 뉴욕대NYU 매장에서 발생했으며, 그중 1위는 2018년 6월 24일의 기록인 것을 알 수 있습니다. 그리고 이 날은 뉴욕대를 지나가는 뉴욕 프라이드 퍼레이드가 개최된 주말이었습

니다. 따라서 이 결과가 크게 놀랍지는 않습니다.

그렇다면 특정 매장을 지목해서 가장 판매량이 많은 기록은 어떻게 찾을까요? 아니면 가장 판매량이 많은 주말은 어떻게 찾을 수 있을까요? 이는 여러분을 위한 연습 문제로 남겨두겠습니다. 해답은 이 책의 웹사이트에서 제공하는 주피터 노트북에서 볼 수 있습니다.

매장 주문 중 배달이 차지하는 비율

디그의 성장에서 가장 흥미로운 측면은 매장이 배달, 픽업, 케이터링까지 사업을 확장했다는 것입니다. 이 내용은 9장에서 훨씬 더 자세히 다룰 예정입니다. 다만 여기서는 배달 서비스로의 투자를 결정하려면 매장별 배달 서비스의 활성 정도를 정확히 파악하는 것이 중요하다는 사실을 데이터로 이해해보려고 합니다. 따라서 다음으로는 각 매장의 판매율 중 배달 서비스가 차지하는 비율을 찾는 분석을 해보겠습니다.[8]

우선 모든 매장을 통틀어 평균 배달 건수를 파악해보죠. 어떻게 이 값을 구할 수 있을까요? ◆

다음처럼 총 주문 중 배달이 차지하는 비율들의 평균을 내는 코드를 작성하고 싶을 수도 있습니다.

```
df_summarized_orders.PERC_DELIVERY.mean()
```

```
0.116699550623177
```

정답에 거의 가까운 코드지만, 정답은 아닙니다. 왜 그럴까요? ◆ 그 대답은 꽤 모호할 수 있기 때문에, 이해를 위해서 1000건의 주문 중 20퍼센트가 배달이었던 날과 500건의 주문 중 10퍼센트가 배달이었던 날을 예로 들어보겠습니다. 이때 평균 배달률은 어떻게 될까요? 앞 코드를 그대로 적용한다면 (10+20)/2=15퍼센트가 될 것 같습니다. 하지만 정답이 아니죠.

왜냐하면 첫째 날에 둘째 날보다 더 많은 주문을 처리했기 때문에, 첫째 날에 더 높은 가중치를 두어야만 하기 때문입니다.

그렇다면 올바른 계산법은 무엇일까요? ◆ 우선 전체 배달 건수를 찾아야 합니다. (1000×0.2)+(500×0.1)=250이죠. 그다음 전체 주문 건수인 1500으로 250을 나눠야 합니다. 그러면 약 16.7퍼센트가 구해집니다. 앞서 구한 결과와 엄청나게 다르지는 않지만 틀린 것은 틀린 것이죠.

그러면 이 계산법을 데이터프레임에 어떻게 적용할까요? ◆

```
n_deliveries = (df_summarized_orders.NUM_ORDERS
                *df_summarized_orders.PERC_DELIVERY).sum()
n_deliveries / df_summarized_orders.NUM_ORDERS.sum()
```

0.11421131825082186

첫 번째 줄은 각 날짜별 주문 건수에 배달 비율을 곱해서, 배달 건수를 계산한 다음 그 총합을 구했습니다. 그다음 두 번째 줄은 그 값을 전체 주문 건수로 나눴습니다. 이렇게 구한 결과는 예상한 것에 꽤 근사합니다.

그렇다면 이 계산을 특정 매장에 한정하려면 어떻게 해야 할까요? ◆ 아마도 df_summarized_orders 데이터프레임의 범위를 특정 매장으로 좁히는 방법을 떠올렸을 것입니다(필터링). 하지만 이 방식 대신 앞 코드가 하는 일을 함수로 만들면 어떨까요? ◆

```
def percent_delivery(df):
    n_deliveries = (df.NUM_ORDERS * df.PERC_DELIVERY).sum()
    return n_deliveries / df.NUM_ORDERS.sum()

percent_delivery(df_summarized_orders)
```

0.11421131825082186

데이터프레임 df를 입력하면 percent_delivery 함수는 해당 데이터프레임에 한정적으로 평균 배달률을 계산합니다. 그리고 마지막 줄에서는 앞서 얻은 결과와 동일한지 검사하여, 함수가 잘 작동함을 확인했습니다.

그리고는 컬럼비아Columbia 매장만 포함한 데이터프레임을 구한 뒤 이를 해당 함수에 넣으면 되죠. ◆

```
columbia_orders = ( df_summarized_orders
            [df_summarized_orders.RESTAURANT_NAME
                    == 'Columbia'] )


percent_delivery(columbia_orders)
```
0.10066185558789519

이렇게 얻은 결과로 컬럼비아 매장의 배달률이 다른 곳보다 낮은 것을 알 수 있습니다.

저희가 제공하는 주피터 노트북은 반복문을 활용하여 모든 매장의 배달률을 각각 구한 뒤 그래프로 그리는 방법을 담고 있습니다. 결과만 요약하자면 어퍼이스트사이드Upper East Side와 어퍼웨스트사이드Upper West Side 매장의 배달률이 다른 곳보다 월등히 높다는 것을 알 수 있었습니다. 맨해튼에 익숙하지 않은 분들을 위해 설명하자면, 이 동네는 주거 지역이라서 배달 주문의 비중이 높은 게 설명이 됩니다. 반면에 브라이언트파크 Bryant Park와 미드타운Midtown의 배달률은 타 매장보다 월등히 낮습니다. 왜 그럴까요? 대단한 이유는 아닙니다. 이 두 매장은 2018년 중반부터 배달 서비스를 시작했기에 과거 한 동안의 기록에서 배달률이 0이었으므로 저조해 보인 것입니다.

직원 분석

이번 장에서 마지막으로 직원에 관한 분석을 다룹니다. 이 주제는 9장에서 더 자세히 다시 다룰 예정이지만, 디그 이야기에서 매우 중요한 이슈 중 하나가 바로 직원의 배치였습니다. 여러 매장에 걸쳐 직원을 배치하는 방법을 정하려면 주중과 주말에 매장의 요구사항이 어떤지 이해해야 합니다. 다음 내용을 계속 읽기 전에 잠시 멈추고, 어떤 그래프를 그려야 직원 배치에 유용할지 스스로 생각하는 시간을 가져보세요.

저희가 채택한 해결책은 매장별로 주중과 주말의 주문 건수 분포도를 표현하는 두 히스토그램을 그리는 것입니다. 이 두 히스토그램을 보면 각 매장이 직면할 요구사항에 관한 풍부한 정보를 얻을 수 있습니다.

앞 절과 마찬가지로 먼저 데이터세트의 모든 날짜를 대상으로 모든 주문 건수에 대한 히스토그램을 그려보겠습니다.

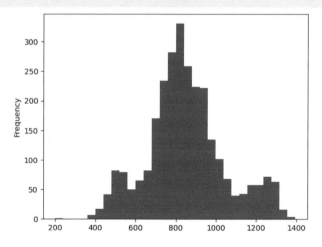

그다음 주중과 주말에 대해 별도의 히스토그램을 그립니다. 어떻게 그려야 할까요? 다음 코드를 시도해보죠.

```
( df_summarized_orders
    [df_summarized_orders.DATE.dt.weekday < 5]
    .NUM_ORDERS
    .plot(kind='hist', bins=30) )

( df_summarized_orders
    [df_summarized_orders.DATE.dt.weekday >= 5]
    .NUM_ORDERS
    .plot(kind='hist', bins=30) )
```

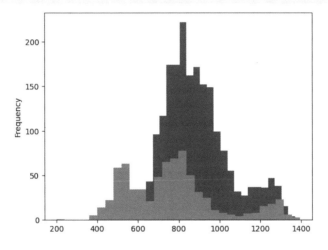

두 코드는 한 가지만 제외하면 정확히 같습니다. 첫 번째 코드는 데이터 프레임을 주중으로 한정해 필터링했지만(weekday 인덱스가 5 미만), 두 번째 코드는 주말로 한정해 필터링했습니다(weekday 인덱스가 5 이상). 각 날짜의 요일을 알아내기 위해 dt.weekday를 활용한 방식을 눈여겨보세요.

우리가 원하는 답에 근접하기는 했지만 히스토그램에 세 가지 문제가 있습니다. 첫 번째는 두 히스토그램이 다루는 크기가 달라서 비교가 어렵다는 것입니다. 왜 이렇게 그려진 것일까요? ◆ 그 이유는 단순합니다. 주말의 일수가 주중의 일수보다 훨씬 더 적기 때문입니다. 따라서 '막대마다' 주문 건수를 표현하면 주말에 대한 히스토그램의 높이가 훨씬 짧을 수밖에 없죠. 다행히 이 문제는 density=True 매개변수를 설정하면 쉽게 해결됩니다.

두 번째 문제는 두 번째 히스토그램이 첫 번째의 일부를 가린다는 것입니다. plot() 함수에 alpha=0.5 매개변수를 설정하면 히스토그램을 약간 투명하게 만들 수 있습니다.

마지막 문제는 그래프에 범례가 포함되지 않았다는 것입니다. 둘 중 어느 것이 주중 또는 주말에 대한 히스토그램인지 알기 어렵죠. 이 문제는 plt.legend(['Weekdays', 'Weekends'])를 사용하면 해결됩니다. 한 가지 주의할 점은 리스트에 담긴 요소의 순서가 각 히스토그램이 그려진 순서와 일치해야 한다는 것입니다. 따라서 세 문제를 모두 해결한 최종 코드는 다음과 같습니다.

```
import matplotlib.pyplot as plt
( df_summarized_orders
    [df_summarized_orders.DATE.dt.weekday < 5]
    .NUM_ORDERS
    .plot(kind='hist', bins=30, density=True) )

( df_summarized_orders
    [df_summarized_orders.DATE.dt.weekday >= 5]
    .NUM_ORDERS
    .plot(kind='hist', bins=30, density=True, alpha=0.5) )

plt.legend(['Weekdays', 'Weekends'])
```

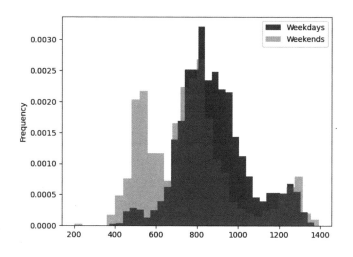

마지막으로는 이 방식을 활용해 모든 매장에 대한 그래프를 그려봅니다. 도전을 좋아한다면 코드를 읽기 전에 직접 코드를 작성해보세요.

```
# 코드 길이를 줄이기 위해 df_summarized_order를 가리키는 짧은
  이름의 변수를 만듭니다
df_so = df_summarized_orders

# 각 매장을 for 반복문으로 하나씩 접근합니다
for r in df_so.RESTAURANT_NAME.unique().tolist():

    # 매장 이름을 출력합니다
    print(r)

    # 정해진 매장만 선택하도록 데이터프레임을 필터링합니다
    df = df_so[df_so.RESTAURANT_NAME == r]

    # 주중과 주말에 대한 히스토그램을 그립니다
```

```
( df[df.DATE.dt.weekday < 5]
    .NUM_ORDERS.plot(kind='hist', bins=30,
                        density=True) )

weekend_rows = (df.DATE.dt.weekday >= 5)
if weekend_rows.sum() > 0:
    ( df[weekend_rows]
        .NUM_ORDERS.plot(kind='hist', bins=30,
                    density=True, alpha=0.5) )

# 범례를 추가합니다
plt.legend(['Weekday', 'Weekend'])
# 반복문의 매 단계마다 그래프를 출력합니다
plt.show()
```

코드를 한 줄씩 살펴보겠습니다(번호는 실제 코드의 행 번호를 의미합니다).

2. df_so = df_summarized_orders

단순히 df_summarized_orders 데이터프레임을 가리키는 새로운 변수를 생성합니다. 변수의 이름을 짧게 만드는 게 목적입니다.

5. for r in df_so.RESTAURANT_NAME.unique().tolist():

모든 매장 이름을 담은 리스트를 생성한 뒤 for 반복문으로 하나씩 접근합니다. 그리고 매번 접근하는 매장 이름을 r이라는 변수에 담습니다. 따라서 Bryant Park, Columbia, Flatiron, …이 차례로 변수에 담깁니다.

```
8. print(r)
```

단순히 현재 접근 중인 매장의 이름을 출력합니다.

```
11. df = df_so[df_so.RESTAURANT_NAME == r]
```

전체 데이터프레임을 r 변수에 담긴 매장 이름으로 필터링합니다. 그 이후의 코드는 필터링된 df 데이터프레임으로 작업됩니다.

```
14. (df[df.DATE.dt.weekday < 5]
```

df.DATE.dt.weekday < 5로 데이터프레임을 주중에 해당하는 행만으로 필터링합니다. 그리고 필터링된 결과의 히스토그램을 plot() 함수로 그립니다.

```
18. weekend_rows = (df.DATE.dt.weekday >= 5)
```

필터링된 df_so의 행 개수와 동일한 크기의 weekend_rows라는 시리즈를 생성합니다. 이 시리즈는 주말이면 True, 주중이면 False 값을 담습니다.

```
19. if weekend_rows.sum() > 0:
```

직전에 작성한 코드와 다른 부분입니다. 정해진 매장에 대한 주말 기록이 하나라도 있는지를 확인하고, 만약 그렇다면 주말에 대한 히스토그램을 그립니다. 이 부분이 필요한 이유는 데이터가 없는 데이터프레임의 히스토그램을 그리려고 할 때 판다스가 오류를 발생시키기 때문입니다.

20. (df[weekend_rows]

앞서 본 것과 마찬가지지만 이번에는 주말에 대한 히스토그램을 그립니다.

25. plt.legend(['Weekday', 'Weekend'])

범례를 출력합니다.

28. plt.show()

마지막으로 생성된 그래프를 하나씩 출력합니다. 이를 for 반복문에 포함시키지 않으면 모든 히스토그램이 하나씩 출력되지 않고 최근에 그려진 히스토그램이 이전 것을 덮어쓰는 결과로 이어집니다. 이 코드를 제거하고 실행해서 그 결과가 어떻게 다른지 확인해보세요.

공간 제약 때문에 여기서 모든 히스토그램을 수록할 수는 없었습니다. 다만 그중 처음 세 개의 히스토그램 정도만 살펴보겠습니다.

이렇게 그린 히스토그램은 매장별 주문 패턴을 풍부한 시야로 바라보도록 해줍니다. 히스토그램을 해석하는 데 시간을 약간 투자하여 각 그래프에 내재된 의미를 파악해보세요. ◆ 저희는 다음과 같은 사실을 파악했습니다.

- 브라이언트파크Bryant Park는 히스토그램을 하나만 출력했습니다. 즉 주중 데이터는 있었지만 주말 데이터는 존재하지 않았습니다. 앞

Bryant Park

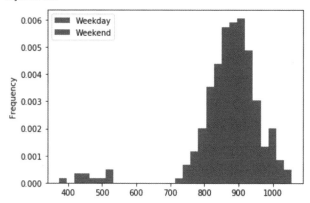

Columbia

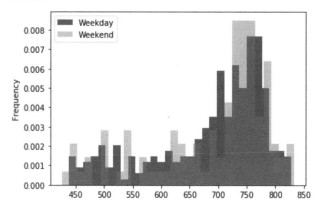

Flatiron

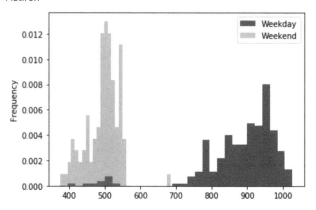

서 살펴본, 브라이언트파크 매장이 주말에는 영업하지 않는다는 사실과 일맥상통합니다.

- 컬럼비아Columbia와 같은 일부 매장은 주중과 주말의 분포도가 매우 유사합니다. 주중, 주말 할 것 없이 해당 매장을 이용하는 고객의 수가 일정하다는 뜻이죠. 반면 플랫아이언Flatiron과 미드타운Midtown 등 다른 매장에서는 분포도가 매우 다릅니다. 주중에 주말보다 훨씬 더 많은 주문을 처리했습니다. 이 두 매장이 업무 지구에 위치한다는 사실을 감안할 때 크게 놀라운 결과는 아닙니다.

- 플랫아이언 매장의 주말 분포도가 주중보다 훨씬 홀쭉하다는 것도 흥미로운 부분입니다. 아마도 주중보다 주말에 주문이 한쪽으로 더 몰리는 경향이 있다고 해석됩니다. 따라서 이런 경향을 보이는 매장은 주말에 배치될 직원을 사전에 정해두는 것이 좋을 수 있습니다.

요약

이번 장은 다양한 기본기를 다뤘습니다. 이 책에서 사용되는 판다스의 여러 기능을 맛보고, 기본적인 기능이지만 훌륭한 비즈니스적 통찰을 얻는 데 쓰일 수 있다는 것도 배웠습니다.

하지만 지금까지의 분석은 오직 하나의 데이터세트로만 진행했습니다. 실전에서 떠오르는 수많은 질문에 답을 구하려면 여러 데이터세트를 조합해야 하는 경우가 많습니다. 다음 장에서는 판다스로 여러 데이터세트를 조합하고 더 복잡한 분석을 하는 방법을 다룹니다.

7장

여러 데이터세트 다루기

지금까지 판다스로 할 수 있는 다양한 작업을 살펴봤습니다. 판다스로 데이터를 저장하고, 읽고, 쓰는 방법을 포함해 데이터를 탐색하고, 조작하고, 수정하는 다양한 방법을 배웠죠.

하지만 무언가 놓쳤습니다. 5장에서 본 디그의 이야기로 돌아가보죠. 이 이야기에서 계속 등장하는 핵심 주제를 분석하려면 여러 데이터세트를 조합해야만 합니다. 가령 디그는 인적 자원 데이터를 추적하기 위해 다양한 시스템을 도입했습니다. 따라서 유의미한 분석을 하려면 각 시스템들이 생산하는 데이터세트를 조합할 수 있어야만 합니다.

이번 장에서는 여러 데이터세트를 조합해야 하는 이유를 살펴봅니다. 그다음 판다스로 해당 작업을 수행하는 방법을 알아봅니다.

7장에서 배울 내용

이번 장은 크게 두 가지 내용을 다룹니다. 첫 번째는 여러 데이터세트를 다루면서 여러분의 생각하는 힘을 기르는 것입니다. 가령 '데이터세트를 조합하는 방법에는 어떤 것이 있을까? 그중 무엇을 선택하는 게 최선일까?' 같은 질문을 고민하죠. 두 번째는 이런 생각을 실제 판다스로 옮기는 방법을 배우는 것입니다. 이 두 내용을 모두 다루고 나면 배운 내용을 디그의 데이터세트에 적용하며 이 장을 마무리하겠습니다.

7장에서 필요한 것

시작하기에 전 'Chapter 7' 폴더와 이번 장 내용을 실습할 신규 주피터 노트북을 생성하고, 'Part 2' 폴더 속에 넣습니다.

첫 번째로 할 일은 필요한 패키지를 불러오는 것입니다. 아래 코드를 첫 번째 셀에 붙여 넣은 뒤 실행하세요.

```python
import pandas as pd
import matplotlib.pyplot as plt
```

그다음 5장 마지막에 저장한 파일 중 몇 개를 읽습니다. 다음 코드를 두 번째 셀에 붙여 넣은 뒤 실행하세요.

```python
df_orders = pd.read_pickle('Chapter 5/orders.pickle')
df_items = pd.read_pickle('Chapter 5/items.pickle')
df_restaurants = (
    pd.read_pickle('Chapter 5/restaurants.pickle') )
```

이 장의 주피터 노트북 또한 이 책의 웹사이트에서 제공합니다.

데이터세트 조합하기: 소개

우선 '데이터세트를 조합한다'는 말의 의미와, 그것이 중요한 이유를 생각해봐야 합니다. 이 내용은 예시와 함께 설명을 들어야 가장 쉽게 이해할 수 있습니다.

- 디그의 주문 데이터세트에는 각 주문(행)에 포함된 재료들의 ID가 들어 있지만, 그것만으로는 그 재료들의 실제 이름을 알 수 없습니다. 대신 각 ID에 대응된 이름을 관리하는 별도의 데이터세트가 존재합니다. 따라서 각 주문에 포함된 모든 재료의 이름을 파악하려면 두 개의 데이터세트를 조합해야 합니다.
- 대학 전산실의 데이터베이스에서 다음 세 개의 테이블(표)을 관리한다고 가정해보겠습니다.
  - 첫 번째 테이블은 전일제 학생들의 이름과 세부 사항(예: 지도 교수 이름)을 관리합니다.
  - 두 번째 테이블은 비전일제 학생들의 이름과 세부 사항(예: 지도 교수 이름)을 관리합니다.
  - 세 번째 테이블은 특정 과목(예: 파이썬 기초)을 수강하는 학생들의 성적 정보를 관리합니다.

이 세 개의 데이터세트는 그 자체로도 유용하지만, 다양한 질문의 답을 구하려면 이들을 서로 조합해야 합니다. 예를 들어 '파이썬 기초' 과목의 수강생 중 성적이 B 이하인 학생을 식별한 다음, 그 학생들의 이름과 지도 교수를 모두 알아내고 싶을 수 있습니다. 또는 각 교수가 관리하는 모든 학생의 정보를 담은 보고서를 만들고 싶을 수도 있겠죠. 아니면 성적이 저조한 학생 비율이 높은 지도 교수가 누구인지 알고 싶을지도 모릅니다.

- 승차 공유 서비스 회사가 세 개의 데이터세트를 관리한다고 가정해 보겠습니다. 하나는 모든 운전자 정보, 두 번째는 각 운전자의 지난 달 운전 기록, 세 번째는 운전자의 기기로 보내진 알림 기록(탑승자 픽업을 쉽게 하기 위해 앱 사용을 독려)을 관리합니다. 이때 알림을 보내는 것이 운전자의 운전 빈도에 어떤 영향을 주는지 알아보고 싶을 수 있습니다. 그러면 두 데이터세트를 조합해서 통찰을 얻어야만 합니다.
- 전자 상거래 회사가 다음과 같은 테이블을 관리한다고 가정해보겠습니다.
  - 첫 번째 테이블은 회사의 웹사이트에서 접수된 모든 주문 목록을 관리합니다.
  - 두 번째 테이블은 모든 고객과 각 고객의 세부 사항을 관리합니다.
  - 세 번째 테이블은 모든 상품과 각 상품의 특징을 관리합니다.

이때 회사는 어떤 특징을 가진 상품이 다른 것들보다 더 인기 있는지를 알고 싶을 수 있습니다. 또는 고객의 특징에 따른 주문 패턴을 파악하고 싶을 수도 있습니다(예: 동부 지역의 고객이 서부 지역의 고객보다 더 자주 구매함). 이런 질문에 대한 답은 나열된 세 개의 데이터세트를 모두 조합해야 구할 수 있습니다.

- 콜 센터에서 다음과 같은 테이블을 관리한다고 가정해보겠습니다.
  - 첫 번째 테이블은 콜 센터의 직원 이름을 관리합니다.
  - 두 번째 테이블은 각 직원이 수령한 급여액과 급여 상세 내역을 관리합니다.
  - 세 번째 테이블은 직원들이 처리한 각 전화의 녹음 및 전화 길이를 관리합니다.

세 개의 데이터세트를 조합하여 수많은 질문의 답을 구할 수 있습니다. 가령 각 직원이 처리한 전화 건수와 그들이 받는 급여 간의 상관관계를 알아낼 수 있죠.

여러 데이터세트를 조합하는 능력은 판다스의 유용한 기능 중 하나지만, 올바르게 사용하기가 꽤 까다로운 편입니다. 따라서 이번 장에서는 여러분에게 데이터 조합의 기본 개념과, 그 개념을 판다스에 적용하는 방법을 다룹니다.

간단한 연습용 데이터세트

디그 데이터세트를 다루기 전에 몇 가지 간단한 '연습용' 데이터세트로 조합 방법을 연습해보겠습니다. 여기서 사용할 데이터세트는 방금 소개한 대학교 예제에서 영감을 받아 만든 것으로, 데이터세트마다 하나의 탭을 할당한 엑셀 파일로 제공됩니다. 5장에서 다운로드했던 이 데이터세트는 다음처럼 판다스로 불러올 수 있습니다.

```
df_full_time = pd.read_excel('raw data/university.xlsx',
                        sheet_name='full_time')
df_part_time = pd.read_excel('raw data/university.xlsx',
                        sheet_name='part_time')
df_grades = pd.read_excel('raw data/university.xlsx',
                        sheet_name='grades')
```

각 데이터세트를 하나씩 살펴보죠. df_full_time은 전일제 학생의 세부 사항을 관리하는 데이터프레임입니다. 일반적으로 처음 몇 개의 행을 출력하기 위해 head() 함수를 사용하지만, 이 데이터프레임에는 많은 기록이 없기 때문에 다음처럼 모두 출력해도 좋습니다.

df_full_time

	student_id	first_name	last_name	adviser
0	1	Melvin	Ware	Prof Duncan
1	2	Thomas	Moore	Prof Brown
2	3	Joseph	Paul	Prof Alvarez
3	4	Sarah	Cruz	Prof Duncan

df_part_time은 비전일제 학생의 세부 사항을 관리하는 데이터프레임입니다.

df_part_time

	student_id	first_name	last_name	adviser
0	5	David	Freeman	Prof Duncan
1	6	Elizabeth	Brown	Prof Duncan
2	7	Amanda	Schultz	Prof Kennedy
3	8	Tanner	Perkins	Prof Alvarez
4	9	Ashley	Gonzales	Prof Kennedy
5	10	Latonya	Porter	Prof Alvarez
6	11	Jacinda	Peterson	Prof Alvarez

df_grades는 '파이썬 기초' 과목을 수강한 모든 학생의 성적을 관리하는 데이터프레임입니다.

df_grades

	student_id	final_grade
0	1	95
1	3	71
2	6	76
3	7	91
4	8	75
5	11	59
6	15	86

'파이썬 기초' 과목을 수강한 각 학생의 이름, 지도 교수, 성적을 담은 데이터세트를 만들어보겠습니다. 아마도 당장 몇 가지 문제에 부딪치게 될 것입니다. ◆ 우선 모든 학생(전일제, 비전일제)의 정보가 두 파일에 나뉘어 기록되어 있습니다. 그리고 성적은 또 다른 파일에 담겼으며, 성적 파일에 기록된 한 학생의 정보가 학생 파일들에 누락되어 있습니다(학생 ID 15).

마지막 문제를 처음 맞닥뜨렸을 때는 어떻게 해결해야 할지 감이 잘 오지 않을 수도 있습니다. '학생 정보 테이블에 없는 학생에게 어떻게 점수가 부여됐을까?' 같은 생각이 들죠. 하지만 이런 종류의 문제는 다양한 이유로 현실의 데이터세트에서 자주 발견됩니다. 예를 들어서 한 학생이 중퇴하여 학생 테이블에서 삭제됐거나, 누군가 실수로 입력하면 안 되는 데이터를 성적 테이블에 집어넣었을지도 모릅니다. 우리는 이런 문제를 적절히 잘 풀어내야 하며, 더 나아가 데이터에 존재하는 오류를 알아내기 위해 이런 문제를 감지할 수도 있어야만 합니다.

다섯 가지 유형의 조인

이제 테이블을 조합할 준비가 됐습니다. 하지만 그 전에 말해두고 싶은 것이 있습니다. 판다스에는 테이블을 조합하는 수많은 방법이 존재합니다. 어느 것을 사용해야 할지 갈피를 잡기 어려울 정도죠. 하지만 대부분의 방법으로 얻는 결과물은 거의 같습니다(테이블 조합이 그만큼 중요하다는 증거로 받아들여도 좋습니다). 초심자에게는 테이블 조합이라는 주제만으로도 충분히 복잡하니 타른 대안까지 살펴보며 혼란을 겪을 필요는 없습니다. 따라서 이번 절은 한 가지 방법으로 조인join(병합)을 골라서 다룹니다. 저희가 가장 일반적으로 쓰인다고 판단한 방법이죠. 하지만 데이터를 더 많이 다룰수록 다른 방법도 알게 될 것이며 점점 더 익숙해질 것입니다.

유니온

우선 두 테이블을 조합하는 가장 간단한 방법인 유니온union을 살펴보겠습니다. 기본적으로 두 테이블이 한 테이블의 일부인데 두 개로 나뉜 경우에 유용합니다. 테이블이 이렇게 나뉜 데는 몇 가지 이유가 있겠죠. 가령 테이블 크기가 한 번에 전송되기에는 너무 커서 몇 조각으로 나눠야 할 수도 있습니다. 또는 우리가 다룰 예제에서 전일제 학생과 비전일제 학생을 별도의 테이블로 관리하는 것처럼, 테이블을 논리적인 단위로 나누기도 합니다. 이렇게 서로 다른 테이블을 모아서 하나의 큰 테이블로 만드는 데 유니온이 사용되죠. 유니온은 판다스로 쉽게 수행할 수 있습니다. pd.concat() 함수에 조인하고 싶은 데이터프레임 목록을 리스트로 입력하기만 하면 됩니다.

```
df_students = pd.concat([df_full_time, df_part_time])
df_students
```

	student_id	first_name	last_name	adviser
0	1	Melvin	Ware	Prof Duncan
1	2	Thomas	Moore	Prof Brown
2	3	Joseph	Paul	Prof Alvarez
3	4	Sarah	Cruz	Prof Duncan
0	5	David	Freeman	Prof Duncan
1	6	Elizabeth	Brown	Prof Duncan
2	7	Amanda	Schultz	Prof Kennedy
3	8	Tanner	Perkins	Prof Alvarez

여기서 몇 가지 알아둬야 할 내용이 있습니다.

- 일반적인 실수(버그)는 데이터프레임 목록을 리스트로 만드는 것을 잊어버리는 겁니다. 가령 pd.concat(df_full_time, df_part_time)이라고 코드를 작성하면 오류가 발생합니다.
- 각 원본 데이터프레임의 행 인덱스가 병합된 데이터프레임에서 그대로 유지됩니다. 그러면 인덱스가 중복되는 문제가 발생합니다. 가령 병합된 테이블의 Melvin Ware와 David Freeman에 모두 인덱스 0이 부여됐습니다. 이 책에서는 행 인덱스를 많이 활용하지 않으며, 중복되게 내버려둬도 이론적으로 문제는 없습니다. 하지만 일부 상황에서 고유한 인덱스를 부여하고 싶다면 다음과 같이 재설정해야 합니다.

```
df_students = ( pd.concat([df_full_time, df_part_time])
                        .reset_index(drop=True) )
df_students
```

	student_id	first_name	last_name	adviser
0	1	Melvin	Ware	Prof Duncan
1	2	Thomas	Moore	Prof Brown
2	3	Joseph	Paul	Prof Alvarez
3	4	Sarah	Cruz	Prof Duncan
4	5	David	Freeman	Prof Duncan
5	6	Elizabeth	Brown	Prof Duncan
6	7	Amanda	Schultz	Prof Kennedy

- 때로는 병합된 테이블의 각 행의 데이터가 어느 테이블에서 왔는지
  를 추적하고 싶을 수 있습니다. 이 문제는 테이블을 조인하기 전 각
  테이블에 이를 표시하는 열을 추가하면 쉽게 해결됩니다.

```
df_full_time['student_type'] = 'full_time'
df_part_time['student_type'] = 'part_time'
pd.concat([df_full_time, df_part_time])
   .reset_index(drop=True)
```

	student_id	first_name	last_name	adviser	student_type
0	1	Melvin	Ware	Prof Duncan	full_time
1	2	Thomas	Moore	Prof Brown	full_time
2	3	Joseph	Paul	Prof Alvarez	full_time
3	4	Sarah	Cruz	Prof Duncan	full_time

- 유니온으로 병합될 테이블은 동일한 열들로 구성되어야 합니다.

내부, 외부, 왼쪽, 오른쪽 조인

이번에는 두 번째 문제를 다뤄보겠습니다. df_grades와 df_students를 조합하여 다음과 같은 결과를 얻고 싶다고 가정해보죠.

	student_id	final_grade	first_name	last_name
0	1	95	Melvin	Ware
1	3	71	Joseph	Paul
2	6	76	Elizabeth	Brown
3	7	91	Amanda	Schultz
4	8	75	Tanner	Perkins
5	11	59	Jacinda	Peterson

꽤 쉬워 보입니다. 하지만 조인을 다룰 때는 사소한 부분을 잘 챙겨야 합니다! 가장 먼저 필요한 지식은 한 테이블의 열을 다른 테이블의 열에 대응하는 방법입니다. 예시를 살펴보면 이를 가장 쉽게 이해할 수 있습니다. 판다스는 어떤 식으로 df_students의 행과 df_grades의 행을 대응할지를 알아낼까요? 사실 지금 다루는 예제에서는 꽤 간단합니다. student_id 열의 같은 값을 가진 행들을 파악하는 것이죠. 즉 student_id 열을 조인 키join key로 사용하며, 모든 종류의 조인을 수행할 때 첫 번째로 사용하는 재료입니다. 보통 조인 키는 모든 행을 식별하기 위한 열이 되며, 때로는 두 개의 열을 키로 사용합니다.

조인할 방법을 알아내기는 했지만, 또 다른 복잡한 문제가 뒤따릅니다. 만약 특정 student_id 값이 한 테이블에는 있지만, 다른 테이블에는 없다면 어떨까요? student_id 값이 15인 학생이 df_grades 에는 있지만 df_students에는 없는 상황, student_id 값이 2인 학생이 '파이썬 기초' 과목을 수강하지는 않아서 df_grades에는 없는 상황이 여기에 해당합니다. 이런 상황에서 우리가 할 수 있는 일은 크게 세 가지 입니다.

- 두 테이블에 모두 등장하는 행만 포함시킵니다. 만약 한 테이블에 어떤 행이 존재하지 않는다면 다른 테이블에서도 해당 행이 존재하지 않도록 제거합니다. 이 방식을 내부 조인inner join이라고 합니다. 우리가 다루는 테이블을 예로 들자면 다음과 같은 결과를 얻습니다.

	student_id	final_grade	first_name	last_name
0	1	95	Melvin	Ware
1	3	71	Joseph	Paul
2	6	76	Elizabeth	Brown
3	7	91	Amanda	Schultz
4	8	75	Tanner	Perkins
5	11	59	Jacinda	Peterson

- 한 테이블 또는 두 테이블에 모두 등장하는 행들을 다 포함시킵니다. 이 방식을 외부 조인outer join이라고 합니다. 우리가 다루는 테이블을 예로 들자면 다음과 같은 결과를 얻습니다.

	student_id	final_grade	first_name	last_name	adviser
0	1	95.0	Melvin	Ware	Prof Duncan
1	3	71.0	Joseph	Paul	Prof Alvarez
2	6	76.0	Elizabeth	Brown	Prof Duncan
3	7	91.0	Amanda	Schultz	Prof Kennedy
4	8	75.0	Tanner	Perkins	Prof Alvarez
5	11	59.0	Jacinda	Peterson	Prof Alvarez
6	15	86.0	NaN	NaN	NaN
7	2	NaN	Thomas	Moore	Prof Brown
8	4	NaN	Sarah	Cruz	Prof Duncan
9	5	NaN	David	Freeman	Prof Duncan
10	9	NaN	Ashley	Gonzales	Prof Kennedy
11	10	NaN	Latonya	Porter	Prof Alvarez

만약 한 테이블에서 어떤 행을 찾을 수 없다면 판다스는 해당 행에 대한 모든 값을 단순히 누락됐음을 의미하는 NaN이라는 특수 값으로 채워 넣습니다. student_id 값이 15인 학생의 이름과 2, 4, 5, 9, 10인 학생의 성적이 이런 식으로 채워진 값들입니다.

- 둘 중 한 테이블의 행을 모두 포함합니다. 가령 df_grades 테이블의 모든 행을 유지한다면 다음과 같은 결과를 얻습니다.

	student_id	final_grade	first_name	last_name
0	1	95	Melvin	Ware
1	3	71	Joseph	Paul
2	6	76	Elizabeth	Brown
3	7	91	Amanda	Schultz
4	8	75	Tanner	Perkins
5	11	59	Jacinda	Peterson
6	15	86	NaN	NaN

또는 df_students 테이블의 모든 행을 유지한다면 다음과 같겠죠.

	student_id	final_grade	first_name	last_name
0	1	95.0	Melvin	Ware
1	2	NaN	Thomas	Moore
2	3	71.0	Joseph	Paul
3	4	NaN	Sarah	Cruz
4	5	NaN	David	Freeman
5	6	76.0	Elizabeth	Brown
6	7	91.0	Amanda	Schultz
7	8	75.0	Tanner	Perkins
8	9	NaN	Ashley	Gonzales
9	10	NaN	Latonya	Porter
10	11	59.0	Jacinda	Peterson

이런 유형의 조인을 수행할 때 흔히 한 테이블을 '왼쪽 테이블', 나머지 테이블을 '오른쪽 테이블'이라고 부릅니다. 테이블이 어느 쪽인지는 중요하지 않습니다. 다만 우리가 다루는 예제는 df_grades를 '왼쪽 테이블', df_students를 '오른쪽 테이블'로 정합니다. 그리고 왼쪽 조인left join은 '왼쪽 테이블'의 모든 행을, 오른쪽 조인right join은 '오른쪽 테이블'의 모든 행을 유지하는 유형의 조인입니다.

판다스에서의 조인

지금까지 파이썬으로 테이블을 조합하는 다섯 가지 방법을 살펴봤습니다. 첫 번째는 유니온으로 단순히 동일한 구조를 가진 두 테이블을 하나의 테이블로 병합하는 것입니다. 그다음으로 배운 네 가지 방법은 조인 키로 테이블을 조합하는 것입니다. 이런 유형의 조인은 다섯 가지 '재료'를 토대로 작동합니다.

- 왼쪽 테이블(df_grades)
- 오른쪽 테이블(df_students)
- 조인할 값을 가진 왼쪽 테이블의 열(student_id)
- 조인할 값을 가진 오른쪽 테이블의 열(student_id)
- 조인의 유형

다음 표는 네 가지 유형의 조인을 벤다이어그램으로 요약합니다. 각 원이 하나의 테이블을 의미합니다.

조인의 유형	설명
왼쪽 조인	왼쪽 데이터세트의 모든 행을 유지합니다. 그다음 오른쪽 데이터세트에 행이 존재한다면 가져옵니다.
오른쪽 조인	오른쪽 데이터세트의 모든 행을 유지합니다. 그다음 왼쪽 데이터세트에 행이 존재한다면 가져옵니다.
내부 조인	두 데이터세트에 모두 존재하는 행들만 유지합니다
외부 조인	모든 행을 유지합니다

376쪽에서는 상황에 알맞은 유형의 조인을 고르는 주제를 다룹니다. 꽤 까다로운 작업이기도 하죠. 한편 이번 절에서는 그 전에 파이썬에서 조인이 작동하는 원리에 집중합니다. 유니온은 concat() 함수로 수행되며, 나머지 네 가지 유형의 조인에는 pd.merge() 함수가 사용됩니다. 다음 코드를 실행해보죠.

```
pd.merge(df_grades,
        df_students,
        left_on='student_id',
        right_on='student_id',
        how='left',
        validate='one_to_one')
```

	student_id	final_grade	first_name	last_name	adviser
0	1	95	Melvin	Ware	Prof Duncan
1	3	71	Joseph	Paul	Prof Alvarez
2	6	76	Elizabeth	Brown	Prof Duncan
3	7	91	Amanda	Schultz	Prof Kennedy
4	8	75	Tanner	Perkins	Prof Alvarez
5	11	59	Jacinda	Peterson	Prof Alvarez

다음 그림은 조인의 각 재료가 함수에 표현된 방식을 묘사합니다.

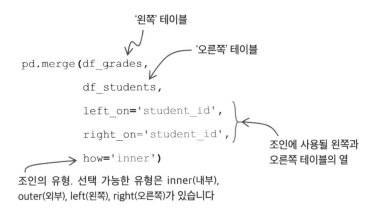

여기서는 다음과 같은 내용들을 알아두면 좋습니다.

- pd.merge()는 두 테이블의 모든 열을 포함시킵니다. 특정 일부 열만 포함해달라고 요청할 방법은 없습니다. 하지만 테이블의 원하는 열을 먼저 선택한 다음 두 테이블을 조합한다면 간단히 해결되는 문제입니다. 다음은 그 방법의 예시입니다.

```
df_result = pd.merge(df_grades,
        df_students[['student_id', 'first_name', 'last_name']],
        left_on='student_id',
        right_on='student_id',
        how='left')
df_result
```

	student_id	final_grade	first_name	last_name
0	1	95	Melvin	Ware
1	3	71	Joseph	Paul
2	6	76	Elizabeth	Brown
3	7	91	Amanda	Schultz
4	8	75	Tanner	Perkins
5	11	59	Jacinda	Peterson
6	15	86	NaN	NaN

- 왼쪽과 오른쪽 테이블에 같은 이름의 열이 존재한다면 문제가 될 수 있습니다. 조합된 결과 테이블에 동일한 이름을 가진 열을 두 개나 포함하고 싶지는 않기 때문이죠. 만약 판다스가 이 현상을 감지한다면 자동으로 _x와 _y라는 접미사를 각각 왼쪽과 오른쪽 테이블의 열 이름에 붙여 충돌을 방지합니다. 하지만 이 기능에 의존하는 것은 좋지 않습니다. 호출된 상황에 따라 열 이름이 바뀔지 아닐지를 머릿속으로 항상 예측해야 하는 함수를 사용하면 코드에 혼란을 가중하기 때

문입니다. 따라서 판다스의 이런 내부 기능을 사용하는 대신, 조인을 수행하기 전 rename() 함수로 열 이름을 직접 바꿔보세요.

- 지금까지의 예제는 하나의 열만을 조인 키로 사용했습니다. 하지만 일부 상황에서는 두 개 이상의 열을 조인 키로 써야 할 수 있습니다. 가령 전일제와 비전일제 학생들이 각자 개별적인 사용자/학생 ID를 부여받는다고 가정해보죠(예: 전일제 학생 ID에 1, 2, 3, … 그리고 비전일 학생 ID에도 1, 2, 3, …). 이때 통틀어 한 학생을 식별하려면 학생 ID와 전일제/비전일제라는 두 상태 정보에 기반해 조인을 수행해야 합니다. 다행히 이 문제는 pd.merge() 함수로 간단히 해결할 수 있습니다. 단지 left_on과 right_on 매개변수에 문자열 대신 리스트를 입력하기만 하면 되죠.

- pd.merge() 함수에서 left_on과 right_on 매개변수를 모두 명시하지 않는다면 판다스가 자동으로 두 테이블 모두에 존재하는 아무 열을 선택해 조인을 수행합니다. 또한 조인 키로 선택된 열의 이름이 서로 같다면 left_on과 right_on 매개변수를 모두 지정하는 대신 on 매개변수 하나만 지정해도 조인은 작동합니다. 다만 이 책에서는 명확한 이해를 위해 항상 두 매개변수를 지정하는 방식을 사용합니다.

인덱스 정렬

판다스에서는 왼쪽 조인을 빠르게 수행하는 완전히 다른 방법이 있습니다. 바로 인덱스 정렬이라는 방법으로, 재빨리 조인을 해보고 싶을 때 유용합니다. 한편 이 방식이 작동하려면 두 테이블의 행 인덱스가 조인 키여야만 한다는 조건이 있습니다.

먼저 df_grades와 df_students 데이터프레임의 복사본을 생성한 뒤 두 테이블의 인덱스를 student_id로 설정해보겠습니다. 그러면 두 테이블이 다음과 같은 모습을 띠게 됩니다.

```
df_grades_2 = df_grades.copy().set_index('student_id')
df_grades_2.head()
```

	final_grade
student_id	
1	95
3	71
6	76
7	91
8	75

```
df_students_2 = df_students.copy().set_index('student_id')
df_students_2.head()
```

	first_name	last_name	adviser
student_id			
1	Melvin	Ware	Prof Duncan
2	Thomas	Moore	Prof Brown
3	Joseph	Paul	Prof Alvarez
4	Sarah	Cruz	Prof Duncan
5	David	Freeman	Prof Duncan

그리고 다음 코드를 실행한 뒤 다시 df_students_2를 출력합니다.

```
df_students_2['python_grade'] = df_grades_2.final_grade
df_students_2
```

student_id	first_name	last_name	adviser	python_grade
1	Melvin	Ware	Prof Duncan	95.0
2	Thomas	Moore	Prof Brown	NaN
3	Joseph	Paul	Prof Alvarez	71.0
4	Sarah	Cruz	Prof Duncan	NaN
5	David	Freeman	Prof Duncan	NaN
6	Elizabeth	Brown	Prof Duncan	76.0
7	Amanda	Schultz	Prof Kennedy	91.0
8	Tanner	Perkins	Prof Alvarez	75.0
9	Ashley	Gonzales	Prof Kennedy	NaN
10	Latonya	Porter	Prof Alvarez	NaN
11	Jacinda	Peterson	Prof Alvarez	59.0

어떤 일이 일어난 것일까요? 판다스는 두 테이블의 행 인덱스를 함께 조정하고 정렬합니다. 즉 할당된 python_grade의 열을 끌고 들어와, 행 인덱스를 조인 키로 둔 왼쪽 조인을 효과적으로 수행했다고 볼 수 있습니다. df_students_2의 행 중 df_grades에 없는 것들의 값은 NaN으로 채워지고, df_grades의 행 중 df_students_2에 없는 것들은 무시됩니다.

올바른 유형의 조인 선택하기

보통 유니온이 필요한 상황은 쉽게 알아차릴 수 있습니다. 한 테이블이 두 개로 나뉜 듯 보이는 것이 그 징후입니다. 하지만 그 외 나머지 조인 중 하나가 필요할 때, 내부, 외부, 왼쪽, 오른쪽 조인 중 무엇을 써야 할지 확신하기란 어렵습니다. 이번 절은 추가 예제를 다루며 각 상황에서 가장 적합한 유형의 조인이 무엇인지를 파악해보겠습니다.

첫 번째 예제 다시 살펴보기

먼저 직전 예제를 다시 살펴보겠습니다(왼쪽 테이블에는 df_grades, 오른쪽 테이블에는 df_students). 여기서 '파이썬 기초' 과목을 수강한 학생들의 이름과 성적 목록을 출력하려면 어떤 조인을 사용해야 할까요? ◆

학생 데이터베이스에서 파이썬 기초 과목을 수강한 학생만 포함시키기 위해 내부 조인을 쓰고 싶은 충동이 들지도 모릅니다. 그리고 여러분의 그 선택은 얼추 맞습니다. 내부 조인도 어쨌든 작동은 할 테니까 말이죠.

하지만 df_grades에 포함된 학생이 df_students에도 들어 있는지의 여부와는 상관없이, df_grades의 모든 행을 유지하는 왼쪽 조인도 괜찮은 선택입니다. 왜 그럴까요? 간단히 말해, 만약 어떤 학생이 '파이썬 기초' 과목을 수강했지만 df_students에는 포함되지 않았다면 데이터베이스 처리에 어떤 오류가 있었을 것이라는 생각이 들지도 모릅니다. 내부 조인을 사용하면 이런 데이터 문제가 완전히 모호해집니다.

만약 왼쪽 조인을 적용한다면 df_students 측에는 누락된 모든 학생의 first_name과 last_name 란이 NaN 값으로 채워집니다. 그러면 NaN 값을 보고 어떤 경고를 출력하거나, 아예 해당 데이터를 제거하는 등 조치를 취할 수 있습니다. ◆

```
df_result = pd.merge(df_grades,
        df_students[['student_id', 'first_name', 'last_name']],
        left_on='student_id',
        right_on='student_id',
        how='left')

if df_result.first_name.isnull().sum() > 0:
    print('Warning! df_students is missing some students.')

df_result = df_result[df_result.first_name.notnull()]
df_result
```

```
Warning! df_students is missing some students.
```

	student_id	final_grade	first_name	last_name
0	1	95	Melvin	Ware
1	3	71	Joseph	Paul
2	6	76	Elizabeth	Brown
3	7	91	Amanda	Schultz
4	8	75	Tanner	Perkins
5	11	59	Jacinda	Peterson

추가 연습 문제

올바른 유형의 조인을 고르는 것은 중요하지만, 때로는 매우 까다로운 주제이기도 합니다. 이번에는 승차 공유 서비스를 예로 들어 추가 연습을 해봅시다. 다음과 같은 데이터세트를 가지고 있다고 가정합니다.

- df_drivers는 모든 운전자에 대한 운전자 ID(driver_id), 운전자 이름 (driver_name), 운전자 나이(driver_age) 정보 목록을 가집니다.

- df_driving은 지난 달 운전한 모든 운전자에 대한 운전자 ID(driver_id), 지난 달 운전한 시간(num_hours) 정보 목록을 가집니다.
- df_notifications는 지난 달 알림을 받은 모든 운전자의 운전자 ID(driver_id), 받은 알림 수(num_notifications) 정보 목록을 가집니다.

우리가 사용해야 할 조인은 풀어야 하는 문제에 따라 다릅니다. 몇 가지 예를 들어보죠. 이번에도 마찬가지로 저희가 제시하는 해결책을 보기 전에 잠시 시간을 두고 스스로 생각해보세요.

- '운전자들의 지난 달 평균 운전 시간은 어떻게 될까요?' ◆ 이 질문은 두 가지 방향으로 해석할 수 있습니다.
  - 지난 달 실제로 운전한 운전자들의 평균 운전 시간을 알고 싶다면 우리는 단순히 ◆ df_driving.num_hours.mean()이라는 코드를 작성하면 됩니다. 조인은 필요하지도 않죠. 왜냐하면 df_driving 테이블에 이미 지난 달 운전한 모든 운전자 기록이 들어 있기 때문입니다.
  - 만약 모든 운전자들의 평균 운전 시간을 알고 싶다면 조인을 사용해 다음처럼 코드를 작성할 수 있습니다. ◆

```
df_res = pd.merge(df_drivers, df_driving,
                  left_on='driver_id',
                  right_on='driver_id',
                  how='left')
df_res.num_hours = df_res.num_hours.fillna(0)
df_res.num_hours.mean()
```

첫 번째 줄은 df_drivers와 df_driving 사이에 왼쪽 조인을 적용합니다. 왼쪽 조인이 적절한 이유는 운전 여부와는 상관없이 모든 운전자를 한 테이블로 취합하고 싶기 때문입니다.[1] 따라서 그 결과 모든 운전자를 포함한 테이블이 생기고, 지난 달 운전하지 않은 운전자에 대한 num_hours 열에는 NaN 값이 채워질 것입니다. 두 번째 줄은 NaN 값들을 0으로 바꿉니다. 왜냐하면 운전하지 않았음을 표현해야 하기 때문에 NaN보다는 0이 더 적합하죠. 그리고 마지막 줄에서 평균을 구합니다.

- '지난 달 얼마나 많은 운전자가 알림을 받고 운전을 했을까요?' 이 질문의 답은 다음처럼 구할 수 있습니다. ♦

```
df_res = pd.merge(df_driving, df_notifications,
                  left_on='driver_id',
                  right_on='driver_id',
                  how='inner')
len(df_res)
```

첫 번째 줄은 df_driving과 df_notifications 사이에 내부 조인을 적용합니다. 여기서 내부 조인이 적절한 이유는 두 테이블(운전한 운전자와 알림을 받은 운전자)에 모두 존재하는 운전자를 대상으로 해야 하기 때문입니다. 따라서 조합된 테이블에는 두 테이블에 모두 존재하는 운전자만이 포함되므로, 조합된 테이블의 행 개수를 파악하면 원하는 답을 구할 수 있습니다.

- '지난 달 알림을 받았거나, 알림 수신 여부와 상관없이 운전한 운전자는 몇 명이나 있을까요?' 이 질문에 대한 올바른 답은 다음과 같이 구

할 수 있습니다. ◆

```
df_res = pd.merge(df_driving, df_notifications,
                  left_on='driver_id',
                  right_on='driver_id',
                  how='outer')
len(df_res)
```

첫 번째 줄은 df_driving과 df_notifications 간 외부 조인을 적용합니다. 여기서 외부 조인이 적절한 이유는 두 테이블 중 한 곳에라도 존재하는 운전자(운전을 했거나 알림을 받았거나)를 원하기 때문입니다. 그리고 조합된 테이블의 행 개수를 파악하면 원하는 답을 구할 수 있습니다.

조인이라는 개념은 간단치 않습니다. 다만 여기서 살펴본 예제가 여러분의 데이터세트에 실험을 진행하기 위한 초석이 되기를 바랍니다.

기본 키와 조인

조인의 기초 내용을 마무리하기 전에 마지막으로 다뤄야 할 한 가지 주제가 더 있습니다. 있는지도 모른 채 당연하게 여겼던 것이죠. 바로 기본 키primary key입니다. 기본 키는 테이블의 모든 행을 유일하게 식별하는 열(또는 열 목록)을 말합니다. 각 행은 그들만의 기본 키를 가지고 있고, 다른 테이블의 행을 식별하는 데도 사용됩니다.

예를 들어 364쪽부터 사용한 df_full_time 테이블을 봅시다. 이 테이블의 기본 키는 student_id입니다. 즉, 각 학생은 학생 ID로 유일하게 식별됩니다. 그리고 이 ID는 다른 테이블에서 특정 학생을 참조하는 데에도 쓰입니다(예: df_grades 테이블).

기본 키가 되려면 유일해야 합니다. 즉 동일한 기본 키를 가지는 행이 하나 이상 존재하면 안 됩니다. 판다스의 duplicated() 함수를 사용하면 특정 행의 유일성을 파악할 수 있습니다.

```
df_full_time_student_id.duplicated().sum()
```

```
0
```

duplicated()는 각 행의 특정 값이 한 번만 나타난 경우 False, 그 이상 나타난 경우 True로 채운 시리즈를 반환하는 함수입니다. 즉 시리즈의 모든 값을 더했을 때 0이면 해당 열(시리즈)이 고유한 값들만으로 구성되었다고 판단할 수 있습니다.

때로는 한 테이블의 기본 키가 두 개의 열이기도 합니다. 가령 국가마다 개별 웹사이트를 관리하는 온라인 소매 업체가 있다고 가정해보죠. 여기서 주문 ID '1'은 주문을 고유하게 식별하지 못할 수 있습니다. 왜냐하면 미국에서도 주문 ID '1', 캐나다에서도 주문 ID '1' 등 각국에 동일한 주문 ID가 존재할 수 있기 때문입니다. 따라서 주문 ID와 국가를 유효한 기본 키로 사용할 수 있습니다. 다행히 duplicated() 함수는 데이터프레임에서도 작동해서, df_orders[['ORDER_ID', 'COUNTRY']].duplicated(). sum()으로 두 열로 구성된 기본 키의 유효성을 확인할 수 있습니다.

조인을 다루는데 왜 기본 키를 이야기하는 것일까요? 그 이유는 이 책에서 다루는 모든 조인에서, 적어도 두 조인 키 중 하나가 기본 키이기 때문입니다. 예를 들어보죠.

- df_grades와 df_students를 student_id로 조인했을 때, 해당 열은 df_students의 기본 키였습니다. 왜냐하면 각 학생을 유일하게 식별한 열이 바로 student_id였기 때문이죠(이는 df_grades의 기본 키이기

도 합니다).

- 승차 공유 서비스의 예에서는 항상 driver_id로 조인을 수행했습니다. 해당 열은 모든 질문에서 사용된 두 테이블의 기본 키였습니다.

이 주제가 중요한 이유는 pd.merge() 함수를 사용할 때 조인 키가 기본 키가 아니라면 판다스는 오류를 발생시키지 않기 때문입니다(이 상황 자체가 잘못된 것은 아니기 때문입니다. 일부 상황에서는 유효한 사용법이죠). 하지만 그 결과는 여러분의 예상과는 꽤 다를 수 있습니다.

따라서 조인을 수행하기 전 여러분 스스로 조인 키 중 어느 것이 기본 키가 되어야만 하는지를 물어봐야 합니다. duplicated() 함수로도 여러분의 생각이 맞는지를 확인할 수 있지만, pd.merge()는 validate라는 매개변수를 이용하는 좀 더 쉬운 방법을 제공합니다. 만약 validate 매개변수가 지정되었다면 해당 함수는 병합을 수행하기 전 자동으로 기본 키를 검사합니다. validate 매개변수에는 다음 세 가지 값 중 하나가 입력될 수 있습니다.

- one_to_one은 두 테이블의 조인 키가 유일한 값을 가지는지 확인합니다
- one_to_many는 왼쪽 테이블의 조인 키가 유일한 값을 가지는지 확인합니다
- many_to_one은 오른쪽 테이블의 조인 키가 유일한 값을 가지는지 확인합니다

예를 들어 '파이썬 기초' 과목 예제에서는 student_id가 두 테이블 모두에서 유일한 값을 가지기 때문에 다음과 같은 코드를 작성할 수 있습니다.

```
pd.merge(df_grades,
        df_students,
        left_on='student_id',
        right_on='student_id',
        how='left',
        validate='one_to_one')
```

만약 여러분이 지정한 유일함을 확인하는 조건이 충족되지 않는다면 오류가 발생합니다.

디그의 주문 데이터세트 구성하기

이제 디그의 사례 연구로 돌아가 더 유용한 df_orders 데이터세트를 만들어내는 데 우리가 배운 내용을 적용할 준비가 됐습니다.

우선 df_orders가 담은 정보를 다시 확인하겠습니다.

```
df_orders.head()
```

RESTAURANT_ID	TYPE	DRINKS	COOKIES	MAIN	BASE	SIDE_1	SIDE_2
R10002	IN_STORE	1.0	2.0	NaN	NaN	NaN	NaN
R10003	IN_STORE	0.0	0.0	NaN	NaN	NaN	NaN
R10001	DELIVERY	0.0	2.0	I0	I7	I15	I14
R10005	PICKUP	1.0	0.0	I0	I5	I9	I12

한 가지 알아둘 점은 각 열이 볼에 포함된 재료를 나열한다는 것입니다

(메인MAIN, 베이스BASE, 사이드1SIDE_1, 사이드2SIDE_2). 그리고 각 품목은 이름 대신 ID로 표현됩니다. 주문 내역을 읽기 어렵죠. 따라서 재료별 ID에 대응된 이름이 기록된 df_items 테이블을 함께 활용해야 합니다.

```
df_items.head()
```

	ITEM_ID	ITEM_NAME	ITEM_TYPE
0	I7	Farro with Summer Vegetables	Bases
1	I39	Spindrift Lemon	Drinks
2	I5	Classic Brown Rice	Bases
3	I36	Kombucha	Drinks
4	I8	Cauliflower with Garlic and Parmesan	Market Sides

특히 ID 대신 이름을 담기 위해 MAIN_NAME, BASE_NAME, SIDE_1_NAME, SIDE_2_NAME이라는 이름의 열을 생성해야 합니다.

이 문제에 즉시 뛰어들기 전에 어떤 유형의 조인이 올바른지 스스로 물어봅시다. ◆ 정답은 df_orders을 왼쪽에 둔 왼쪽 조인입니다. 왜 그럴까요? 그 이유는 간단합니다. 주문 목록을 '기반 데이터세트'로 사용하기 때문입니다. 모든 주문을 그대로 유지한 채 각 재료의 이름만 추가로 가져오면 되기 때문이죠. 다만 왜 다른 유형의 조인은 적절치 않은지를 이해하는 것도 꽤 유익하므로, 그 이유를 알아보겠습니다.

- df_orders의 모든 행이 df_items에 존재하는 한 내부 조인과 왼쪽 조인의 결과는 같습니다. 그렇다면 왜 내부 조인을 선택하지 않았을까요? df_orders의 데이터는 옛날 메뉴로 팔던 재료들을 가리킬 수 있지만, 어떤 이유로 그 재료들이 데이터베이스에서 제거될 수도 있습니다. 이 경우 내부 조인은 이런 재료가 들어간 모든 주문 기록을

삭제합니다. 실제보다 더 적은 주문만 존재하는 것처럼 만들어버리기 때문에 분명 일어나서는 안 될 일이죠. 이런 주문에 포함된 재료들이 더 이상 판매되지 않는다 하더라도, 분명히 있었던 주문이고 고려되어야만 합니다.

- 외부 조인은 분명히 모든 주문을 유지합니다. 하지만 주문된 적이 없던 재료가 df_items에 들어 있다면 어떤 일이 일어날까요? 이 경우 외부 조인은 해당 재료에 대한 추가 열을 생성하고, 이는 실제로는 존재하지 않는 '유령 주문'을 생성하게 됩니다.

- 오른쪽 조인은 가장 나쁜 선택입니다. 실제로 주문된 적 없는 재료에 대한 주문을 생성하고, df_items에는 없는 재료를 포함한 주문을 제거하기 때문입니다.

유사한 문제로 주문 테이블에는 매장 이름 대신 매장 ID가 포함되어 있습니다. 따라서 df_restaurants 테이블에서 RESTAURANT_NAME 열로부터 해당 매장 ID에 대응되는 이름을 가져올 수 있습니다.

```
df_restaurants.head()
```

	RESTAURANT_ID	NAME	ADDRESS	LAT	LONG	OPENING_|
0	R10001	Columbia	2884 Broadway, New York, NY 10025	40.811470	-73.961230	8/9,
1	R10002	Midtown	1379 6th Ave, New York, NY 10019	40.763640	-73.977960	3/19,
2	R10005	Flatiron	40 W 25th St, New York, NY 10010	40.743600	-73.991070	11/14,

어떤 조인을 사용해야 할까요? ◆ 이번에도 같은 이유로 df_orders를

왼쪽에 둔 왼쪽 조인이 필요합니다.

그러면 실제 코드를 작성해보죠. 두 문제 중에 좀 더 쉬운 매장 이름을 가져오는 것부터 해보겠습니다. 필요하다면 370쪽의 내용을 다시 읽어보고 조인에 필요한 '재료'를 파악한 뒤 pd.merge() 함수에 그 재료를 입력할 방법을 생각해보세요. ◆ 다음 코드는 해결책을 보여줍니다.

```
df_res = ( pd.merge(df_orders,
        df_restaurants[['RESTAURANT_ID', 'NAME']],
            left_on='RESTAURANT_ID',
            right_on='RESTAURANT_ID',
            how='left')
        .rename(columns={'NAME': 'RESTAURANT_NAME'}) )
```

여러분이 떠올린 해결책과 다르다면 저희의 해결책에 대한 설명을 듣기 전에 스스로 코드를 이해하는 시간을 잠시 가져보세요.

- 첫째, df_orders와 df_restaurants를 각각 왼쪽과 오른쪽 테이블로 지정합니다. 그리고 병합될 대상인 df_restaurants 테이블의 열 중 RESTAURANT_ID와 NAME을 선택합니다. 왜냐하면 이름 이외의 정보는 필요하지 않기 때문입니다(만약 이 부분이 없다면 어떻게 될지 스스로 실습해보세요).
- 둘째, 조인 키로 두 테이블의 RESTAURANT_ID 열을 지정합니다.
- 셋째, 사용할 조인의 유형으로 왼쪽 조인을 지정합니다.
- 넷째, 병합된 NAME 열의 이름을 RESTAURANT_NAME으로 변경합니다(한번 rename() 함수 없이 실행해서 어떤 일이 일어나는지 확인해보세요).

- 다섯째, 결과를 df_res 변수에 담습니다. 이를 최종 '결과' 데이터프레임으로 사용하여, 이후 여기에 열들을 하나씩 추가할 것입니다.

앞 코드가 만들어낸 결과가 어떤 데이터프레임을 생성했는지 확인해보죠. 우리가 원했던 매장 이름이 성공적으로 추가된 것을 알 수 있습니다.

```
df_res.head()
```

TYPE	DRINKS	COOKIES	MAIN	BASE	SIDE_1	SIDE_2	RESTAURANT_NAME
STORE	1.0	2.0	NaN	NaN	NaN	NaN	Midtown
STORE	0.0	0.0	NaN	NaN	NaN	NaN	Bryant Park
LIVERY	0.0	2.0	I0	I7	I15	I14	Columbia

이번에는 각 주문의 재료명을 찾는 두 번째 문제로 넘어가보겠습니다. 우선 MAIN에 대응되는 MAIN_NAME 열을 만듭니다. 이번에는 조인의 '재료'가 무엇일지 떠올려보세요. ◆

- 왼쪽 테이블로는 앞서 원본 df_orders에 새로운 RESTAURANT_NAME 열을 추가한 df_res를 지정합니다. 오른쪽 테이블로는 df_items를 지정합니다(이번에도 ITEM_ID와 ITEM_NAME 열만 선택합니다).
- 처음으로 조인 키가 두 테이블에 모두 존재하지 않는 경우입니다. 왼쪽 테이블의 열 중 우리가 신경 써야 할 것은 재료 ID를 가진 MAIN입니다. 그리고 오른쪽 테이블에서 신경 써야 할 열은 ITEM_ID입니다.
- 사용할 조인의 유형은 왼쪽 조인입니다.

이 '재료'들을 사용한 조인 코드를 다음과 같이 작성할 수 있습니다. ◆ 아직 결과를 df_res로 저장하지 않고 단지 그 결과를 확인만 한다는 점에 주의합니다. 다음 코드는 최종 버전이 아니며 곧 더 변화를 줍니다.

```
( pd.merge(df_res,
          df_items[['ITEM_ID', 'ITEM_NAME']],
          left_on='MAIN',
          right_on='ITEM_ID',
          how='left')
  .rename(columns={'ITEM_NAME':'MAIN_NAME'}) ).head()
```

IES	MAIN	BASE	SIDE_1	SIDE_2	RESTAURANT_NAME	ITEM_ID	MAIN_NAME
2.0	NaN	NaN	NaN	NaN	Midtown	NaN	NaN
0.0	NaN	NaN	NaN	NaN	Bryant Park	NaN	NaN
2.0	I0	I7	I15	I14	Columbia	I0	Charred Chicken Marketbowl
0.0	I0	I5	I9	I12	Flatiron	I0	Charred Chicken Marketbowl
0.0	I1	I7	I9	I9	Williamsburg	I1	Spicy Meatballs Marketbowl

기대한 것과 거의 일치한 결과를 얻었습니다. 다만 ITEM_ID 열도 포함된 점이 아쉽습니다. 이 열의 출처를 이해하기 위해 조인을 수행한 각 테이블에 포함된 열의 목록을 상기해볼 필요가 있습니다. 다음은 두 테이블의 열과 조인에 사용된 키를 함께 보여줍니다.

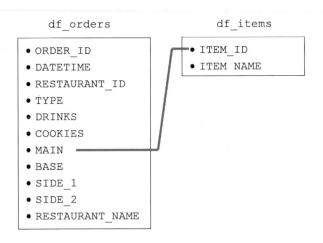

판다스는 두 번째 테이블의 모든 열을 가져옵니다. 즉 ITEM_ID 열도
여기에 포함되죠. 하지만 조인을 수행하기 전 ITEM_ID 열을 제거하는 것
은 불가능합니다. 바로 조인 키로 사용된 열이기 때문입니다! 이 문제를
다루는 가장 쉬운 방법은 모든 작업을 완료한 다음 마지막에 ITEM_ID 열
을 제거하는 것입니다.

```
df_res = ( pd.merge(df_res,
            df_items[['ITEM_ID', 'ITEM_NAME']],
            left_on='MAIN',
            right_on='ITEM_ID',
            how='left')
        .rename(columns={'ITEM_NAME': 'MAIN_NAME'})
        .drop(columns='ITEM_ID') )
```

이제 마지막으로 앞 코드를 다른 열(BASE, SIDE_1, SIDE_2)에도 적용
하는 일이 남았습니다. 단순히 코드를 복사한 후 여러 번 붙여 넣되 필요한

부분만 적절히 바꾸면 되죠. 정확히 복사된 코드의 어느 부분을 수정해야 하는지 알겠나요? ◆ 딱 두 부분만 바꾸면 됩니다. 첫 번째는 left_on 매개변수(예를 들어서 BASE 열을 병합하고 싶다면 여기에 BASE를 기입)이고, 두 번째는 열 이름을 재설정하는 부분에 상황에 맞는 이름을 부여하는 것입니다(새로 부여될 열 이름은 BASE_NAME처럼 지어줍니다). 끝으로 이 작업을 SIDE_1과 SIDE_2에 대해 두 번 더 진행합니다.

그런데 복사, 붙여 넣기를 하다 보면 꽤 작업이 반복된다는 사실을 깨닫게 됩니다. 그리고 반복 작업하면 바로 for 반복문이 떠오릅니다. 여기서는 지면의 제약상 for 반복문으로 작성된 코드를 직접 보여주지는 않지만, 저희가 제공하는 주피터 노트북에는 포함되어 있습니다. 하지만 즉시 해결책을 확인하기보다 여러분이 먼저 직접 코드를 작성해보세요. 반복문에서 코드가 반복되며 바뀌는 변수로 어떤 것을 써야 할지 막막한 분들을 위해 약간의 힌트를 드리자면, 여러분이 복사, 붙여 넣기를 한 코드에서 매번 수정해야 했던 부분이 어느 것인지를 유심히 살펴보세요.

이렇게 원했던 결과를 얻을 수 있습니다.

```
df_res.head()
```

RESTAURANT_NAME	MAIN_NAME	BASE_NAME	SIDE_1_NAME	SIDE_2_NAME
Midtown	NaN	NaN	NaN	NaN
Bryant Park	NaN	NaN	NaN	NaN
Columbia	Charred Chicken	Farro with Summer	Snap Peas	Green Goddess Beans with

그리고 이 데이터프레임으로는 훨씬 더 의미 있는 그래프를 그릴 수 있

습니다. 가령 디그가 판매하는 볼 제품에서 가장 인기 있는 메인 음식을 다음처럼 파악할 수 있습니다.

```
df_res.MAIN_NAME.value_counts().plot(kind='bar')
```

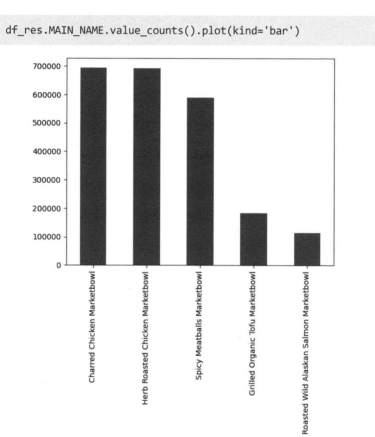

ID로만 채워진 데이터의 그래프보다 훨씬 더 해석하기 쉽습니다.

요약

이번 장은 조합이 필요한 상황과 데이터세트를 살펴보며 시작했습니다.

그리고 그런 상황에서 사용할 다양한 조인 방법을 알아봤습니다.

그런 다음 배운 내용을 적용하여 디그의 df_orders 데이터세트를 좀 더 유용한 방향으로 변형하였습니다. 이렇게 조합된 데이터세트는 앞으로 이어질 많은 작업의 기본 데이터세트로 사용됩니다. 따라서 다음 코드를 실행해서, 나중에 필요할 때마다 불러올 수 있도록 해당 데이터세트를 파일로 저장합니다.

```
df_res.to_pickle('Chapter 7/orders.pickle')
```

이번 장에서 다룬 주제는 간단하지 않습니다. 다만 여기서 배운 내용으로 여러분의 기본기를 튼튼히 다지고, 파이썬으로 여러 데이터세트를 다룰 밑바탕을 마련하면 좋겠습니다. 지금 배운 것은 앞으로 내용을 진행하며 여러 데이터세트가 엮인 분석을 수행할 때 계속 사용할 예정입니다.

8장

데이터 취합하기

이제 마지막 주제인 취합aggregation을 배울 준비가 됐습니다. 조인과 함께 취합은 판다스가 제공하는 가장 유용한 기능입니다. 여러 열을 조합하고 일부 요약 통계를 계산하는 모든 경우에 유용하게 쓰입니다. 엑셀 피벗 테이블의 강화된 버전쯤으로 볼 수 있습니다.

간단한 취합은 이미 mean() 함수를 살펴봤던 301쪽에서 본 바 있습니다. 예를 들어 디그의 df_summarized_orders 데이터세트를 대상을 다음 코드를 실행하면 데이터세트의 모든 열을 취합해 NUM_ORDERS 열의 평균을 계산합니다.

```
df_summarized_orders.NUM_ORDERS.mean()
```

이번 장은 데이터세트의 특정 부분에 대한 취합을 좀 더 복잡한 방식으로 확장합니다. 이 장의 마지막에서 몇 가지 예제를 다룰 테지만, 한 가지 예로 매장별 평균 주문 건수를 파악하는 경우가 있습니다. 물론 for 반복문으로 각 매장의 이름을 하나씩 접근하며 데이터프레임을 필터링하면서 평균 주문 건수를 찾을 수도 있습니다. 하지만 이번 장은 이보다 훨씬 더 효율적인 기법을 여러분께 소개합니다.

8장에서 배울 내용

우선 엑셀의 간단한 피벗 테이블을 만드는 수준의 기초적인 취합을 다루며 시작합니다. 그다음 여러 열을 사용한 취합, 날짜/시간 열을 사용한 취합 등 몇 가지 고급 주제를 살펴봅니다.

8장에서 필요한 것

시작하기에 전 'Chapter 8' 폴더와 함께 이번 장의 내용을 실습할 신규 주피터 노트북을 생성하세요. 폴더와 파일 모두 'Part 2' 폴더 속에 넣습니다. 그다음 첫 번째로 할 일은 필요한 패키지를 불러오는 것입니다. 다음 코드를 첫 번째 셀에 붙여 넣은 뒤 실행하세요.

```
import pandas as pd
import matplotlib.pyplot as plt
```

그다음 5장과 7장 마지막에 저장한 파일 중 일부를 읽기 위해, 다음 코드를 두 번째 셀에서 실행합니다.

```
df_students = pd.read_pickle('Chapter 5/students.pickle')
df_summarized_orders = pd.read_pickle(
        'Chapter 5/summarized_orders.pickle')
df_orders = pd.read_pickle('Chapter 7/orders.pickle')
```

마찬가지로 이번 장에 대한 주피터 노트북도 책의 웹사이트에서 제공합니다.

취합의 기본

취합에 대한 기본 내용을 df_students 데이터세트로 배워봅시다. 각 취합 작업이 어떤 일을 하고 어떻게 작동하는지 정확히 파악하기 좋은 적당히 작은 양의 데이터입니다. 기본 내용에 어느 정도 숙달된 다음부터는 더 현실적인 디그의 데이터세트를 다룹니다.

먼저 데이터세트의 생김새를 다시 한번 확인합니다.

```
df_students.head()
```

	FIRST_NAME	LAST_NAME	YEAR	HOME_STATE	AGE	CALC_101_FINAL	EI
0	Daniel	Smith	1	NY	18	90.0	
1	Ben	Leibstrom	1	NY	19	80.0	
2	Kavita	Kanabar	1	PA	19	NaN	
3	Linda	Thiel	4	CA	22	60.0	
4	Omar	Reichel	2	OK	21	70.0	

첫 번째 기본 취합은 각 학년(YEAR)별 학생들의 평균 나이(AGE)를 구하는 것입니다. 우리는 이를 수작업으로 하는 방법을 이미 알고 있습니다. 데이터프레임을 학년별로 하나씩 필터링한 뒤 평균 나이를 구하는 것이죠. 하지만 꽤 고통스러운 작업입니다.

다행히 훨씬 쉬운 방법이 있습니다. 판다스의 groupby() 함수를 사용하면 한 줄의 코드만으로 원하는 결과를 쉽게 얻습니다.

```
df_students.groupby('YEAR').AGE.mean()
```

```
YEAR
1    18.2
2    20.0
3    20.0
4    22.0
Name: AGE, dtype: float64
```

그러면 코드를 하나씩 이해해보죠. 우선 df_students 데이터프레임에 groupby() 함수를 적용했습니다. 이때 데이터세트를 여러 테이블로 분할하는 기준이 될 열로 YEAR을 지정했습니다. 그다음 평균을 계산하고자 하는 AGE 열을 선택했습니다. 마지막으로 AGE 열에 대한 평균을 구하기 위해 mean() 함수를 적용했습니다.

여기서 몇 가지 알아둘 내용이 있습니다.

- 결과가 테이블(데이터프레임)이 아니라 텍스트, 즉 시리즈 형식으로 출력됐습니다. 이 시리즈는 그룹화된 범주가 인덱스이며, 취합 함수가 적용된 결괏값이 각 인덱스에 대응되는 구조입니다. 여러분도 이미 알고 있듯이 reset_index() 함수를 사용하면 다음처럼 이 결과를 데이터프레임 형식으로 바꿀 수 있습니다.

```
df_students.groupby('YEAR').AGE.mean().reset_index()
```

	YEAR	AGE
0	1	18.2
1	2	20.0
2	3	20.0
3	4	22.0

앞 코드는 reset_index() 함수를 사용할 때 drop=True 매개변수를 설정하지 않는 한 가지 사례입니다. 인덱스를 그대로 유지하길 원하는 이유는 인덱스 자체가 의미 있는 정보를 담기 때문입니다.

- 앞 예제에서는 YEAR이라는 한 열로 데이터프레임을 그룹화했습니다. 하지만 여러 열로 그룹화를 할 때도 groupby() 함수를 사용할 수 있습니다. 가령 학년(YEAR), 출신 주(HOME_STATE)를 모두 고려해 평균 나이(AGE)를 계산한다면 다음처럼 코드를 작성합니다.

```
df_students.groupby(['YEAR', 'HOME_STATE']).AGE.mean()
```

```
YEAR  HOME_STATE
1     FL          17.5
      NY          18.5
      PA          19.0
2     HI          19.0
      OK          21.0
3     NY          20.0
4     CA          22.0
Name: AGE, dtype: float64
```

문자열로 단일 열을 groupby() 함수에 제시하지 않고, 원하는 열들의 이름을 담은 리스트를 매개변수로 넘겼습니다. 마찬가지로 결과는 시리즈인데, 그룹화한 열들이 인덱스가 되고 평균 나이가 각 인덱스에 대응되는 값으로 할당됐습니다. 두 열로 그룹화했기 때문에 인덱스가 다중 수준 multi-level이라는 좀 더 복잡한 구조를 보입니다. 하지만 다중 수준 인덱스는 이 책에서 다루지 않습니다. 따라서 우리에게 친숙한 형식으로 재조정하기 위해 reset_index() 함수를 호출해 인덱스를 재설정합니다.

```
df_students.groupby(['YEAR', 'HOME_STATE']).AGE.mean()
.reset_index()
```

	YEAR	HOME_STATE	AGE
0	1	FL	17.5
1	1	NY	18.5
2	1	PA	19.0
3	2	HI	19.0
4	2	OK	21.0
5	3	NY	20.0
6	4	CA	22.0

- groupby()를 한 다음 .AGE로 AGE 열에 접근했습니다. 원하는 열에 접근하는 또 다른 방식은 데이터프레임에서와 마찬가지로 다음처럼 ['AGE']를 사용하는 것입니다.

```
df_students.groupby('YEAR')['AGE'].mean()
YEAR
1    18.2
2    20.0
3    20.0
4    22.0
Name: AGE, dtype: float64
```

결과로 얻은 시리즈의 구조 덕분에 plot() 함수를 이어서 호출하면 쉽게 그래프를 그릴 수 있습니다.

```
df_students.groupby('YEAR').AGE.mean().plot(kind='bar')
```

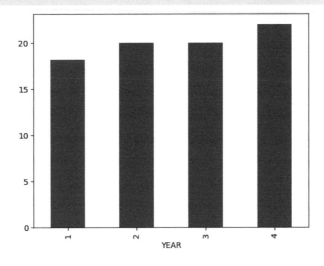

지금까지 배운 내용을 df_summarized_orders 데이터세트에 적용하여, 매장별 일일 평균 주문 건수를 계산하는 연습 문제를 풀어보죠.

```
( df_summarized_orders.groupby('RESTAURANT_NAME')
                        .NUM_ORDERS.mean() )
```

```
RESTAURANT_NAME
Bryant Park        871.436782
Columbia           687.150685
Flatiron           772.556164
Midtown            891.136986
NYU               1180.438356
Upper East Side    774.650704
Upper West Side    770.372603
Williamsburg       862.120548
Name: NUM_ORDERS, dtype: float64
```

이렇게 얻은 숫자를 다른 방식으로 얻은 숫자와 비교해보면 흥미로운 사실을 알 수 있습니다. 전체 주문 기록을 담은 df_orders 데이터세트(일별 요약이 아니라 모든 주문을 하나씩 기록한 것)를 활용해보죠. 데이터세트에 매장별 기록 횟수를 파악하면 매장별 연간 전체 주문 건수를 파악할 수 있습니다. 그리고 그 값을 365로 나누어 평균을 구하죠.

```
df_orders.RESTAURANT_NAME.value_counts() / 365
NYU                 1180.438356
Midtown              891.136986
Williamsburg         862.120548
Flatiron             772.556164
Upper West Side      770.372603
Upper East Side      753.427397
Columbia             687.150685
Bryant Park          623.136986
Name: RESTAURANT_NAME, dtype: float64
```

일부 매장(뉴욕대NYU, 컬럼비아Columbia)에 대한 결과가 두 방법 모두 같다는 흥미로운 사실을 알 수 있습니다. 하지만 다른 매장(어퍼이스트사이드 Upper East Side, 브라이언트파크Bryant Park)은 두 결과가 서로 다르다는 것도 눈여겨볼 만합니다. 잠시 멈추고 그 이유를 생각해보세요. ◆

이 수수께끼 같은 문제의 핵심은 앞의 두 방법으로 동일한 결과를 얻은 매장(뉴욕대, 컬럼비아)이 연중 무휴로 운영된다는 것입니다. 반면 어떤 날(예: 주말이나 공휴일)에는 문을 닫은 매장에서는 이 두 방법의 결과가 서로 다릅니다. 그 이유는 두 방식이 실제로 어떻게 작동하는지를 이해하면 알 수 있습니다.

- 6장에서 봤듯이 df_summarized_orders는 매장별로 실제 주문이 있었던 날들만 기록합니다. 만약 매장이 문을 닫아서 접수된 주문이 아예 없었다면 이 데이터세트에는 해당 매장에 대한 정보 자체가 존재하지 않습니다. 따라서 매장이 문을 열었던 날들에 이루어진 주문으로만 평균을 구하게 되며, 아예 판매가 없었던 날은 평균의 계산에 포함되지 않습니다.
- 두 번째 방식은 365로 전체 일수를 나누었습니다. 즉 주문이 있었거나 없었거나에 상관없이 모두 연중 일수로 평균을 계산했습니다

이 두 방식 중 무엇이 옳고 그르다는 법은 없습니다. 모두 서로 다른 질문에 대한 옳은 답으로 쓰입니다. 예를 들어보죠.

- 첫 번째 방식은 잘 상할 수 있는 식재료(예: 신선한 채소류)를 매일 얼마나 매장에 보내야 할지를 결정하는 데 유용합니다. 실제 매장이 문을 열었을 때만 식재료가 공급되기 때문에, 매장이 운영된 일수만을 고려해 평균 주문 건수를 계산하는 편이 적절합니다.
- 두 번째 방식은 회계 및 재정상 목적에 적합합니다. 예를 들어서 매장의 연간 수익을 파악할 때는 모든 연중 일수를 고려해야만 합니다.

이 예제를 다룬 이유는 데이터로 매우 간단한 질문의 답을 구하는 것조차도 때로는 꽤 애매하며, 실제 비즈니스가 돌아가는 방식을 깊이 이해해야 한다는 것을 보여드리기 위함입니다. 이 책의 내용을 지금까지 잘 따라왔다면 판다스가 제공하는 기능이 작동하는 방식에 대한 깊은 이해와, 주어진 상황에 알맞은 기능을 잘 골라서 사용하는 능력이 생겼을 것입니다.

취합 함수

지금까지 본 예제는 모두 특정 열의 평균을 구하는 취합 기능만을 사용했습니다. 하지만 평균 외에도 유사한 방식으로 사용 가능한 다양한 함수가 있습니다. 그중 일부를 살펴보겠습니다.

- 통계
  - mean(): 각 그룹의 평균을 구합니다.
  - median(): 각 그룹의 중앙값을 구합니다.
  - sum(): 각 그룹의 합계를 구합니다.
  - min(): 각 그룹의 최솟값을 구합니다.
  - max(): 각 그룹의 최댓값을 구합니다.
  - std(), sem(): 각 그룹의 표준편차를 구하고, 특정 그룹 평균에 대한 표준오차를 구합니다.

여기 나열된 모든 함수는 누락된 값(NaN)을 무시한 채 계산을 수행합니다. 예를 들어서 평균을 계산할 때 mean() 함수는 누락되지 않은 값들의 합계를 구한 다음, 이를 누락되지 않은 값들의 개수로 나눕니다. 때로는 이 계산 방법이 옳지만, 그렇지 않을 때도 있습니다. 가령 누락된 값이 실제로는 0을 의미한다면(예: 주문이 한 건도 없었던 날), 먼저 fillna(0) 함수로 누락된 값을 0으로 채워야만 합니다. 이는 파이썬으로 데이터를 취합할 때 생기는 흔한 버그입니다.

- 변수 집계
  - size(): 누락된 값을 포함해 각 그룹의 열 개수를 반환합니다.
  - count(): 누락된 값을 포함하지 않고 각 그룹의 열 개수를 반환합니다.

○ nunique(): 누락된 값을 무시하고 각 그룹의 고유한 값의 개수를 반환합니다.

그러면 df_orders 데이터프레임을 사용해 각 매장(RESTAURANT_NAME)의 총 주문 건수를 취합해보겠습니다. 이미 value_counts() 함수로 해본 적이 있지만 이번에는 groupby() 함수를 사용해서 구합니다. ◆

```
df_orders.groupby('RESTAURANT_NAME').TYPE.size()

RESTAURANT_NAME
Bryant Park        227445
Columbia           250810
Flatiron           281983
Midtown            325265
NYU                430860
Upper East Side    275001
Upper West Side    281186
Williamsburg       314674
Name: TYPE, dtype: int64
```

size() 함수를 사용할 때는 작업 대상 열을 지정하지 않습니다. 단순히 행 개수를 집계할 뿐이므로 열의 정보는 전혀 필요하지 않습니다. 그런데 size() 함수를 호출하기 전 TYPE 열을 선택했습니다. 사실 TYPE 열 말고 다른 어떤 열도 선택할 수 있습니다. 어떤 열을 선택하더라도 size()의 결과는 바뀌지 않기 때문이죠. 또는 다음처럼 아예 열을 선택하지 않아도 상관없습니다.[1]

```
df_orders.groupby('RESTAURANT_NAME').size()
```

```
RESTAURANT_NAME
Bryant Park        227445
Columbia           250810
Flatiron           281983
Midtown            325265
NYU                430860
Upper East Side    275001
Upper West Side    281186
Williamsburg       314674
dtype: int64
```

이는 value_counts()를 사용한 결과와 동일합니다.

```
df_orders.RESTAURANT_NAME.value_counts()
```

```
NYU                430860
Midtown            325265
Williamsburg       314674
Flatiron           281983
Upper West Side    281186
Upper East Side    275001
Columbia           250810
Bryant Park        227445
Name: RESTAURANT_NAME, dtype: int64
```

groupby() 함수를 사용할 때의 이점은 하나 이상의 열로 그룹을 만들 수 있다는 것입니다. 예를 들어서 매장과 주문의 종류(TYPE)에 따른 총 주문 건수를 다음처럼 구할 수 있습니다. ◆

```
df_orders.groupby(['RESTAURANT_NAME', 'TYPE']).size()
```

```
RESTAURANT_NAME   TYPE
Bryant Park       DELIVERY     15613
                  IN_STORE    171494
                  PICKUP       40338
Columbia          DELIVERY     25247
                  IN_STORE    182603
                  PICKUP       42960
Flatiron          DELIVERY     28859
                  IN_STORE    204607
                  PICKUP       48517
Midtown           DELIVERY     22380
                  IN_STORE    244980
                  PICKUP       57905
NYU               DELIVERY     43310
                  IN_STORE    314832
                  PICKUP       72718
Upper East Side   DELIVERY     52080
                  IN_STORE    180605
                  PICKUP       42316
Upper West Side   DELIVERY     53337
                  IN_STORE    184588
                  PICKUP       43261
Williamsburg      DELIVERY     31822
                  IN_STORE    229427
                  PICKUP       53425
dtype: int64
```

간단한 예제지만 groupby() 함수의 강력함을 확인했기를 바랍니다.

unstack() 함수

여러 열을 취합할 때 유용한 또 다른 기능은 unstack() 함수입니다. 앞절의 마지막에는 여러 열을 취합하여 RESTAURANT_NAME와 TYPE 조합을 인덱스로 둔 시리즈를 얻었습니다.[2] 그리고 여기에 reset_index() 함수를 적용하면 시리즈를 데이터프레임으로 변형할 수 있다는 사실도 배웠죠.

```
( df_orders.groupby(['RESTAURANT_NAME', 'TYPE'])
                .size().reset_index().head() )
```

	RESTAURANT_NAME	TYPE	0
0	Bryant Park	DELIVERY	15613
1	Bryant Park	IN_STORE	171494
2	Bryant Park	PICKUP	40338
3	Columbia	DELIVERY	25247
4	Columbia	IN_STORE	182603

이때 시리즈에서 인덱스를 구성하던 각 열이 데이터프레임의 열로 변환된 방식에 주의하세요.

unstack() 함수는 reset_index()와는 다른 접근법을 제공합니다. 인덱스를 구성하는 마지막 열의 고유한 값으로 새로운 축(열)을 만들어, 테이블에서 해당 인덱스 열을 '빼내는unstack' 일이 벌어집니다.

```
df_orders.groupby(['RESTAURANT_NAME', 'TYPE']).size().
unstack()
```

TYPE RESTAURANT_NAME	DELIVERY	IN_STORE	PICKUP
Bryant Park	15613	171494	40338
Columbia	25247	182603	42960
Flatiron	28859	204607	48517
Midtown	22380	244980	57905
NYU	43310	314832	72718
Upper East Side	52080	180605	42316
Upper West Side	53337	184588	43261
Williamsburg	31822	229427	53425

시리즈와 동일한 개수로 구성된 테이블이지만, 주문 방식(TYPE)의 고 윳값(DELIVERY, IN_STORE, PICKUP)이 별도의 열로 빠져나왔습니다. 이 기능은 9장의 복잡한 질문에 답을 구하는 데 매우 유용하게 쓰입니다.

여러 열에 걸쳐 계산하기

지금까지 본 모든 예제는 단일 열을 취합하는 방법만 다뤘습니다. 하지 만 때로는 여러 열을 취합하고 싶을 때가 있습니다. 가령 각 매장의 주문당 평균 음료의 잔 수와 쿠키의 개수를 구한다고 가정해보죠.

만약 취합 함수가 모든 열에 동일하게 적용된다면(여기서는 DRINKS와 COOKIES 열에 mean() 함수를 적용합니다), 단순히 groupby() 함수 다음에 원하는 열 목록을 선택하기만 하면 됩니다. 이 사용법은 데이터프레임에 서 여러 열을 선택하는 방법과 매우 유사합니다.

```
( df_orders.groupby('RESTAURANT_NAME')[['DRINKS', 'COOKIES']]
                                        .mean() )
```

	DRINKS	COOKIES
RESTAURANT_NAME		
Bryant Park	0.098138	0.261294
Columbia	0.066572	0.259049
Flatiron	0.097637	0.259161
Midtown	0.126128	0.260683
NYU	0.075769	0.258898
Upper East Side	0.118145	0.257603
Upper West Side	0.097032	0.260475
Williamsburg	0.096446	0.258750

만약 df_orders.groupby('RESTAURANT_NAME').mean()처럼 취합할 열을 명시하지 않으면 데이터세트의 모든 수치형 열에 대한 평균이 계산됩니다.

한편 만약 열마다 서로 다른 취합 함수를 적용하고 싶다면 약간 더 복잡한 절차가 필요합니다. 예를 들어서 각 매장에 대해 다음을 포함한 데이터프레임을 만들고 싶다고 가정해보죠.

- 주문당 평균 음료 잔 수
- MAIN 열의 값이 누락되지 않은 주문 건수(즉 볼 형태의 주문)

첫 번째를 얻으려면 mean() 함수가 필요합니다. 그리고 두 번째를 얻으려면 count() 함수가 쓰여야 합니다. 이를 가장 깔끔하게 다루는 방법은 agg()라는 함수를 사용하는 것입니다.

```
( df_orders.groupby('RESTAURANT_NAME')
        .agg(AV_DRINKS = ('DRINKS', 'mean'),
             N_W_MAIN = ('MAIN', 'count')) )
```

RESTAURANT_NAME	AV_DRINKS	N_W_MAIN
Bryant Park	0.098138	216767
Columbia	0.066572	239406
Flatiron	0.097637	268909
Midtown	0.126128	309502
NYU	0.075769	411253
Upper East Side	0.118145	261957
Upper West Side	0.097032	268023
Williamsburg	0.096446	299822

그러면 agg() 함수의 작동 방식을 살펴보겠습니다.[3]

- 우선 groupby() 함수의 결과 다음에 바로 적용됩니다. 따라서 agg() 가 적용될 열 집합을 선택하는 작업이 필요 없습니다.
- 출력 결과에 포함하고 싶은 모든 열별로 매개변수를 입력할 수 있습니다. 각 매개변수의 이름은 출력될 열의 이름이 되어야 하며(예: AV_DRINKS), 그 값으로는 두 값을 쌍으로 하는 튜플이 할당되어야 합니다. 이 중 첫 번째 값은 원본 테이블의 열(예: 'DRINKS'), 두 번째 값은 해당 열에 적용될 함수의 이름이 문자열 형식으로 지정되어야 합니다(예: 'mean').

agg() 함수로는 다양한 취합을 수행해 매우 복잡한 비즈니스 문제의 답을 구할 수 있습니다. 이를 제대로 사용하는 예제는 9장에서 다룹니다.

329쪽에서는 판다스의 내장 함수 중 원하는 기능이 없을 때 apply() 함수를 사용해야 한다는 내용을 다뤘습니다. 그리고 agg() 함수에도 사용자가 직접 정의한 함수를 적용할 수 있습니다.

좀 더 복잡한 그룹화

이번 절은 데이터프레임을 시리즈로, 날짜/시간 열로 그룹화하는 고급 기법을 다룹니다.

시리즈로 그룹화하기

음료를 주문한 사람이 쿠키도 주문할 가능성을 판단하고 싶다고 가정해보겠습니다. 이 문제의 한 가지 해결책은 df_orders 데이터프레임에 HAS_DRINK 열을 추가한 뒤 해당 열로 그룹화를 하는 것입니다.

```
df_orders['HAS_DRINK'] = (df_orders.DRINKS > 0)
df_orders.groupby('HAS_DRINK').COOKIES.mean()

HAS_DRINK
False    0.259543
True     0.258149
Name: COOKIES, dtype: float64
```

첫 번째 줄은 주문에 음료가 포함된 경우 True, 그렇지 않은 경우 False를 담은 HAS_DRINK 열을 만듭니다. 두 번째 줄은 HAS_DRINK 열을 기준으로 그룹화한 뒤 각 True와 False에 대해 COOKIES 열의 평균을 계산합니다. 두 경우에서 모두 약 0.26이라는 결과를 얻었습니다. 이 결과로 미루어 볼 때 음료는 쿠키 주문에 큰 영향을 미치지 않는다고 볼 수 있습니다. 왜냐하면 음료를 주문했든지 않았든지 간에, 주문한 평균 쿠키의 개수는 비슷하기 때문입니다.

다만 신규 열을 생성하지 않고도 동일한 계산을 수행할 수도 있습니다.

```
df_orders.groupby(df_orders.DRINKS > 0).COOKIES.mean()

DRINKS
False    0.259543
True     0.258149
Name: COOKIES, dtype: float64
```

어떤 일이 일어났을까요? groupby() 함수에 입력된 df_order.DRINKS > 0은 단순히 음료가 있다면 True, 그렇지 않다면 False를 가진 시리즈를 의미합니다. 이 시리즈를 groupby()에 넣은 것이죠. 그러면 판다스는 자동으로 해당 시리즈에 따라 그룹화를 진행합니다. 그렇게 앞서 작성한 코드와 정확히 같은 결과를 얻습니다. 이 방식은 복잡한 groupby() 작업을 간소화해줍니다.

날짜/시간으로 그룹화하기

마지막으로는 날짜/시간으로 취합하는 방법을 다룹니다. 판다스가 제공하는 resample() 함수는 groupby() 함수와 거의 같은 방식으로 작동합니다. 다만 그 대상이 날짜/시간이라는 점과, resample() 함수가 적용될 날짜/시간 열이 데이터프레임의 인덱스여야 한다는 점이 다릅니다.[4] 디그의 데이터세트로 실제 작동 방식을 알아보겠습니다.

```
( df_orders.set_index('DATETIME')
        .resample('D')
        .DRINKS
        .mean()
        .reset_index()
        .head() )
```

	DATETIME	DRINKS
0	2018-01-01	0.064363
1	2018-01-02	0.083897
2	2018-01-03	0.069347
3	2018-01-04	0.076179
4	2018-01-05	0.080892

먼저 DATETIME 열을 데이터프레임의 인덱스로 설정합니다. 그리고 그룹화할 대상으로 D(일)를 지정하여, resample() 함수를 적용합니다. 그 다음은 groupby() 함수로 얻은 결과에 적용한 것과 동일한 방식으로 진행할 수 있습니다. 즉 앞 코드는 일일 주문에서의 평균 음료 잔 수를 구했습니다.

resample() 함수에는 D 외에도 다음에 나열된 매개변수를 활용할 수 있습니다. 날짜와 시간은 다양한 방식으로 표현되기 때문에 그리 놀라운 일도 아니죠.

- T: 분
- H: 시간
- D: 일
- W: 주
- M: 월

- Y: 연도
- B: 영업일. 주말을 제외하고 영업일만 나열하는 시계열을 생성합니다. 주말의 데이터는 모두 인근 금요일의 데이터로 편입됩니다.
- BM: 영업월. 영업일과 같지만, 그 대상이 월입니다.

그리고 당연히 resample() 함수로 얻은 결과를 그래프로도 그릴 수 있습니다. 그래프는 시간의 흐름에 따른 추세를 쉽게 파악하게 해주기 때문에 매우 효과적인 분석이 가능해집니다. 가령 컬럼비아 매장의 일일 주문 건수의 추세를 파악하는 그래프를 그려보죠. ◆ 그 방법을 떠올리기가 어렵다면 다음처럼 단계별로 나누어 생각해보는 것도 좋습니다.

- 주문 데이터를 컬럼비아 매장으로 필터링합니다.
- DATETIME 열을 인덱스로 설정합니다.
- resample() 함수를 적용합니다.
- 총 주문 건수를 찾습니다(사용해야 할 함수가 기억나지 않는다면 403쪽을 다시 읽어보세요).
- 그래프를 그립니다.

다음처럼 코드를 작성해봤습니다. ◆

```
( df_orders
  [df_orders.RESTAURANT_NAME == 'Columbia']
  .set_index('DATETIME')
  .resample('D')
  .size()
  .plot() )
```

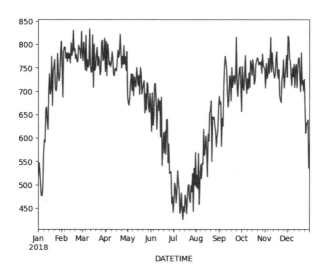

DATETIME

코드를 해석해보겠습니다(앞의 숫자는 코드의 줄 번호를 뜻합니다).

② df_orders의 내용을 컬럼비아 매장만으로 필터링합니다.

③ DATETIME 열을 데이터프레임의 인덱스로 설정합니다.

④ 일 단위로 resample() 함수를 적용합니다.

⑤ 일별 주문 건수를 찾습니다.

⑥ 인덱스를 x축에 두고 결과를 그래프로 그립니다.

이렇게 그린 그래프는 매우 유용합니다. 해당 매장에 계절에 따른 판매 차이가 분명히 존재함을 쉽게 파악할 수 있습니다. 즉 주문이 가장 활발했던 시기는 학기 중이고, 가장 활발하지 않았던 시기는 여름과 겨울입니다.

그리고 '이 패턴이 다른 매장에서도 일반적일까?' 같은 의문이 들 수 있겠죠. 모든 매장을 조합한 결과를 그리려면 앞서 작성한 코드를 어떻게 바꿔야 할까요? ◆ 우리가 해야 할 일은 매장을 컬럼비아로 한정짓는 두 번째 줄의 코드를 제거하는 것뿐입니다.

```
( df_orders
  .set_index('DATETIME')
  .resample('D')
  .size()
  .plot() )
```

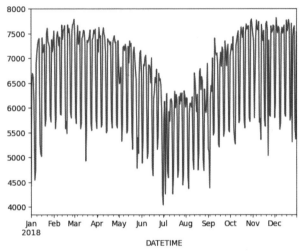

이렇게 그린 그래프를 살펴보죠. 여러 매장으로 확대해도 앞서 본 패턴이 유지되는 것처럼 보입니다. 하지만 위아래 지그재그로 뻗은 선 때문에 그래프를 해석하기 어렵습니다. 왜 이런 모양으로 그려졌을까요? ◆ 아마도 가장 신빙성 있는 이유는 주말에 문을 닫는 매장이 많기 때문입니다. 즉 일곱 번째 날마다 일부 매장만 문을 열기 때문에 이때 주문량이 급격히 떨어진 것이죠.

이 그래프를 어떻게 개선하면 좋을까요? ◆ 한 가지 방법은 일별 대신 주별 그래프를 그려 각 주의 판매량을 파악하는 것입니다. 그러면 앞 코드를 어떻게 수정할까요? ◆ 단순히 D 대신 W를 사용하면 됩니다. 다만 이 방법의 한 가지 문제는, 1년이 52주로 구성되기 때문에 오직 52개 데이터의 그래프만 얻는다는 것입니다. 따라서 꽤 들쭉날쭉해 보일 수 있겠죠.

다른 방법으로는 어떤 게 있을까요? ♦ 일일 데이터의 이동평균을 그래프로 그리는 것도 한 가지 방법입니다. 당일 주문량을 그래프로 그리지 않고 그날부터 2주간 판매량의 평균을 그래프로 그리는 것이죠. 따라서 이 방식은 짧은 기간의 변화를 '평탄화smoothing out'하는 효과가 있습니다.

이동평균은 판다스의 rolling() 함수로 구합니다. 그리고 이 함수도 groupby()처럼 작동하죠. 작동 방식을 이해하기 위해 직전 예시에서 쓰인 resample() 함수의 결과를 살펴보겠습니다(마지막에 plot() 함수를 호출하지 않은 것만 빼면 컬럼비아 매장에 대한 그래프를 그린 코드와 동일합니다).

```
( df_orders
  [df_orders.RESTAURANT_NAME == 'Columbia']
  .set_index('DATETIME')
  .resample('D')
  .size()
  .head() )
```

```
DATETIME
2018-01-01    519
2018-01-02    547
2018-01-03    532
2018-01-04    502
2018-01-05    477
Freq: D, dtype: int64
```

이번에는 다음 코드를 고려해보겠습니다.

```
( df_orders
  [df_orders.RESTAURANT_NAME == 'Columbia']
  .set_index('DATETIME')
  .resample('D')
  .size()
  .rolling(3)
  .mean()
  .head() )
```

```
DATETIME
2018-01-01          NaN
2018-01-02          NaN
2018-01-03    532.666667
2018-01-04    527.000000
2018-01-05    503.666667
Freq: D, dtype: float64
```

여섯 번째 줄은 각 날짜별로 크기가 3인 롤링 윈도우rolling window를 생성합니다. 그리고 일곱 번째 줄은 전체 윈도우에 대한 평균 판매량을 구합니다. 이렇게 얻은 결과를 출력하면 1월 1일과 2일의 데이터가 누락된 것을 알 수 있습니다. 그 이유는 1월 1일과 2일에서는 3일치 데이터를 취합하는 게 불가능하기 때문입니다. 한편 1월 3일에 대한 이동평균은 1월 1일, 2일, 3일분의 데이터를 취합한 것으로 532.7 즉, (519+547+532)/3으로 계산됐습니다. 그리고 이 계산 방식은 나머지 날짜에도 동일하게 적용됩니다.

이제 전체 판매량이 평탄화된 버전의 그래프를 그릴 준비가 되었습니다. 다음은 14일이라는 기간의 롤링 윈도우를 두고 이동평균을 계산하는 방법입니다. 모든 매장에서 계절 변동성의 패턴이 꽤 분명하게 보입니다.

```
( df_orders
  .set_index('DATETIME')
  .resample('D')
  .size()
  .rolling(14)
  .mean()
  .plot() )
```

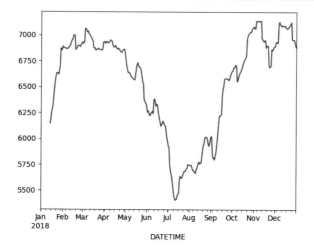

이 장을 마무리하기 전 마지막으로 한 가지 짚고 넘어가야 할 내용이 있습니다. 바로 resample()과 rolling() 두 함수 모두 groupby() 함수와 함께 사용할 수 있다는 것입니다. 가령 매장별 일일 총 주문 건수를 파악하고 싶다고 가정해보죠. ◆

```
( df_orders.set_index(df_orders.DATETIME)
        .groupby('RESTAURANT_NAME')
        .resample('D')
        .size()
        .reset_index()
        .head() )
```

	RESTAURANT_NAME	DATETIME	0
0	Bryant Park	2018-01-01	373
1	Bryant Park	2018-01-02	789
2	Bryant Park	2018-01-03	818
3	Bryant Park	2018-01-04	782
4	Bryant Park	2018-01-05	719

매장별로 그룹을 짓고, 일별로 resample() 함수를 적용한 다음, 각 그룹에 속한 기록(행)의 개수를 파악하는 코드입니다.

이 개념을 이해하기 위해 한 가지 예시를 더 살펴보죠. 2018년의 월별 그리고 매장별로 판매된 음료 잔 수를 파악하고 싶다고 가정해보겠습니다. 그러면 다음처럼 코드를 작성할 수 있습니다. ◆

```
( df_orders.set_index(df_orders.DATETIME)
        .groupby('RESTAURANT_NAME')
        .resample('M')
        .DRINKS
        .sum()
        .reset_index()
        .head() )
```

	RESTAURANT_NAME	DATETIME	DRINKS
0	Bryant Park	2018-01-31	1414.0
1	Bryant Park	2018-02-28	1336.0
2	Bryant Park	2018-03-31	1427.0
3	Bryant Park	2018-04-30	1478.0
4	Bryant Park	2018-05-31	2340.0

이 결과로 미루어볼 때 날씨가 더워짐에 따라 5월에 주문된 음료 잔 수가 늘었다고 볼 수 있습니다. 이 내용은 9장에서 좀 더 자세히 살펴봅니다.

한편 한 가지 유의할 사항이 있습니다. agg()는 비교적 최근에 판다스에 추가된 함수여서, 아직 resample() 또는 rolling() 함수로 그룹화된 데이터프레임에는 작동하지 않는다는 사실입니다. 만약 resample() 함수로 여러 열을 취합하고 싶다면 각 열을 개별적으로 취합해 얻은 테이블들을 조인해야 합니다. 이러한 예제는 459쪽에서 다룹니다.

요약

이번 장은 취합의 기초 내용을 다뤘습니다. 엑셀의 피벗 테이블과 동일한 기능이지만, 판다스가 제공하는 훨씬 더 유연하고, 훨씬 더 대규모의 데이터세트에 적용되는 방법입니다. 특히 생성한 열을 취합하는 방법, 날짜/시간 유형의 열을 취합하는 방법을 집중적으로 다뤘습니다.

여기까지가 이 책이 소개하는 판다스의 모든 내용입니다. 많은 것을 배웠습니다. 이어지는 마지막 장은 5장에서 소개한 디그의 사례 연구에 지금까지 배운 모든 것을 적용해 디그가 가진 비즈니스 문제를 해결해보겠습니다.

9장

연습 문제

이제 파이썬 활용의 대미를 장식할 마지막 장입니다. 디그의 사례를 충분히 들여다보고, 지금까지 배운 것을 총 동원하여 다양한 질문의 답을 구해봅니다. 그중에는 꽤 복잡한 것도 있습니다. 즉 우리가 데이터를 다루며 매일 직면하는 실제 비즈니스의 문제를 푸는 연습을 해볼 기회를 제공합니다. 만약 코드를 완전히 이해할 수 없다면 해답을 읽은 뒤 데이터세트를 분석해보세요.

9장에서 배울 내용

이번 장은 난도를 높여서 좀 더 복잡한 문제를 분석하는 능력을 키우기 위해 기획되었습니다. 여기서는 5장에서 이야기한 디그의 비즈니스 중 세 가지 측면에 대한 질문을 풀어봅니다.

- 신규 상품이나 서비스 출시에 대한 문제(특히 디그의 배달 우선 서비스).
- 직원 배치 과정의 문제.

- 더욱 데이터 주도적인 회사가 되는 과정의 문제.

9장에서 필요한 것

시작하기 전 'Chapter 9' 폴더와 함께 이번 장의 내용을 실습할 신규 주피터 노트북을 생성하세요. 그다음 필요한 패키지를 불러오기 위해 다음 코드를 첫 번째 셀에 붙여 넣은 뒤 실행합니다.

```
import pandas as pd
import matplotlib.pyplot as plt
```

그리고 5장과 7장 마지막에 저장한 파일 몇 개를 읽습니다. 아래 코드를 두 번째 셀에 붙여 넣은 뒤 실행하세요.

```
df_summarized_orders = pd.read_pickle(
              'Chapter 5/summarized_orders.pickle')
df_orders = pd.read_pickle('Chapter 7/orders.pickle')
```

앞 장들과 마찬가지로, 이번 장에 대한 주피터 노트북도 이 책의 웹사이트에서 제공합니다. 앞 장들의 내용을 건너뛰었다면 알맞은 이름의 폴더에 각 장의 파일을 다운로드했는지 확인해보세요.

신규 상품 분석: 성공을 위한 비옥한 기반 만들기

디그의 이야기를 읽었다면 알겠지만, 회사의 큰 자부심 중 하나는 각 매장이 현장에서 모든 메뉴를 준비한다는 것입니다. 실제로 회사의 모든 직원은 매장에서 음식을 준비하도록 교육받습니다. 한 가지 예외가 있는데, 바로 병과 캔에 든 음료입니다. 이런 제품을 생산하는 시설은 환경이 일반적으로 열악하지만, 책임과 고품질 재료에 대해 디그와 같은 정신을 공유하는 회사도 여럿 존재합니다. 따라서 디그는 병과 캔에 든 음료를 자체적으로 생산하는 대신에, 다른 회사의 생산품을 구매하는 전략을 취합니다.

이번 절은 디그가 자체 생산한 음료를 출시한다는 가설을 세웁니다. 신규 상품은 보통 출시된 후 체인점 중 한 곳에 시범적으로 배포되고, 점차 다른 매장으로 확대되는 과정을 따릅니다. 우리는 신규 상품을 어느 매장에 언제(연도) 출시하면 좋을지 데이터로 답을 구해보고자 합니다.

혹시 이 질문과 지금까지 우리가 풀어온 질문의 차이를 눈치챘나요? 지금까지 질문의 대부분은 데이터의 맥락에서 표현됐습니다. 따라서 데이터로 답을 구할 방향이 명확했죠. 하지만 이번 질문은 어떻게 데이터로 풀어야 할지가 분명하지 않습니다. 따라서 문제를 데이터의 맥락에서 다시 정의할 필요가 있습니다.

시작하기에 앞서 잠시 시간을 두고 다음 몇 가지를 생각해보세요. 데이터를 활용해 어떤 질문의 답을 구하고 싶은가요? 그 질문의 답은 어떻게 구할까요? 각 질문에 대한 답을 저희가 제공하기는 하지만, 결국 데이터 속에서 진주를 발견하려면 직접 실험해보는 정신이 필요합니다. 여러분이 스스로 생각하고 코드를 작성하며, 그 과정에서 여러분만의 답을 찾기를 바랍니다. ◆

가장 먼저 할 일은 원하는 목적을 정하는 것입니다. 그리고 이건 꽤 명확하죠. 바로 새로 출시한 음료를 가능한 한 많이 파는 것입니다. 그렇다면 이 목적을 어떻게 달성할까요? 아마도 음료가 잘 팔리는 매장을 먼저 찾아봐야 합니다. 아무도 음료를 주문하지 않는 매장에 신규 상품을 출시하면 역효과를 낳을 뿐이겠죠. 따라서 다른 매장과 비교해 고객이 음료를 더 많이 주문하는 매장을 알아내는 것이 첫 번째 단계여야 합니다. 그리고 만약 그런 매장이 존재한다면 그곳을 신규 상품이 출시될 만한 장소로 기대할 수 있습니다. 이 내용은 다음처럼 코드로 표현됩니다. ◆

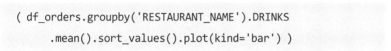

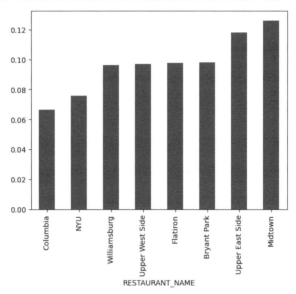

먼저 RESTAURANT_NAME 열로 데이터프레임을 그룹화합니다. 그 다음 DRINKS 열의 평균을 계산하여 매장별로 주문된 평균 음료 잔 수를 구합니다. 마지막에는 주문된 평균 음료 잔 수를 오름차순으로 정렬했고, 그 결과를 그래프로 그렸습니다. 출력된 그래프로 미루어볼 때 미드타운 Midtown과 어퍼이스트사이드Upper East Side가 신규 상품 출시에 적절한 장소라고 판단할 수 있습니다.

이번에는 시기를 생각해보겠습니다. 이번 일을 맡은 상품 관리자로서, 출시 시기를 어떻게 결정해야 할까요? 문제를 푸는 방식은 유사합니다. 모든 매장을 취합해, 매월 팔린 총 음료 잔 수를 파악하면 되겠죠. 이 내용은 다음처럼 코드로 표현할 수 있습니다.

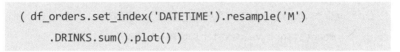

```
( df_orders.set_index('DATETIME').resample('M')
    .DRINKS.sum().plot() )
```

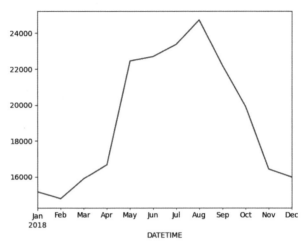

먼저 DATETIME 열을 데이터프레임의 인덱스로 설정합니다. 그다음 월에 대해 resample() 함수를 적용하여 월별로 주문된 음료 잔 수의 합을 계산합니다. 이렇게 얻은 결과는 별로 놀랍지 않습니다. 가장 음료가 많이 팔린 시기가 바로 여름이기 때문이죠. 하지만 이 결과 데이터로 신규 상품 출시에 좋은 시기가 여름이라는 사실을 확인할 수 있습니다.

그 밖에 또 어떤 것을 시도할 수 있을까요? ◆ 미드타운 매장이 신규 상품 출시에 적합한 장소라고 결정했기 때문에, 해당 매장으로 한정해도, 여름에 음료가 많이 팔리는 패턴이 유지되는지를 확인하고 싶습니다. 그리고 그 추세는 다음처럼 확인할 수 있죠.

```
( df_orders[df_orders.RESTAURANT_NAME == 'Midtown']
    .set_index('DATETIME')
    .resample('M')
    .DRINKS.sum().plot() )
```

지면의 제약상 코드의 출력 결과는 포함하지 않았습니다. 하지만 그 결과는 이전 그래프와 유사합니다. 여기서 여러분이 주목해야 할 내용은, 약간 애매해 보이는 질문을 더 객관적이고 구체적으로 만든 다음 판다스로 그 답을 구해나가는 과정입니다.

다음 개척지: 배달에 특화된 메뉴의 설계

디그의 성장에서 흥미로운 측면 중 하나는 회사가 매장 내 주문을 넘어 배달, 픽업, 케이터링까지 사업을 확장했다는 것입니다. 신규 비즈니스 라인업은 출시 즉시 큰 인기를 얻었으며, 일부 매장에서는 배달이 주문량에서 무려 30퍼센트를 차지했습니다. 하지만 큰 성공에는 큰 어려움이 뒤따르기 마련입니다. 디그는 처음에 배달을 주요 매장에서 제공하는 메뉴에 대한 '볼트온bolt on' 서비스로 취급했습니다. 즉 고객이 매장 내에서와 동일한 메뉴를 주문하면 제3의 서비스 업체가 배달해주는 식이었죠. 여러 경쟁 업체가 취한 방식을 그대로 반영했습니다. 하지만 곧 이 방식이 수준 이하의 고객 경험으로 이어진다는 사실이 명백해졌습니다. 원래 디그는 약 1500여 종의 볼 메뉴를 제공하지만, 그중 일부만이 배달에 적합하다는 결론에 도달했습니다.

디그는 여기에 또 다른 기회가 있음을 깨닫고, 현재 고객 경험의 한계를 돌파하는 데 집중하기로 결정했습니다. 특히 배달에 특화된 완전히 새로운 메뉴와 플랫폼을 갖추어 새롭게 재해석한 배달 서비스를 만들기로 했죠. 그래서 디그는 업계의 선구자로 발돋움하고 점점 시장을 장악하여 최고의 위치에 오를 수 있다고 확신했습니다.

완전히 새로운 배달 서비스를 만들기는 쉽지 않습니다. 이를 선도해서 얻는 이점이 있기는 하지만, 참고할 만한 가이드가 없다는 문제도 있습니다. 이번 장에서는 디그의 이런 노력을 지원하기 위해, 데이터로 답을 구할 수 있는 질문을 다룹니다. 하지만 그 전에 잠시 시간을 두고, 스스로 어떤 종류의 질문을 던지면 좋을지를 고민해보세요. ◆

우리의 첫 번째 도전 과제는 새로운 배달 메뉴를 디자인하는 것입니다. 이 질문에 답하려면 '이동'에 더 적합한 재료를 판단해야 하지만, 데이터로 파악할 수 있는 내용이 아닙니다. 그 대신 우리는 디그에서 현재 가장 인기 있는 메뉴가 무엇인지를 파악하는 데 중점을 둘 수 있습니다. 그리고 이것은 이것대로 꽤 광범위한 질문이죠. 그렇다면 어떻게 광범위한 질문을 비교적 간단한 문제로 좁힐까요? ◆ 먼저 우리는 디그의 볼 메뉴가 네 개의 선택 범주(메인, 베이스, 첫 번째 사이드, 두 번째 사이드)로 구성된다는 사실을 알고 있습니다. 따라서 다음처럼 각 선택 범주별로 가장 인기 있는 재료를 파악해보면 좋을 것입니다.

- 가장 인기 있는 메인은 무엇인가요?
- 가장 인기 있는 베이스는 무엇인가요?
- 가장 인기 있는 메인과 베이스의 조합은 무엇인가요?
- 이 모든 것이 사이드와 어떤 관련이 있나요?

더불어 좀 더 일반적인 질문도 해볼 수 있겠죠. 가령 '베이스로 샐러드를 주문한 사람은 다른 재료도 건강한 것을 원하는 경향이 있을까요?' 같은 질문 말이죠. 만약 이 질문의 답이 '아니오'라면 샐러드를 베이스로 두지만 나머지 사이드는 덜 건강한 것으로 구성된 새로운 메뉴를 개발할 수 있을 것입니다.

지금은 가장 인기 있는 메인과 베이스를 찾고, 이 둘을 어떤 식으로 조합해야 가장 좋을지를 파악하는 간단한 질문을 풀어봅니다. 잠시 시간을 두고, 여러분 스스로 이 문제에 접근할 방식을 고민해보세요. ◆

먼저 주문 데이터세트의 생김새를 다시 확인합니다. 7장에서 우리는 각 매장의 이름, 각 재료의 이름을 주문 데이터세트에 포함(조인)하는 작업을 했습니다.

```
df_orders.head()
```

	ORDER_ID	DATETIME	RESTAURANT_ID	TYPE	DRINKS	COOKIES	M/
0	O1820060	2018-10-11 17:25:50	R10002	IN_STORE	1.0	2.0	N
1	O1011112	2018-05-31 11:35:00	R10003	IN_STORE	0.0	0.0	N
2	O752854	2018-04-21 18:12:57	R10001	DELIVERY	0.0	2.0	
3	O2076864	2018-11-17 12:50:52	R10005	PICKUP	1.0	0.0	

그다음 가장 인기 있는 메인과 베이스를 파악합니다. ◆

```
df_orders.MAIN_NAME.value_counts().plot(kind='bar')
```

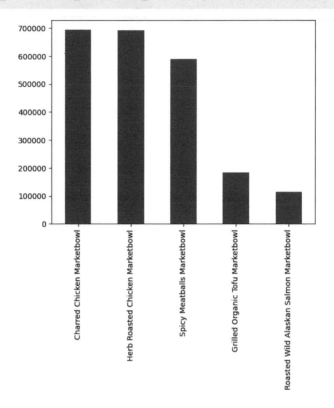

가장 인기 있는 것은 닭고기chicken이며, 미트볼meatball이 그다음이라는 것이 명확해졌습니다. 그리고 두부tofu와 연어salmon는 비교적 인기가 없는 편입니다.

그러면 이번에는 베이스로 한정해서 인기 순위를 매겨보겠습니다.

```
df_orders.BASE_NAME.value_counts().plot(kind='bar')
```

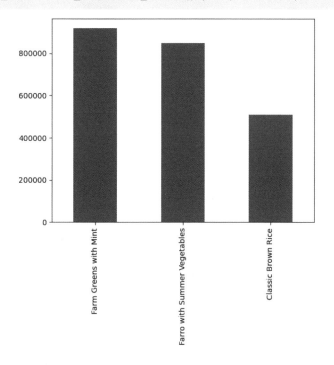

샐러드greens가 가장 눈에 띄는 것으로 보아, 디그의 모든 고객이 꽤 건강함을 중요시하는 듯합니다. 파로farro도 인기가 꽤 있고, 쌀rice은 가장 인기가 낮은 베이스 재료입니다.

이번에는 약간 더 어려운 문제로 넘어가보겠습니다. 어떤 사이드와 메인의 조합이 가장 인기 있을까요? 이 질문의 답을 어떻게 구해야 할지 생각해보세요 ◆

한 가지 간단한 해결책은 다음처럼 주문 데이터를 MAIN_NAME과 BASE_NAME 열로 그룹화한 다음, 각 조합별 행의 개수를 세어보는 것입니다. ◆

```
( df_orders.groupby(['MAIN_NAME', 'BASE_NAME'])
        .size()
        .sort_values(ascending=False)
        .reset_index() )
```

	MAIN_NAME	BASE_NAME	0
0	Herb Roasted Chicken Marketbowl	Farm Greens with Mint	280243
1	Charred Chicken Marketbowl	Farm Greens with Mint	279591
2	Herb Roasted Chicken Marketbowl	Farro with Summer Vegetables	259056
3	Charred Chicken Marketbowl	Farro with Summer Vegetables	258945
4	Spicy Meatballs Marketbowl	Farm Greens with Mint	238509
5	Spicy Meatballs Marketbowl	Farro with Summer Vegetables	220116
6	Charred Chicken Marketbowl	Classic Brown Rice	155311
7	Herb Roasted Chicken Marketbowl	Classic Brown Rice	154203
8	Spicy Meatballs Marketbowl	Classic Brown Rice	132060
9	Grilled Organic Tofu Marketbowl	Farm Greens with Mint	73682
10	Grilled Organic Tofu Marketbowl	Farro with Summer Vegetables	68153
11	Roasted Wild Alaskan Salmon Marketbowl	Farm Greens with Mint	46052
12	Roasted Wild Alaskan Salmon Marketbowl	Farro with Summer Vegetables	42779
13	Grilled Organic Tofu Marketbowl	Classic Brown Rice	41323
14	Roasted Wild Alaskan Salmon Marketbowl	Classic Brown Rice	25616

첫 번째 줄은 데이터프레임을 그룹화하고, 두 번째 줄은 각 조합별 행의
개수를 파악합니다. 세 번째 줄은 결과를 내림차순으로 정렬하고, 마지막
줄은 결과를 다시 데이터프레임으로 만들기 위해 인덱스를 재설정합니다.
닭고기가 들어간 샐러드가 가장 인기 있는 것 같군요! 매우 좋은 시도

였습니다. 하지만 도표를 알아보기 약간 어렵다는 문제가 있습니다. 그러면 각 메인과 사이드의 상대적 인기도를 시각적으로 표현할 방법은 없을까요? ◆ unstack() 함수를 활용하면 각 열에 대응되는 베이스를 보여주는 테이블을 만들 수 있습니다.

```
( df_orders.groupby(['MAIN_NAME', 'BASE_NAME'])
        .size()
        .unstack() )
```

BASE_NAME MAIN_NAME	Classic Brown Rice	Farm Greens with Mint	Farro with Summer Vegetables
Charred Chicken Marketbowl	155311	279591	258945
Grilled Organic Tofu Marketbowl	41323	73682	68153
Herb Roasted Chicken Marketbowl	154203	280243	259056
Roasted Wild Alaskan Salmon Marketbowl	25616	46052	42779
Spicy Meatballs Marketbowl	132060	238509	220116

인덱스를 구성하는 두 열 중 하나(BASE_NAME)가 세 개의 열로 전환되었습니다. 마지막으로는 plot() 함수를 적용해 세 개의 열을 나란히 시각적으로 출력합니다.

```
( df_orders.groupby(['MAIN_NAME', 'BASE_NAME'])
        .size()
        .unstack()
        .plot(kind='bar') )
```

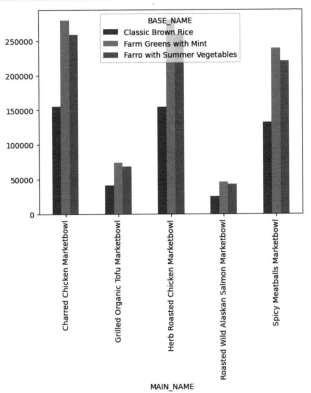

이렇게 그린 그래프는 각 사이드의 상대적인 인기도가 볼의 메인의 종류와는 관계가 없다는 꽤 흥미로운 사실을 보여줍니다. 이렇게 얻은 결합된 통찰은 꽤 유용하게 쓰입니다. 즉 정확히 어떤 메인과 어떤 사이드를 조합해야만 한다는 사실은 크게 중요하지 않으며, 그 대신 배달에 가장 적합한 조합을 찾는 데만 집중하면 된다는 판단을 내릴 수 있습니다.

사이드에 대해서도 유사한 분석을 수행할 수는 있지만, 따로 책에 수록하지는 않았습니다. 다만 여러분이 직접 시도해보기를 적극 권장합니다.

직원 배치 성공 전략

이번에 다룰 질문은 직원 배치에 관한 것으로, 모든 외식 업체가 겪는 큰 도전 과제입니다. 그리고 이 도전은 디그가 데이터 중심으로 변화하는 것에 대해 애스매트가 설명한 내용에서도 크게 드러납니다. 그는 데이터로 디그 직원의 전문성 개발을 지원하고 다양한 인적 자원 데이터를 별도의 시스템에 저장하는 데 따른 어려움을 말합니다. 디그의 전체 인력 데이터세트를 다루는 것은 이 책의 범위가 아니지만, 현재 저희가 보유한 제한된 데이터세트로도 이 문제의 특정 측면을 해결할 수 있습니다. 그리고 이는 생각보다 꽤 흔히 일어나는 상황입니다. 특정 데이터세트에 접근하기를 원하지만, 실제로는 현재 우리 손에 쥐어진 데이터로만 문제를 해결하려고 시도해야 하는 것이죠. 그러면 이쯤에서 잠시 시간을 두고, 우리가 보유한 데이터로 이 문제의 어떤 측면을 해결할 수 있을지 고민해보세요. ◆

우리가 다룰 문제는 디그의 이야기에서 애스매트가 언급한 '미국의 노동 공급과 노동법의 변화'입니다. 사실 여러 문제가 이 범주에 속하죠. 예를 들어 미국에서는 점점 더 많은 지방자치단체가 근무 전인 직원에게 막판에 근무 교대를 바꿀 수 없게 규정하는 법안을 통과하고 있습니다. 그래서 기업은 직원 배치 일정표를 사전에 공개해야 하는데, 식품 서비스는 그 수요가 매우 다양하기 때문에 사실상 그러기가 매우 어렵습니다. 특히 디그에서는 더욱 힘겨운 일입니다. 왜냐하면 모든 메뉴를 현장에서 요리한다는 고객과의 약속을 지키려면, 언제나 최소한의 교육을 받은 직원이 필요하기 때문입니다.

그렇다면 이 일정 설계에 데이터를 어떤 식으로 활용해야 할까요? ◆ 보유한 데이터로 우리는 각 매장의 하루 시간대별 주문 분포를 분석할 수 있습니다. 이 분석은 각 매장의 수요를 충족하는 직원 배치 일정을 설계하는 데 있어 중요한 첫 단추가 될 것입니다. 가령 컬럼비아 매장이 점심 시간에 가장 붐빈다면 그 시간대에 직원이 충분히 배치되도록 장기적인 계획을 세울 수 있습니다. 이처럼 문제에 즉시 뛰어들기 전에 얻을 수 있는 결과를 먼저 생각해보세요. 그리고 나중에 여러분의 생각과 현실을 비교해보세요.

이 문제를 파악하는 데 가장 적합한 그래프는 무엇일까요? ◆ 각 매장마다 하루 주문량의 변화를 나타내는 그래프를 그려보면 좋을 것입니다. 이 그래프는 다양한 방식으로 그릴 수 있습니다. 약간의 시간을 두고 자신만의 방법을 떠올려보세요. ◆

해당 그래프는 groupby()와 unstack() 함수로 쉽게 그릴 수 있습니다. 먼저 각 매장마다 하루의 시간대별 총 주문량을 담은 데이터프레임을 만드는 것으로 시작해보죠. ◆

```
( df_orders.groupby([df_orders.DATETIME.dt.hour,
              df_orders.RESTAURANT_NAME])
      .size() )
```

```
DATETIME   RESTAURANT_NAME
9          Columbia           2
           Flatiron           2
           Midtown            3
           NYU                5
           Upper East Side    1
                             ...
23         Midtown           97
           NYU              149
           Upper East Side   94
```

```
        Upper West Side        96
        Williamsburg          107
Length: 118, dtype: int64
```

앞 코드는 groupby()에 적용 가능한 모든 기법을 활용합니다.

- 원하는 두 열을 리스트로 묶어 groupby() 함수에 넣어서 여러 열을 취합합니다.
- 열 이름 대신 값들이 담긴 시리즈들을 전달합니다. 그러면 실제 데이터프레임에 열로서 존재하지 않는 시간과 같은 특징을, 신규 열을 생성하지 않고도 곧장 그룹화하는 데 쓸 수 있습니다.

그 결과 시간과 매장 조합을 인덱스로 가진 시리즈를 얻어 각 매장마다 시간대별 주문량을 파악할 수 있습니다. 이렇게 얻은 시리즈를, 각 매장을 열로 하고 시간을 행으로 하는 데이터프레임으로 어떻게 변환할까요? ◆ 단순히 unstack() 함수를 적용하면 됩니다.

```
( df_orders.groupby([df_orders.DATETIME.dt.hour,
             df_orders.RESTAURANT_NAME])
     .size()
     .unstack() )
```

RESTAURANT_NAME	Bryant Park	Columbia	Flatiron	Midtown	NYU	Upper East Side
DATETIME						
9	NaN	2.0	2.0	3.0	5.0	1.0
10	5581.0	7035.0	6927.0	8106.0	3756.0	2306.0
11	22289.0	9698.0	27094.0	31643.0	35330.0	22564.0
12	31444.0	10008.0	37918.0	44244.0	56872.0	36402.0

이제 결과를 그래프로 출력하는 과정만 남았습니다.

```python
( df_orders.groupby([df_orders.DATETIME.dt.hour,
            df_orders.RESTAURANT_NAME])
    .size()
    .unstack()
    .plot() )
```

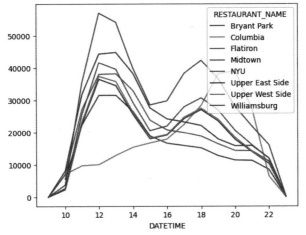

그래프를 잠시 살펴보죠. 여러분이 기대한 결과와 일치하나요? 두드러진 현상이 보이나요? 이 결과를 상사에게 제시한다면 그래프에서 어떤 내용을 강조해야 할까요? ◆ 다음은 저희가 발견한 몇 가지 내용입니다.

- 대부분의 매장은 점심 시간에 가장 바쁘고, 그다음으로 바쁜 시간대는 저녁입니다. 이는 각 매장별 직원의 배치 전략을 결정하는 중요한 정보입니다.
- 점심 피크는 거의 모든 매장에서 비슷한 시간대에 발생하지만, 저녁 피크는 매장마다 달라 보입니다.

- 일부 매장은 현저히 다른 분포를 보입니다. 가령 컬럼비아 매장의 점심 시간에는 주문이 거의 없지만 저녁에는 수요가 많습니다. 즉 컬럼비아 매장의 직원들은 다른 매장의 직원과는 근본적으로 다른 일정으로 관리되어야 한다는 뜻입니다.

그 밖에 또 무엇을 알아냈나요? 이 과정에서 직원의 배치 계획 수립에 판다스가 매우 유용하다는 것을 느꼈을 겁니다. 이 내용은 주문량과 날씨의 관계를 분석하는 459쪽에서 더 살펴봅니다.

데이터 민주화: 요약된 주문 데이터세트

5장에서 판다스를 처음 배웠을 때 개별 주문을 상세히 나열한 주문 데이터세트와, 매장마다 일별로 주문을 요약한 주문 데이터세트, 두 데이터세트를 불러왔습니다.

데이터 팀과 긴밀한 작업을 해본 적이 있다면 현실의 데이터세트는 항상 복잡하고, 지저분하고, 접근성이 떨어진다는 사실을 알 것입니다. 그리고 이런 데이터를 다른 팀에서 쉽게 소비할 수 있는 형식으로 처리하는 것이 비즈니스 인텔리전스 팀의 역할입니다.

디그의 이야기에서도 언급했지만, 다양한 이유로 데이터세트의 복잡성은 증가할 수 있습니다. 초기의 작은 규모 회사에서는 아직까지 데이터가 사용될 방향성이 명확하지 않을 수 있습니다. 또한 데이터를 쉽게 원하는 방식대로 추출하고 들여다보기 위한 인프라도 구축되어 있지 않죠. 한편 오래된 대규모 회사에서는 그 반대의 문제가 발생할 수 있습니다. 오랜 시간 동안 데이터 인프라가 여러 분리된 시스템으로 확장되고, 각각의 시스템은 그 자체로는 딱히 유용하지 않은 데이터를 분리해서 저장해왔을 가능성이 높습니다. 이 경우 유의미한 통찰을 얻도록 각 데이터세트를 조합하려면 대체로 매우 방대한 양의 기술과 지식이 필요합니다. 더불어 정치적인 영향도 무시할 수 없음은 말할 필요도 없죠.

이것은 문제가 될 수 있습니다. 저희의 경험에 따르면 기업이 데이터로 통찰을 얻는 데 어려움을 겪는 가장 흔한 이유는, 비즈니스를 잘 알고 질문의 답을 구하고 싶은 사람과 데이터 사이에 존재하는 기술적 장애물입니다. 따라서 실전에서 가장 유용한 역량은 비즈니스 리더가 분석 가능한 형태로 데이터를 주무르는 능력입니다. 저희는 이를 '데이터 민주화'라고 합니다. 즉 회사 전반에 걸쳐 분석에 활용할 수 있도록 만드는 일이죠.

물론 큰 힘에는 큰 책임이 따르기 마련입니다. 주요 데이터세트를 더 요약된 시각으로 볼 때, 만약 요약이 잘못되었다면 디버깅으로 고칠 기회조차 갖지 못한 채 모든 것이 틀어질 위험이 도사립니다. 따라서 데이터를 올바르게 민주화하는 것은 데이터 분석가의 중요한 능력입니다. 여기서 우리는 요약된 주문 데이터세트를 직접 만들어보며 이 개념을 이해해보겠습니다.

먼저 주문 데이터세트의 생김새를 확인합니다. 우리는 7장에서 각 매장과 재료 이름을 주문 데이터세트에 포함하는 작업을 수행한 바 있습니다 (조인이 필요했습니다). ◆

```
df_orders.head()
```

	ORDER_ID	DATETIME	RESTAURANT_ID	TYPE	DRINKS	COOKIES	M/
0	O1820060	2018-10-11 17:25:50	R10002	IN_STORE	1.0	2.0	N
1	O1011112	2018-05-31 11:35:00	R10003	IN_STORE	0.0	0.0	N
2	O752854	2018-04-21 18:12:57	R10001	DELIVERY	0.0	2.0	

요약된 데이터세트의 각 행은 모든 매장의 일별 데이터를 담고 있습니다. 좀 더 구체적으로는 일별 매장의 주문량과 그중 배달 주문 비율과 같은 정보를 포함하죠.

이 데이터세트를 생성하려면 먼저 모든 매장의 일별 주문량을 담은 데이터프레임을 생성해야 합니다. ◆ 방법을 잘 모르겠다면 먼저 인덱스를 DATETIME으로 설정하고 RESTAURANT_NAME으로 그룹화한 뒤 일별로 resample()을 적용해보세요. 그다음 406쪽에서 배운 취합 함수 중 어떤 것을 사용해야 각 매장의 일별 행 개수를 구할 수 있을지 고민해보세요. 마지막으로는 그렇게 얻은 결과를 데이터프레임으로 변환합니다. 그리고 열 이름을 알맞게 수정합니다. 다음은 저희가 제시하는 해결책입니다.

```python
df_num_orders = ( df_orders.set_index('DATETIME')
                 .groupby('RESTAURANT_NAME')
                 .resample('D')
                 .size()
                 .reset_index()
                 .rename(columns={0:'NUM_ORDERS'}) )
print(len(df_num_orders))
df_num_orders.head()
```

2919

	RESTAURANT_NAME	DATETIME	NUM_ORDERS
0	Bryant Park	2018-01-01	373
1	Bryant Park	2018-01-02	789

첫 번째 줄은 DATETIME 열을 데이터프레임의 인덱스로 설정하여, resample() 함수를 적용하도록 데이터프레임을 준비합니다(412쪽 참조).

그다음 매장 이름(RESTAURANT_NAME)을 기준으로 그룹화하고, 날짜/
시간(DATETIME) 인덱스에 일별('D')로 resample() 함수를 적용하여, 각
매장의 일별 데이터 목록을 얻습니다. 그리고 size() 함수로 각 그룹의 행
개수를 계산하고, 마지막에는 인덱스를 두 열로 표현하기 위해 인덱스를
재설정합니다. 하나는 매장 이름이고, 다른 하나는 날짜/시간이 되겠죠.
특정 열 대신 전체 그룹에 size() 함수를 적용하면 결과로 얻은 열 이름의
마지막에는 숫자 0이 추가됩니다. 따라서 해당 열 이름을 NUM_ORDERS
로 변경하여, 해당 열의 의미를 분명히 만듭니다.

이렇게 얻은 결과는 모든 매장의 일별 주문량을 담은 데이터프레임입
니다. 한편 데이터세트의 행 개수도 출력했는데, 2919라는 결과를 얻었습
니다. 이 값은 잠시 후 사용됩니다.

두 번째 단계는 각 매장의 주문 중 배달의 비율을 담은 데이터프레임을
생성하는 것입니다. 다음은 이를 가장 간단하게 얻는 방법입니다. ♦

```
df_orders['IS_DELIVERY'] = (df_orders.TYPE == 'DELIVERY')
df_pct_delivery = ( df_orders.set_index('DATETIME')
                .groupby('RESTAURANT_NAME')
                .resample('D')
                .IS_DELIVERY
                .mean()
                .reset_index()
                .rename(columns={'IS_DELIVERY':
                            'PCT_DELIVERY'}) )
print(len(df_pct_delivery))
df_pct_delivery.head()
```

2919

442

	RESTAURANT_NAME	DATETIME	PCT_DELIVERY
0	Bryant Park	2018-01-01	0.0
1	Bryant Park	2018-01-02	0.0
2	Bryant Park	2018-01-03	0.0
3	Bryant Park	2018-01-04	0.0
4	Bryant Park	2018-01-05	0.0

첫 번째로 한 일은 주문 데이터프레임에 배달 주문이 있었다면 True(1)로, 그렇지 않다면 False(0)으로 표현되는 열을 만드는 것입니다. 그런데 왜 이런 일을 할까요? 각 숫자를 더하는 것만으로도 쉽게 평균을 구하고, 이로부터 배달 주문의 비율을 얻을 수 있기 때문입니다. 그 밖의 코드는 직전과 상당히 유사합니다. 두 코드로 출력한 행 개수가 동일하기도 하죠.

마지막 단계로는 이렇게 만든 두 데이터세트를 조인하여, 최종 요약된 주문 데이터세트를 만듭니다. ◆ 그 방법을 잘 모르겠다면 두 데이터세트가 보유한 열 중 어느 것을 기준으로 조인을 수행할지 고민해보세요. 그다음 내부, 외부, 왼쪽, 오른쪽 중 어느 유형의 조인을 사용할지도 고민해보세요. 다음은 저희가 제시하는 해결책입니다. ◆

```
df_summarized_orders = (
    pd.merge(df_num_orders,
        df_pct_delivery,
        on=['RESTAURANT_NAME', 'DATETIME'],
        how='outer') )
print(len(df_summarized_orders))
df_summarized_orders.head()
```

2919

	RESTAURANT_NAME	DATETIME	NUM_ORDERS	PCT_DELIVERY
0	Bryant Park	2018-01-01	373	0.0
1	Bryant Park	2018-01-02	789	0.0
2	Bryant Park	2018-01-03	818	0.0
3	Bryant Park	2018-01-04	782	0.0
4	Bryant Park	2018-01-05	719	0.0

꽤 간단한 병합 작업이지만, 몇 가지 추가 설명이 필요합니다. 먼저 외부 조인을 고른 이유는 무엇일까요? 직전에 본 대로 두 테이블은 행의 개수가 동일합니다. 그리고 두 테이블에 기록된 매장 이름과 날짜는 서로 일치할 것입니다. 그렇다면 왜 내부 조인을 선택하지 않았을까요? 그 이유는 외부 조인이 두 테이블의 조인 키가 완전히 일치하는지를 '자동으로' 검사하기 때문입니다. 가령 일부 매장의 이름과 날짜 조합이 한 테이블에서는 발견되지만 다른 테이블에서는 발견되지 않는다면 어떨까요? 이 경우 외부 조인은 추가 행을 생성해버립니다. 외부 조인으로 얻은 결과의 행 수가 원본 두 테이블의 행 수와 같은지 별도로 확인하여 조인 키가 일치한다는 것을 보장할 수 있는 셈이죠.

한 가지 더 알아둘 사항이 있습니다. 5장에서 살펴본 원본 요약 데이터세트의 데이터프레임은 2806개의 행으로 구성됐지만, 방금 우리가 만든 데이터프레임은 2919개의 행을 가집니다. 왜 다를까요? 5장에서 본 데이터프레임에는 주문이 없었던 날짜가 포함되지 않았기 때문입니다. 우리가 만든 데이터프레임도 주문이 있었던 날만으로 필터링하면 동일한 결과를 얻습니다.

```
(df_summarized_orders.NUM_ORDERS > 0).sum()
```

```
2806
```

지금까지 한 것을 잠시 되돌아보죠. 약 200만 개 이상의 기록(엑셀로는 열기 불가능한 수준의 양으로, 그래서 비즈니스 분석에서는 엑셀이 잘 사용되지 않습니다)을 가진 데이터세트를 3000개로 줄였습니다. 이렇게 줄여진 데이터세트도 매장의 실적에 대한 뛰어난 통찰을 얻기에 충분하다는 사실은 6장에서 본 바 있습니다. 또한 매일 일어나는 비즈니스의 기능을 깊게 이해하고 싶은 누군가가 엑셀로도 충분히 다룰 수 있는 양이기도 합니다.

신규 배송 서비스를 위한 좋은 양분 찾기

앞서 우리는 고객의 경험을 향상하기 위해 배달 우선 서비스를 만들려는 디그의 흥미진진하고 새로운 여정을 이야기했습니다. 그리고 지금까지 주문 패턴을 분석하며 신규 메뉴를 만드는 방법도 함께 다뤘죠. 이번 절은 신규 서비스를 다른 각도로 바라봅니다. 디그의 이야기에 따르면 일부 매장에서 배달 서비스가 꽤 큰 인기를 얻었습니다. 하지만 이 서비스를 확장하려면 배달이 가장 인기 있을 만한 매장을 파악해야 합니다. 가령 이 정보는 시범적으로 신메뉴를 제공하는 매장을 결정하는 데 유용하게 쓰입니다. 또한 직원 배치 문제와도 관련이 있습니다. 예를 들어 배달 주문이 많은 매장은 매장 내 주문이 많은 곳과는 다른 방식으로 직원을 배치하도록 조치할 수 있겠죠.

그러면 먼저 매장마다 각 주문 유형별 인기도를 확인해보죠. 가령 컬럼비아 매장에서는 전체 주문 중 배달이 차지하는 비율이 어떻게 될까요? 다음은 그 답을 구하는 한 가지 방법입니다. ◆

```
( df_orders[df_orders.RESTAURANT_NAME == 'Columbia']
 .TYPE.value_counts(normalize=True).reset_index() )
```

	index	TYPE
0	IN_STORE	0.728053
1	PICKUP	0.171285
2	DELIVERY	0.100662

(normalize=True는 실제 개수 대신 각 범주를 더해서 1이 되는 비율을 구하고 싶을 때 사용합니다.) 이렇게 얻은 정보가 유용하기는 합니다. 하지만 이 작업을 모든 매장에 적용하려면 어떻게 해야 할까요? 그리고 더 중요한 질문으로, 유용하고 실용적인 정보를 얻을 수 있는 형태로 결과를 시각화하려면 어떻게 해야 할까요? 잠시 시간을 두고 여러분 스스로도 이 두 문제의 해결책을 고민해보세요. 어떤 기법으로 결과를 시각화할지가 불분명하다는 것은 이 문제를 더 어렵게 만듭니다. 그렇지만 해결책을 보기 전에 먼저 스스로 고민하고 코드를 작성해보는 시도는 그 자체로 가치 있습니다. ◆

저희가 제시하는 해결책의 첫 번째 단계는 다음과 같은 테이블을 만드는 것입니다.

	IN_STORE	DELIVERY	PICKUP
RESTAURANT_NAME			
Bryant Park	0.754002	0.068645	0.177353
Columbia	0.728053	0.100662	0.171285
Flatiron	0.725600	0.102343	0.172056
Midtown	0.753170	0.068805	0.178024
NYU	0.730706	0.100520	0.168774
Upper East Side	0.656743	0.189381	0.153876
Upper West Side	0.656462	0.189686	0.153852
Williamsburg	0.729094	0.101127	0.169779

매장마다 주문 유형별 비율을 찾아볼 수 있는 테이블이죠. 가령 컬럼비아 매장의 주문 중 배달이 차지하는 비율은 약 10퍼센트이며, 이는 직전에 계산한 결과와 일치합니다.

그렇다면 이 테이블은 어떻게 만들까요? 지금까지 배운 여러 방식을 동원해도 테이블을 만들 수는 있습니다(제공되는 주피터 노트북은 이 방식도 다룹니다). 다만 이번 기회에 이미 아는 것을 다른 각도로 접근하여, 좀 더 명쾌한 방식을 소개해보려고 합니다.

먼저 다음 코드를 실행해보죠.

```
( df_orders.groupby('RESTAURANT_NAME')
        .TYPE
        .value_counts(normalize=True) )
```

단순히 RESTAURANT_NAME 열로 그룹화한 뒤 TYPE 열을 기준으로 매장별 value_counts() 함수를 적용합니다.

왜 이 방식이 지금까지 했던 취합과는 다를까요? 그 이유는 단순합니다. 여기서 사용된 취합 함수인 value_counts()가 단일 숫자 대신 시리즈를 반환하기 때문이죠. 코드를 하나씩 분석해보죠. 먼저 df_orders.groupby('RESTAURANT_NAME').DRINKS.mean()이라는 코드를 보겠습니다. 이 경우 각 RESTAURANT_NAME에 대해 DRINKS 열의 평균을 계산합니다. 그리고 그 값은 단일 숫자이고, 하나의 행마다 각 매장의 평균이 담깁니다. 하지만 value_counts() 함수로 취합하면 시리즈를 통째로 얻을 수 있습니다. 판다스는 어떻게 이 결과를, 매장마다 하나의 행으로 표현하는 테이블로 담을까요? 다음을 시도해보죠.

```
( df_orders.groupby('RESTAURANT_NAME')
    .TYPE
    .value_counts(normalize=True)
    .head(10) )
```

```
RESTAURANT_NAME  TYPE
Bryant Park      IN_STORE    0.754002
                 PICKUP      0.177353
                 DELIVERY    0.068645
Columbia         IN_STORE    0.728053
                 PICKUP      0.171285
                 DELIVERY    0.100662
Flatiron         IN_STORE    0.725600
                 PICKUP      0.172056
                 DELIVERY    0.102343
Midtown          IN_STORE    0.753170
Name: TYPE, dtype: float64
```

판다스가 내부적으로 뭔가 스마트한 작업을 처리한 것 같습니다! value

_counts() 함수로 얻은 인덱스를 groupby() 함수로 얻은 인덱스와 조합하여 두 열짜리 인덱스를 생성합니다. 여기에 unstack() 함수를 적용하면 우리가 원하는 테이블을 얻을 수 있습니다.

```
( df_orders.groupby('RESTAURANT_NAME')
        .TYPE
        .value_counts(normalize=True)
        .unstack() )
```

TYPE RESTAURANT_NAME	DELIVERY	IN_STORE	PICKUP
Bryant Park	0.068645	0.754002	0.177353
Columbia	0.100662	0.728053	0.171285
Flatiron	0.102343	0.725600	0.172056
Midtown	0.068805	0.753170	0.178024
NYU	0.100520	0.730706	0.168774
Upper East Side	0.189381	0.656743	0.153876
Upper West Side	0.189686	0.656462	0.153852
Williamsburg	0.101127	0.729094	0.169779

이제 남은 일은 이 테이블을 그래프로 표현하는 것입니다(신규 배달 메뉴를 출시할 장소를 찾는 것이 목적이므로 배달 주문 비율로 오름차순 정렬합니다).

```
( df_orders.groupby('RESTAURANT_NAME')
    .TYPE
    .value_counts(normalize=True)
    .unstack()
    .sort_values('DELIVERY')
    .plot(kind='bar') )
```

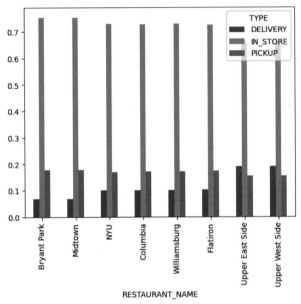

매장별로 주문 유형에 따른 비율을 파악할 수 있는 그래프를 얻었습니다. 하지만 그래프를 해석하기 전 남은 단계가 있습니다. 바로 그래프를 좀 더 유용하게 표현할 방법을 생각해보는 것입니다. ◆ 각 막대를 나란히 출력하면 서로를 비교하기 어렵습니다. 그 대신 각 막대를 쌓아서 표현하면 좀 더 직관적인 비교가 가능하죠. plot() 함수에 stacked=True 매개변수를 추가로 제공하면 그런 그래프를 쉽게 그릴 수 있습니다.

```
( df_orders.groupby('RESTAURANT_NAME')
        .TYPE
        .value_counts(normalize=True)
        .unstack()
        .sort_values('DELIVERY')
        .plot(kind='bar', stacked=True) )
```

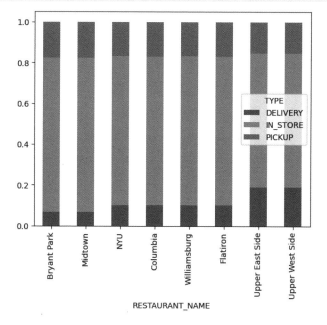

이제 훨씬 쉽게 분석할 수 있는 그래프를 얻었습니다. 한편 value_counts() 함수에 입력된 normalize=True 매개변수는 각 매장을 표현하는 막대의 높이가 모두 동일하도록 만듭니다. 이 매개변수를 지정하지 않으면 매장마다 상이한 판매량이 서로 다른 높이의 막대를 그려내게 됩니다. 이제는 특정 매장마다, 그리고 모든 매장의 주문 유형별 비율을 쉽게 비교할 수 있습니다. 그러면 이 그래프를 유심히 들여다보죠. 어떤 통찰을 얻을 수 있을까요? ◆ 다음은 저희가 발견한 내용입니다.

- 픽업 주문량은 20퍼센트 정도로, 매장 간 차이가 거의 없어 보입니다.
- 매장 내 주문량과 배달 주문량은 매장마다 큰 차이를 보입니다. 배달 주문량은 브라이언트파크 매장이 낮고, 어퍼이스트사이드와 어퍼웨스트사이드 매장이 가장 높습니다. 뉴욕이라는 위치의 특성상 그리 놀라운 결과는 아닙니다. 어퍼이스트사이드와 어퍼웨스트사이드는 거주지가 밀집된 지역이기 때문에 집에서 배달로 주문할 확률이 높습니다. 반면 브라이언트파크는 여러 사무 건물이 밀집된 지역입니다.

이렇게 얻은 통찰은 신규 배달 서비스를 출시할 지역을 정하는 데 중요한 포인트가 될 수 있습니다.

고객 이해: 샐러드를 먹는 사람이 더 건강을 챙길까요?

앞서 우리는 배달 우선 서비스에 포함할 신규 메뉴를 설계하는 이야기를 했습니다. 그리고 그 결정에 도움을 주는 주문 패턴의 기본 분석을 수행했죠.

이번 절은 이 문제를 다른 각도로 바라봅니다. 디그의 이야기에서도 말했지만, 디그의 볼 메뉴는 세 개의 베이스로 구성될 수 있습니다. 그중 하나가 샐러드죠(나머지 두 개는 파로와 쌀입니다). 초기에는 샐러드를 베이스로 선택한 고객이 다른 다이어트용 저칼로리 옵션도 원한다고 가정했습니다. 하지만 이 가정이 사실일까요? 아니면 이 사람들이 단지 상추를 좋아할 것이라는 추측일 뿐일까요?

이 질문은 고객을 더 잘 파악하여 더 나은 배달 메뉴를 구상할 수 있기 때문에 의미가 있습니다. 샐러드를 먹는 사람들이 더 건강한 음식을 선호한다는 사실을 알게 된다면 건강한 사이드와 메인을 담은 샐러드 베이스 볼을 메뉴에 추가하고 싶겠죠. 반대로 샐러드를 먹는 사람들이 딱히 더 건강한 음식을 선호하지 않는다는 사실을 알게 된다면 맛있고 배달에 적합한 볼 메뉴를 구상하는 데 집중할 수 있습니다(예를 들어 샐러드와 건강하지만 뜨거운 치킨을 섞으면 샐러드가 금세 시들어버립니다).

다시 말하지만 이 질문은 모호합니다. '건강한' 고객을 어떻게 정의해야 할까요? 이를 정의할 수 있는 열은 존재하지 않습니다. ◆ 하지만 두 개의 다른 열이 해당 역할을 대신할 수는 있습니다. 그중 첫 번째 열은 주문별 포함된 쿠키의 개수이고, 두 번째 열은 볼에 포함된 사이드입니다(예: 파마산 치즈를 곁들인 콜리플라워나 맥앤치즈 같은 사이드는 비교적 저급하여, 건강을 챙기는 고객이 고를 가능성이 낮습니다).

그러면 질문을 이렇게 바꿔보죠. 첫째, 샐러드 베이스로 볼을 주문하는 사람들은 쿠키를 덜 주문하는 경향이 있을까요? 둘째, 샐러드 베이스로 볼을 주문하는 사람들의 사이드 조합이 남들과 다를까요?

먼저 쿠키에 관한 첫 번째 질문을 고려해보죠. ◆ 샐러드가 데이터세트에서 기록된 방법을 확인해봅니다.

```
df_orders.BASE_NAME.value_counts()
Farm Greens with Mint          918077
Farro with Summer Vegetables   849049
Classic Brown Rice             508513
Name: BASE_NAME, dtype: int64
```

이 중 채소류를 의미하는 Farm Greens with Mint가 우리가 원하는 샐러드 종류입니다. 한편 이렇게 긴 문자열을 계속 타이핑하기는 피곤하므로, 다음처럼 변수에 따로 저장합니다.

```
salad = 'Farm Greens with Mint'
```

그러면 이제 첫 번째 질문을 풀어보죠.

```
print(df_orders[df_orders.BASE_NAME != salad].COOKIES.mean())
print(df_orders[df_orders.BASE_NAME == salad].COOKIES.mean())
```
```
0.3664534590480054
0.08817561054247083
```

첫 번째 줄은 df_orders 데이터프레임을 샐러드를 베이스로 하지 않은 주문으로 필터링한 다음, 평균 쿠키 개수를 구합니다. 반면 두 번째 줄은 샐러드를 베이스로 한 주문으로 필터링한 다음, 평균 쿠키 개수를 구하죠. 그 결과는 예상한 대로, 샐러드를 곁들이지 않은 고객은 평균 0.37개의 쿠키를 주문했고, 샐러드를 곁들인 고객은 평균 0.09개의 쿠키를 주문했습니다.

물론 다음처럼 groupby() 함수로도 동일한 결과를 얻을 수 있습니다.

```
df_orders.groupby(df_orders.BASE_NAME == salad).COOKIES.mean()
```
```
BASE_NAME
False    0.366453
True     0.088176
Name: COOKIES, dtype: float64
```

보다시피 두 결과가 정확히 일치합니다.

파이썬에서의 t-검정

0.37과 0.09라는 차이가 유의미한지 아닌지가 궁금할 것입니다. 기초 통계학 수업을 들었다면 t-검정으로 이를 알아낼 수 있다고 배웠을 겁니다. t-검정의 이론 자체를 설명하는 것은 이 책의 범위가 아닙니다. 다만 t-검정을 이미 아는 독자를 위해, 파이썬으로 t-검정을 하는 간단한 방법을 다음 코드로 소개합니다 (scipy 패키지를 설치하고 사용하는 데까지 시간이 약간 소요될 수 있습니다).

```
from scipy import stats
stats.ttest_ind(df_orders[df_orders.BASE_NAME!=salad].COOKIES,
                df_orders[df_orders.BASE_NAME==salad].COOKIES)

Ttest_indResult(statistic=386.1313807565163, pvalue=0.0)
```

먼저 scipy 패키지에서 stats 기능을 불러옵니다. 그리고 stats.ttest_ind() 함수에 두 리스트를 개별 매개변수로 입력합니다. 첫 번째 리스트는 샐러드가 없는 주문에 포함된 쿠키의 개수 목록이고, 두 번째 리스트는 그 반대 경우에 대한 목록입니다. 그리고 그 결과 p-값pvalue으로 0.0을 얻었는데, 이는 통계적으로 유의미한 차이가 있음을 보여주는 수치입니다.

그러면 이번에는 '샐러드 베이스로 볼을 주문하는 사람들의 사이드 조합이 남들과 다를까요?'라는 두 번째 질문으로 넘어가보겠습니다.

```
( df_orders[df_orders.BASE_NAME == salad]
    .SIDE_1_NAME
    .value_counts(normalize=True)
    .sort_index()
    .plot(kind='bar') )
```

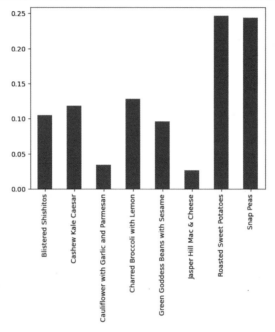

먼저 주문 데이터프레임을 샐러드를 베이스로 한 볼로 필터링한 다음, 첫 번째 사이드에 대한 정규화된 분포도를 그렸습니다(normalize=True 매개변수는 모든 막대를 더했을 때 1이 되도록 만듭니다). 또한 sort_index() 함수를 적용해 알파벳 순서로 정렬했습니다. 그 결과 구운 고구마roasted sweet potatoes와 완두콩snap peas이 가장 인기 있는 사이드라고 파악됩니다.

그러면 이번에는 샐러드를 먹지 않는 사람은 어떤지 확인해보죠. 샐러드를 먹지 않는 사람에 대해 동일한 그래프를 그리려면 앞 코드를 어떻게 수정해야 할까요? ◆ 첫 번째 줄의 ==를 !=로 바꾸기만 하면 됩니다. 샐러드의 유무를 필터링하는 부분이기 때문이죠. 하지만 이 방식 대신, 직전에 그린 그래프보다 간단한 시각화 방법으로는 어떤 것이 있을까요? ◆ 가장 이상적인 그래프는 샐러드를 먹는 사람과 그렇지 않은 사람이 주문한 각 사이드의 비율을 함께 보여주는 것입니다. 그리고 이미 445쪽에서 이와 비슷한 작업을 한 적이 있죠. 저희가 제시하는 해결책을 보기 전 앞으로 돌아가서 스스로 그 방법을 생각해보세요. ◆

```
( df_orders
    .groupby( df_orders.BASE_NAME == salad )
    .SIDE_1_NAME
    .value_counts(normalize=True)
    .unstack(level=0)
    .plot(kind='bar') )
```

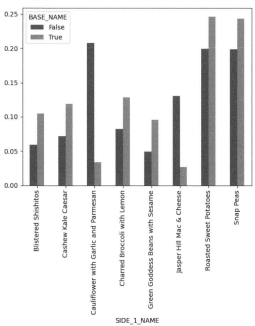

코드를 하나씩 풀어봅시다(각 숫자는 코드의 행 번호를 의미합니다).

② 시리즈에 groupby() 함수를 적용합니다. 그러면 샐러드 베이스를 하나의 그룹으로, 샐러드가 아닌 베이스를 다른 하나의 그룹으로 모든 행이 묶입니다.

③ 그다음 첫 번째 사이드의 이름을 추출합니다.

④ 정규화를 적용하여 각 사이드의 비율을 구합니다. 그러면 다음의 결과를 얻습니다.

```
( df_orders
    .groupby( df_orders.BASE_NAME == salad )
    .SIDE_1_NAME
    .value_counts(normalize=True))
```

```
BASE_NAME  SIDE_1_NAME
False      Cauliflower with Garlic and Parmesan    0.208072
           Roasted Sweet Potatoes                  0.199584
           Snap Peas                               0.198432
           Jasper Hill Mac & Cheese                0.130618
           Charred Broccoli with Lemon             0.082552

...
```

⑤ unstack() 함수를 이용해 인덱스를 구성하는 두 번째 요소를 열로 변환합니다.

⑥ 결과를 그래프로 그립니다.

이렇게 그린 그래프에는 True와 False로 구분된 범례가 포함됩니다. 그리고 각각은 두 번째 줄에서 그룹화한 시리즈의 값에 대응되죠. 즉 True는 샐러드를 베이스로 한 경우이고, False는 그렇지 않은 경우를 의미합니다.

꽤 괄목할 결과를 얻었습니다. 파마산 치즈를 곁들인 콜리플라워나 맥앤치즈가 들어간 볼은 샐러드를 베이스로 한 볼에서 현저히 낮은 수치를 보여줍니다. 반대로 브로콜리, 완두콩, 고구마가 훨씬 더 인기 있습니다. 사실 그렇게 놀랄 만한 정보는 아니지만, 새로운 메뉴를 구상할 때 샐러드를 베이스로 한 볼에는 좀 더 건강한 재료가 포함되어야 함을 재차 확인시켜줍니다.

한 가지 마지막으로 짚고 넘어갈 것은 우리가 SIDE_1 열로 첫 번째 사이드만 고려했다는 사실입니다. 하지만 고객은 두 번째 사이드도 주문할 수 있습니다(SIDE_2 열). '첫 번째'와 '두 번째' 사이드 사이에 특별한 차이는 없기 때문에, 이 둘 사이에 큰 차이는 없다고 예상할 수 있습니다. 하지만 눈으로 직접 보는 것만큼 안전한 방법은 없겠죠. 저희가 제공하는 이 장의 주피터 노트북에는 두 번째 사이드에 대한 분석도 있습니다. 그 결과는 첫 번째의 것과 매우 유사합니다.

주문과 날씨

마지막으로 다양한 주문 패턴과 날씨 사이의 관계를 살펴봅니다. 이 관계는 음식 주문, 직원 배치, 홍보 활동, 신규 배달 서비스 등 디그의 여러 운영적 측면에 연관되어 있습니다. 바로 분석에 뛰어들기 전에 먼저 여러분 스스로 회사가 이 둘의 관계에 대해 무엇을 궁금해할지, 그리고 이 둘의 관계가 얼마나 유용한 정보일지를 생각해보세요. ◆

저희는 꽤 많은 질문을 떠올렸습니다. 그중 두 개를 나열하자면 다음과 같습니다.

- 배달 주문 비율이 날씨에 크게 좌우될 것으로 예상할 수 있습니다. 특

히 한겨울에는 배달 주문량이 더 많아지겠죠. 정말 그럴까요? 이 내용은 특정 기간 동안 직원을 배치하는 계획에 큰 영향을 미칠 수 있습니다.

- 음료 주문에 외부 온도가 영향을 미칠까요? 신규 음료 제품을 출시할 시기를 선택하거나, 매장 내 음료 판촉 포스터를 붙일 시기를 결정하는 데 도움이 될 수 있습니다.

이 두 질문에 답하려면 데이터세트에 뉴욕시의 날씨 정보를 포함시켜야만 합니다. 이 책의 웹사이트에서 weather.csv 데이터세트를 다운로드한 뒤 'raw data' 폴더에 넣고 판다스로 해당 데이터세트를 불러옵니다. 그리고 날짜/시간 정보를 담은 첫 번째 열을 알맞은 자료형으로 변환합니다. 그러고 나서 처음 다섯 개의 행을 출력합니다. ◆

```
df_weather = pd.read_csv('raw data/weather.csv')
df_weather.DATETIME = pd.to_datetime(df_weather.DATETIME)
df_weather.head()
```

	DATETIME	TEMPERATURE	PRECIP
0	2018-01-01 00:00:00	9.66	0.0
1	2018-01-01 01:00:00	9.19	0.0
2	2018-01-01 02:00:00	9.04	0.0
3	2018-01-01 03:00:00	8.37	0.0
4	2018-01-01 04:00:00	8.14	0.0

그다음으로 할 일은 이 데이터세트와 주문 데이터세트를 조합하는 것입니다. 두 데이터세트는 서로 다른 빈도의 시간으로 기록되어 있기 때문에 조합하기 쉽지 않습니다. 날씨 데이터세트는 매시간 데이터가 기록된 반면 주문 데이터세트는 주문이 있을 때마다 기록됩니다. 어떻게 이 두 데

이터세트를 조인할까요? 꽤 난해하지만 잠시 시간을 두고 그 방법을 고민해보세요. ◆

저희의 해결책은 이렇습니다. 단순히 데이터프레임에 resample() 함수를 적용해서 매시간 주문의 데이터를 요약합니다. 그리고 이를 매시간 기록된 날씨 데이터프레임과 조인합니다. 여기서 우리가 원하는 분석 결과를 얻으려면 조인된 데이터프레임은 다음과 같은 열을 포함해야 합니다.

- 시간별 주문 개수
- 시간별 주문된 평균 음료 잔 수
- 시간별 주문 중 배달 비율

그러면 세 개의 테이블을 만들어보죠. 각 테이블은 앞에 나열된 각 열을 가지며, 이후 이들을 조인해 하나의 테이블을 만듭니다.

먼저 다음처럼 시간별 주문 개수를 담은 테이블을 만듭니다. ◆

```
df_num_orders = ( df_orders.set_index('DATETIME')
            .resample('H')
            .size()
            .reset_index()
            .rename(columns={0: 'NUM_ORDERS'}) )
```

첫 번째 줄은 DATETIME 열을 데이터프레임의 인덱스로 설정합니다. 그다음 시간을 기준으로 resample() 함수를 적용한 다음, 각 시간별 행 개수를 계산하기 위해 size() 함수를 적용했습니다. 그리고 인덱스를 재설정했습니다. 여기까지 진행하면 총 두 개의 열로 구성된 데이터프레임이 만들어집니다. 그중 첫 번째는 날짜/시간 정보를 담은 DATETIME이라는 이름의 열이고, 두 번째는 시간별 주문 개수를 담은 0이라는 이름의 열입니다(특정 열 대신 전체 데이터프레임에 대해 size() 함수를 적용해서 0이라는 이름을 얻었습니다). 마지막 줄은 0이라는 이름의 두 번째 열의 이름을 NUM_ORDERS로 바꿉니다. 여러분이 이 코드를 완전히 이해했는지 확인하려면 각 코드 조각을 하나씩 실행하며 그 결과를 관찰해보세요.

이번에는 시간별 주문된 평균 음료 잔 수를 담은 데이터프레임을 만들어보겠습니다.

```
df_av_drinks = ( df_orders.set_index('DATETIME')
                .resample('H')
                .DRINKS
                .mean()
                .reset_index() )
```

앞 코드와 정확히 같은 방식으로 작동합니다. 단지 이번에는 DRINKS 열에 mean() 함수를 적용했을 뿐입니다. 그리고 특정 열을 지정했기 때문에, 이번에는 열 이름을 다시 부여하는 별도의 작업이 필요 없습니다.

마지막으로 시간별 주문 중 배달이 차지하는 비율을 담은 데이터프레임을 만들어보겠습니다. 지금까지와 유사하지만 약간 까다로운 부분이 있습니다. 다음 코드를 확인해보죠.

```
df_orders['IS_DELIVERY'] = (df_orders.TYPE == 'DELIVERY')
df_pct_delivery = ( df_orders.set_index('DATETIME')
                .resample('H')
                .IS_DELIVERY
                .mean()
```

```
        .reset_index() )
```

먼저 주문이 배달이었으면 True, 그렇지 않으면 False로 표현하는 열 (IS_DELIVERY)을 만듭니다. 왜 그래야 할까요? True, False 값으로 채워진 열로 합 또는 평균을 계산할 때 True는 1, False는 0으로 다뤄진다는 사실을 기억할 것입니다. 이런 식으로 이 열의 평균을 구하면 배달 주문의 비율을 쉽게 계산할 수 있습니다.

이렇게 만든 세 개의 데이터프레임을 pd.merge() 함수로 조합하여 하나의 큰 테이블을 만들 수 있습니다. 여기서 잠깐 멈추고 pd.merge()를 어떻게 사용할지 생각해보세요. 어떤 열로 조인해야 할까요? 어떤 유형의 조인을 사용해야 할까요? 지금까지 두 테이블을 조인하는 방법은 배웠지만, 세 개라면 어떻게 해야 할까요? 다음은 저희가 제시하는 해결책입니다. ♦

```
df_combined = pd.merge(df_num_orders, df_av_drinks,
          on='DATETIME', how='outer')
df_combined = pd.merge(df_combined, df_pct_delivery,
          on='DATETIME', how='outer')
```

첫 번째로 각 테이블의 날짜/시간 정보를 담는 DATETIME 열로 조인을 수행합니다. 이때 외부 조인이 사용되었다는 사실에 주목합시다. resample() 함수로 세 테이블 모두 시간별 정보를 가지도록 만들었기 때문에, 이론적으로는 내부 조인과 같아야 합니다. 하지만 외부 조인은 부주의하게 행을 삭제하는 것을 방지해주기 때문에 더 안전한 방법입니다. 그리고 각 테이블을 순차적으로 조인하는 꽤 간단한 방식으로 세 개의 테이블을 조인했습니다.

resample() 함수는 시간별로 하나의 행을 만들기 때문에, 이렇게 조인된 테이블 또한 주문의 유무에 상관없이 모든 시간에 대응하는 행을 가집니다. 따라서 주문이 없던 시간의 행은 필터링하여 제거해줍니다. ◆

```python
df_combined = df_combined[df_combined.NUM_ORDERS > 0]
```

지금까지 작업한 결과를 일부 확인해보죠.

```python
df_combined.head()
```

	DATETIME	NUM_ORDERS	DRINKS	IS_DELIVERY
0	2018-01-01 10:00:00	80	0.037500	0.175000
1	2018-01-01 11:00:00	359	0.083565	0.178273
2	2018-01-01 12:00:00	526	0.043726	0.188213

정확히 우리가 원한 대로입니다. 이렇게 시간별 주문 정보가 담긴 데이터프레임을 얻었습니다. 마지막으로 남은 일은 이 데이터프레임을 날씨 데이터프레임과 조인하는 것입니다. 여기서는 어떤 유형의 조인을 사용해야 할까요? 다음과 같은 방식을 생각해볼 수 있습니다.

```python
df_combined = pd.merge(df_combined, df_weather,
                       on='DATETIME', how='left')
df_combined.head()
```

	DATETIME	NUM_ORDERS	DRINKS	IS_DELIVERY	TEMPERATURE	PRECIP
0	2018-01-01 10:00:00	80	0.037500	0.175000	11.14	0.0
1	2018-01-01 11:00:00	359	0.083565	0.178273	13.05	0.0
2	2018-01-01 12:00:00	526	0.043726	0.188213	14.41	0.0

바로 왼쪽 조인이 올바른 유형입니다. 주문이 있던 모든 시간이 기록된 '기반' 테이블이 주문 테이블(df_combined)이기 때문이죠. 날씨 테이블은 비어 있는 시간 없이 매시간이 기록으로 남은 반면 주문 테이블은 그렇지 못하죠. 즉 주문이 있던 시간에 대해서만 날씨 데이터를 조합하는 것입니다. 따라서 왼쪽 조인이 적합합니다.

이제 첫 번째 질문에 답할 준비가 되었습니다. 즉 온도가 배달 주문 비율에 영향을 미치는지를 파악할 준비가 된 것이죠. 이 질문에 답하는 데 df_combined 데이터프레임을 어떻게 활용해야 할까요? 당장 드는 생각은 x축에 온도를, y축에 배달 주문 비율을 두고 데이터프레임의 모든 기록을 산점도로 표현하는 것입니다. 이 그래프는 다음처럼 그릴 수 있습니다. ◆

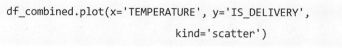

```
df_combined.plot(x='TEMPERATURE', y='IS_DELIVERY',
                 kind='scatter')
```

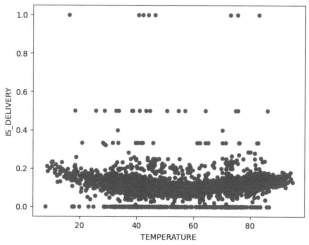

아쉽지만 유의미한 정보를 전달하지는 못하는 것 같습니다. 테이블에는 약 9000건의 데이터가 담겨 있기 때문에, 그래프에도 점 9000개가 그

대로 찍힙니다. 너무나도 많은 데이터 속에서 일어나는 일을 정확히 파악하기란 꽤 어렵습니다.

이보다 더 나은 접근법은 온도의 '버킷'을 만들고(예: 0°F~10°F, 10°F~20°F 등), 각 버킷별 평균 배달 비율을 계산하는 것입니다. 이 요약된 결과로 좀 더 유의미한 통찰을 얻을 수 있을지도 모르죠.

먼저 버킷을 만드는 방법을 알아야 합니다. 다행히 판다스는 이를 위한 함수를 제공합니다. 하지만 당장은 좀 더 돌아가는 길을 선택해보죠. 우리가 해야 할 일은 온도를 10으로 나눈 뒤 반올림하고, 다시 10으로 곱하는 것입니다. 예를 들어서 23°F를 10으로 나누면 2.3이 되고, 반올림하면 2가됩니다. 그리고 10을 곱하면 20을 얻습니다. 마찬가지로 17°F를 10으로 나누면 1.7이 되고, 반올림하면 2가 되며, 10을 곱하면 20을 얻습니다. 따라서 15°F 이상 25°F 미만의 모든 온도는 '20'이라는 버킷에 소속됩니다. 그리고 25°F 이상 35°F 미만의 모든 온도는 '30'이라는 버킷에 소속되죠. 이런 식으로 값들을 버킷 단위로 그룹화할 수 있습니다.

이 내용을 판다스로 구현하는 방법은 다음과 같습니다.

```
((df_combined.TEMPERATURE/10).round()*10).head()
0    10.0
1    10.0
2    10.0
3    20.0
4    20.0
Name: TEMPERATURE, dtype: float64
```

한편 df_combined.TEMPERATURE.round(-1)로도 정확히 같은 결과를 얻습니다.

466

이제 남은 일은 이렇게 얻은 버킷에 groupby() 함수를 적용하고, 버킷별 평균 배달 비율을 구하는 것입니다. 물론 버킷들을 담은 신규 열을 생성해도 해결할 수 있지만, 시리즈로 그룹화하는 기법을 사용해보겠습니다.

```
( df_combined
    .groupby((df_combined.TEMPERATURE/10).round()*10)
    .IS_DELIVERY
    .mean()
    .plot(kind='bar') )
```

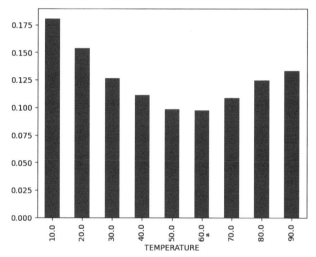

우리가 기대한 것에 일치하는 결과를 얻었습니다. 가장 낮은(추운) 온도에서는 배달 주문 비율이 약 20퍼센트에 육박하는 최고치를 기록했습니다. 날씨가 따뜻해지면서 배달 주문의 인기도도 계속 낮아집니다. 그러다가 지나치게 더워질 때는 다시 배달 주문의 인기도가 약간 상승합니다. 이 분석 결과는 특히 날씨가 추운 한 주의 계획을 세울 때 매우 중요하게 쓰일 수 있습니다.

이와 같은 분석을 DRINKS 열에도 적용할 수 있습니다. 그러면 온도에 따른 주문별 포함된 음료 잔 수의 변화 추세를 파악할 수 있습니다.

```
( df_combined
    .groupby((df_combined.TEMPERATURE/10).round()*10)
    .DRINKS
    .mean()
    .plot(kind='bar') )
```

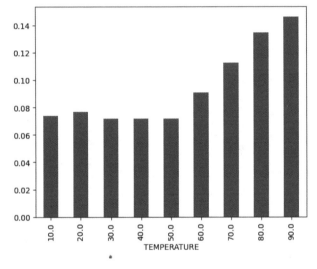

여기서두 상식적으로 이해할 수 있는 결과를 얻었습니다. 온도가 적당할 때는 약 100번의 주문당 8잔의 음료만 포함됐지만, 온도가 점점 올라가면서 100번의 주문당 14잔의 음료가 포함되는 정도까지 증가했습니다. 이 분석 결과는 신규 음료를 광고하기에 적당한 시기를 정하는 데 중요한 정보로 활용될 수 있습니다.

잠시 우리가 지금까지 한 일에 감탄하는 시간을 가져봅시다. 엑셀로는 열 수 없을 정도로 큰, 약 200만 개 이상의 행으로 구성된 데이터세트로 시작했습니다. 우리가 배운 거의 모든 기법을 사용해, 수백만 개의 주문을 시간별로 요약한 훨씬 더 작은 데이터세트로 축소했습니다. 그리고 마지막으로 서로 다른 두 데이터세트를 조합하여, 파이썬이 제공하는 도구 없이는 구하기 힘든 귀중한 비즈니스 통찰을 얻었습니다.

마무리

이렇게 마지막 장까지 마쳤습니다. 끈질기게 여기까지 읽은 모든 분께 축하를 드리고 싶습니다! 이번 장에서 파이썬과 판다스의 강력함과 다재다능함이 현실적인 규모의 데이터세트 분석에 유용하다는 사실을 충분히 확인했기를 바랍니다. 이 책이 다룬 내용은 빙산의 일각에 불과합니다. 이보다 훨씬 더 다양한 기능이 존재하죠. 다만 이 책에서 여러분은 스스로 프로그래밍의 세계를 탐험할 도구를 갖추게 되었습니다.

앞으로 나아갈 방향

이제 이 책을 마무리지을 시간입니다. 긴 여정을 함께 해주셔서 감사합니다! 미국 코미디언 스티븐 콜베어의 말을 빌리겠습니다. "친구여, 너드의 영역에 들어선 것을 환영합니다." 저희가 코딩을 좋아하는 한 가지 이유는 일단 배우고 나면 눈을 뗄 수가 없다는 것입니다. 즉 우리가 매일 사용하는 도구의 내부 작동 원리를 탐색하고 나면 더 이상 세상의 표면만을 바라보던 순수한 눈을 가질 수 없게 되는 것이죠. 머지 않아 어디선가 코딩에 대한 농담이 섞인 글을 볼 때면 '아하! 이제 이해할 것 같아!'라고 생각하게 될 것입니다.

어떤 내용을 거쳐 지금에 이르렀는지 되짚어보죠. 처음에는 명령줄의 사용법, 파이썬 스크립트를 작성하고 실행하는 법, 발생한 오류를 해결하고 디버깅하는 법과 같은 기초적인 내용으로 시작했습니다. 그리고 변수, 자료형, if 문과 for 반복문 같은 제어 구조를 거쳐, 1부 마지막에는 재사용 가능한 코드를 캡슐화하는 함수를 배웠습니다. 2부에서는 데이터의 세계로 입문하여 판다스로 데이터를 읽고, 쓰고, 수정하는 기본 사용법을 배웠습니다. 또한 분석을 위해 여러 데이터세트를 조합하는 법, 데이터를 취합하는 법을 거쳐, 그동안 배운 내용을 디그가 가진 여러 가지 비즈니스적 질문에 적용해보기까지 했습니다.

처음 배운 것을 기억하시나요?

```
print("Winter is coming.")
```

꽤 오래전 이야기처럼 들릴지도 모릅니다. 그리고 그때 매우 복잡해 보였던 내용이 지금은 매우 간단해 보일 것입니다.

물론 이 시점에도 여전히 부담감을 느낄지도 모릅니다. 도널드 럼즈펠드의 말대로 "안다는 걸 아는 것과 모른다는 걸 아는 것, 그리고 모른다는 것을 모르는 것이 있습니다." 이제 자신이 파이썬을 얼마나 알고, 얼마나 모르는 영역이 많은지를 인지하기 시작했기 때문에, 이 책을 처음 펼쳤을 당시보다 훨씬 더 부담스러울지도 모릅니다.

이 책의 목표는 파이썬을 마스터하는 것이 아니라, 앞으로 여러분이 스스로 탐색할 능력을 배양하고 압도되지 않도록 만드는 것임을 기억하세요. 파이썬의 범위는 방대하고, 여러분이 배운 것은 극히 일부에 불과하죠 (물론 유용한 내용을 배웠습니다).

알버트 아인슈타인은 전화번호를 묻는 질문을 받은 적이 있습니다. 그리고 그는 전화번호부를 꺼내들었죠. 그의 친구는 "전화번호를 기억하지 못하는 거야?"라고 말했고, 소문에 따르면 아인슈타인은 "찾아볼 수 있는 것은 절대로 기억하지 않지"라고 답했습니다.

우리는 구글링의 시대에 살고 있습니다. 어떤 작업을 파이썬으로 하는 방법을 기억하지 못한다면 언제든지 쉽고 빠르게 구글에서 검색할 수 있다는 사실을 명심하세요. 그러니 잠시 뒤로 기대어 진정하고, 파이썬을 아는 것만으로도 99퍼센트의 평범한 MBA 학생, 관리자, 분석가 등 보다 더 가치 있는 사람이 되었음을 기억하세요.

한편 이 책을 다 읽은 지금, 앞으로는 어디로 방향을 잡아야 할까요? 여러분 스스로 모험을 만들어가는 어드벤처 게임북에서는 특정 부분에 도달했을 때, 문을 열거나(17쪽으로 이동) 어두운 복도를 지나는(48쪽으로 이동) 등 스스로 결정을 내려야만 합니다. 코딩을 배우는 것도 이와 유사합니다. 이 책을 구성하는 주제는 여러분에게 파이썬의 다양한 측면을 소개하는 목적으로 선정되었습니다. 그리고 지금 여러분은 그다음으로 탐험할 주제를 스스로 선택할 능력을 갖췄습니다.

지금 당장 더 많은 내용을 배우는 데 굶주린 분들께, 이어서 볼 만한 몇 가지 책을 추천합니다.

① 일상적인 일을 자동화해서 삶을 좀 더 쉽게 만드는 데 관심이 있다면 알 스웨이가트가 쓴『파이썬 프로그래밍으로 지루한 작업 자동화하기』(스포트라잇북)를 읽어보세요. 이메일과 문자를 보내는 법, PDF 문서를 읽는 법, 구글 스프레드시트에 접근하는 법 등 파이썬으로 가능한 정말 다양한 작업을 배울 수 있습니다.

② 2부의 내용을 더 깊게 배우고 싶다면 제이크 밴더플래스가 쓴『파이썬 데이터 사이언스 핸드북』(위키북스)이 매우 좋은 자료입니다. 이 책에서 다룬 모든 것을 포함해 훨씬 더 깊은 내용까지도 다룹니다.

③ 여러분만의 머신러닝 솔루션을 만드는 데 관심이 있다면 안드레아스 뮐러와 세라 가이도가 쓴『파이썬 라이브러리를 활용한 머신러닝』(한빛미디어) 책이 매우 좋은 자료가 될 것입니다.

운 좋게도 1번과 2번에서 소개한 책은 온라인에서 무료로 열람할 수 있습니다.* 또 다른 좋은 재료로는 해커랭크(hackerrank.com)라는 서비스가 있습니다. 이 서비스는 여러분이 파이썬 기술을 기초부터 고급까지 연습할 환경을 제공합니다.

여러 회사들은 채용 과정에서 코딩 능력을 평가하는 한 가지 방법으로 해커랭크와 같은 서비스를 도입하기 시작했습니다. 혼자 학습을 지속할

---

*   다음을 구글링하면 나옵니다. (1) Automate the Boring Stuff with Python. (2) Python Data Science Handbook.

때 가장 어려운 부분은 문제를 해결하는 과정일 것입니다. 혼자서는 해결 방법을 알 수 없는 문제가 일어나면 어떻게 해야 할까요? 다행히 파이썬은 대규모 커뮤니티를 형성하고 있습니다. 파이썬을 공부하는 모임에 참석해서, 당신보다 더 잘 아는 누군가에게 모르는 내용을 물어보는 것이 배움의 가장 좋은 방법입니다. 미국의 경우 주요 도시에서 파이썬 관련 모임이 일주일 내내 열린다는 것을 meetup.com 사이트에서 확인할 수 있습니다. 만약 오프라인 참석이 어렵더라도, 여전히 수많은 온라인 커뮤니티와 포럼이 존재합니다. 예를 들어서 슬랙Slack에서 비공식적으로 운영되는 파이슬래커PySlackers 커뮤니티에는 2만 5000명이 넘는 회원이 있으며, 예의를 갖춰 물어본다면 기꺼이 초보자에게 도움을 줄 사람들을 많이 만날 수 있습니다.

이번 여행에 동참해주셔서 감사합니다. 저희가 즐겁게 쓴 이 책을 여러분도 즐겁게 읽었기를 바랍니다. 감사를 표하고 싶거나 질문 또는 피드백이 있다면 authors@pythonformbas.com으로 저희에게 이메일을 보내주세요. 행운을 빕니다.

주석

1장 파이썬 시작하기

1 https://insights.stackoverflow.com/survey/2019/(스택 오버플로 개발자 설문 결과, 2019)

2 https://languagemonitor.com/global-english/number-of-words-in-english-now/(글로벌 랭귀지 모니터, 2023.3.1.)

3 https://www.economist.com/johnson/2013/05/29/lexical-facts(이코노미스트, 2013.5.29.)

4 http://infolab.stanford.edu/~backrub/google.html(스탠퍼드대학교 컴퓨터 과학부에서 세르게이 브린과 래리 페이지가 쓴 〈대규모 하이퍼텍스트 웹 검색엔진의 구조〉, 1998)

5 https://stackoverflow.blog/2017/09/06/incredible-growth-python/(스택 오버플로 블로그, 2017.9.6.)

6 https://insights.stackoverflow.com/survey/2019/(스택 오버플로, 2019)

7 https://www8.gsb.columbia.edu/articles/ideas-work/mbas-who-code(컬럼비아 경영대학원, 2018.9.12.)

8 원한다면 conda config --set changeps1 False를 입력해 이 기능을 끌 수 있습니다.

2장 파이썬의 기본기 1

1 또는 빙Bing, 덕덕고DuckDuckGo 등 원하는 검색엔진을 활용해도 좋습니다.

2 https://stackoverflow.com/questions/24237111/why-do-i-get-the-syntax-error-syntaxerror-invalid-syntax-in-a-line-with-perfe

3 https://stackoverflow.com/help/how-to-ask

4 https://www.python.org/dev/peps/pep-0008/#method-names-andinstance-variables(파이썬 코드의 스타일 가이드 PEP8, 2018)

5 https://docs.python.org/3/library/stdtypes.html

3장 파이썬의 기본기 2

1 https://www.joelonsoftware.com/2000/11/20/netscape-goes-bonkers/ (조엘온소프트웨어 블로그, 2000.11.20.)

4장 파이썬의 기본기 3

1 if()가 엑셀에서는 함수지만 파이썬에서는 아닙니다. 이는 단지 파이썬을 만든 사람들이 내린 결정으로, 함수로 만들 수도 있었지만 그러지 않았을 뿐입니다.

2 사실 split()과 split(" ") 사이에는 약간의 모호한 차이가 있습니다. 두 방식을 다음 문자열에 직접 적용해보세요. "Once more   unto the breach" (여기서 more와 unto 사이에 공백 문자를 여러 개 입력합니다.)

3 또 다른 예로는 여러 단계의 들여쓰기로 매우 길게 작성된 함수가 있습니다.

4 https://www.quora.com/How-many-lines-of-code-does-Windows-10-contain

5 여기서는 슬라이스에 대한 확장된 문법이 사용되었습니다. 관심 있다면 직접 관련 내용을 찾아보세요.

6 https://docs.python.org/3/tutorial/floatingpoint.html

7 엄밀히 따지자면 패키지, 라이브러리, 모듈은 서로 다릅니다. 하지만 이 책의 목적상 이들을 모두 동일하게 취급해도 상관없습니다.

8 만화의 print "hello, world!"에는 소괄호를 포함하지 않았습니다. 이는 파이썬 2의 문법입니다.

9 패키지를 설치할 다른 방법들도 있습니다. 하지만 대부분의 파이썬 개발자는 pip을 사용합니다.

1 https://www.businessinsider.com/excel-partly-to-blame-for-trading-loss-2013-2 (비즈니스 인사이더, 2013.2.12.)

2 사실 주피터 노트북을 실행하는 방식은 여러 가지입니다. 가령 윈도우와 맥에서는 Anaconda Navigator를 실행한 뒤 여기서 주피터 노트북을 실행할 수도 있습니다. 하지만 본문에서 소개한 방식이 가장 쉽습니다.

3 https://medium.com/@diginn/dig-inn-is-now-dig-bf6d8d5ecdaa (미디엄, 2019.7.15.)

4 Natalie Kais, "Interview: How Dig Inn Is Bringing Quality and Sustainability to Food Delivery" (PSFK.com, 2019.4.)

5 https://www.dietsinreview.com/diets/the-pump-energy-food/#6E5k0UBm8tRvUbFY.99 (다이어트 인 리뷰, 2019)

6 https://www.crainsnewyork.com/article/20080514/FREE/864604780/restaurant-exec-is-pumping-it-up (크레인즈 뉴욕 비즈니스, 2008.5.14.)

7 http://bostonvoyager.com/interview/meet-adam-eskin-dig-inn-back-bay-downtown-crossing-prudential-center/ (보스턴 보이저, 2018.3.27.)

8 https://newyork.cbslocal.com/2011/10/19/pump-energy-changes-name-not-mission-in-bringing-locally-grown-food-to-new-yorkers/ (WLNY-TV, 2011.10.19.)

9 https://www.franchisehelp.com/industry-reports/fast-casual-industry-analysis-2018-cost-trends/ (프랜차이즈 헬프, 2019)

10 https://www.restaurantbusinessonline.com/financing/fast-casual-chains-are-still-growing (레스토랑 비즈니스, 2019.5.2.)

11 https://www.boston.com/culture/restaurants/2016/07/05/nyc-farm-table-restaurant-chain-open-boston-month (보스턴닷컴, 2016.7.5.)

12 디그 에이커스Dig Acres라는 농장입니다.

13 https://www.bloomberg.com/news/features/2019-01-29/dig-inn-wants-to-optimize-your-sad-desk-lunch (블룸버그 비즈니스 위크, 2019.1.29.)

14 "Online Food Delivery Market Report, Global Industry Overview, Growth, Trends, Opportunities and Forecast, 2019–2024," Marketwatch. com, September 2019.

15 https://www.qsrmagazine.com/fast-casual/danny-meyer-s-fund-invests-15m-dig-inn(QSR, 2019.4.)

16 궁금한 분들을 위해 이 책의 웹사이트는 Orders.csv로 전체 주문에 대한 데이터도 제공합니다.

17 또 다른 방식은 함수에 inplace=True 매개변수를 넣는 것입니다. 다만 여러 가지 이유로 이 책에서는 이 방식을 사용하지 않습니다. 그중 한 가지 이유는 미래에 판다스에서 제거될지도 모를 기능이기 때문입니다(https://github.com/pandas-dev/pandas/issues/16529).

18 이를 잘못 수행하면 FileNotFound라는 오류가 발생합니다.

6장 데이터 탐색, 변형, 그리기

1 파이썬에서 그래프를 그리는 내용을 더 깊게 배우다 보면 실질적으로 그래프를 그리는 라이브러리가 매트플롯립matplotlib이라는 사실을 알게 될 것입니다. 이 책은 매트플롯립 문법을 개별적으로 다루지 않고, 판다스로 쉽게 그릴 수 있는 함수에 집중합니다. 여기서 다루는 모든 기능과 옵션은 매트플롯립을 직접 사용하더라도 그대로 적용할 수 있습니다.

2 물론 매장마다 다른 규칙을 세워도 좋습니다. 이 경우 각 매장마다 평균 및 표준편차를 계산해야 합니다. 이렇게 문제를 푸는 방법은 9장에서 다룰 예정입니다.

3 이 '연속적인 히스토그램'은 커널 밀도 추정자Kernel Density Estimator, 줄여서 'kde'를 함수의 매개변수로 제공하여 생성했습니다.

4 누락된 값을 다루는 403쪽에서 이 함수들을 다시 살펴볼 예정입니다.

5 숫자가 너무 많아서 x축이 약간 찌그러져 보일 수도 있습니다. 그래프의 생김새를 바꾸는 일은 꽤 광범위한 주제여서 이 책에서는 다루지 않습니다. 다만 크기를 조절하는 일은 간단합니다. 그냥 plot() 함수에 figsize 매개변수를 입력하면 되죠. 한번 figsize=(10, 5)를 입력해보세요. 첫 번째와 두 번째 숫자는 각각 그래프의 너비와 높이를 의미합니다.

6 눈치가 빠른 분이라면 여기서 날짜/시간 유형의 변수(df_orders.DATETIME)와

문자열 변수('2018-06-01')를 비교했음을 알아챘을 것입니다. 일반적으로 서로 다른 유형의 값을 비교하는 것은 문제의 소지가 있지만, 이번 예제에 한해서는 판다스가 두 개를 똑똑하게도 잘 비교합니다.

7 사실 이 상황이 화나는 이유는 항상 그런 것은 또 아니기 때문입니다. 가끔 판다스는 복사본 대신 원본 데이터프레임의 참조체를 반환하고, 이 경우에는 문제없이 작동합니다. 그렇지만 이런 예측 불가능한 행동에 의존할 수는 없기 때문에, 데이터의 특정 값을 수정할 때 이런 방법을 사용해서는 안 됩니다.

8 9장에서는 이를 훨씬 더 효율적으로 하는 방법을 배우고 실제로 적용해봅니다. 다만 여기서는 이 장의 개념을 더 연습하기 위해 제공된 다른 방식의 예시를 사용합니다.

7장 여러 데이터세트 다루기

1 이론적으로는 데이터에 오류가 없는 한 외부 조인도 쓰일 수 있습니다. 특히 df_driving에 없는 운전자가 df_drivers에도 없어야만 합니다.

8장 데이터 취합하기

1 size() 함수를 적용할 때 특정 열을 지정하지 않아 발생하는 한 가지 단점은 결과로 얻은 시리즈에 이름이 부여되지 않는다는 것입니다. 따라서 그 결과에 reset_index()를 적용하면 판다스는 해당 시리즈로 만든 열 이름을 단순히 0이라고 지어버립니다. 실제로 확인해보고 싶다면 df_orders.groupby('RESTAURANT_NAME').size().reset_index()를 시도해보세요.

2 다중 수준의 인덱스에서의 각각은 '열'이 아니라 '수준level'으로 불립니다. 하지만 이 책은 다중 수준의 인덱스를 깊게 다루지 않기 때문에 '열' 또는 '축'이라고 표현했습니다.

3 이 시점에서 agg()를 사용하는 여러 가지 방법이 있다는 사실을 알아두세요. 여기서는 단 한 가지 가장 일반적인 사용법을 소개하지만, 공식 문서를 확인하여 그 밖의 방법도 확인해보세요.

4 이론적으로는 데이터프레임의 특정 열에 대해서도 resample() 함수를 적용할수 있어야 하지만, 이 책을 쓴 시점에서는 groupby() 함수와 함께 사용될 때 문제가 있는 것으로 확인되었습니다. 따라서 특정 열에 resample() 함수를 적용

하는 방법은 피하세요(자세한 내용은 깃허브의 판다스 이슈 번호 #30057에 나와 있습니다: github.com/pandas-dev/pandas/issues/30057). 만약 이 문제가 다음 버전에서 개선된다면 책의 웹사이트에 그 사실을 공지하겠습니다.

지은이 마탄 그리펠 Mattan Griffel**은** 컬럼비아 경영대학원 조교수다. 아편 중독을 치료하는 온라인 플랫폼 오필리아Ophelia와 학습 플랫폼 원먼스One Month의 공동 설립자이며, 벤처캐피털 와이 콤비네이터에서 두 차례 투자를 받은 기업가다. 2015년 《포브스》에서 교육 분야의 '영향력 있는 30세 이하 30인'으로 선정되었다. 골드만삭스, 블룸버그, 콘데나스트, 아메리칸 익스프레스, JP모건, 펩시코, 뉴욕 증권거래소 등 기업에서 혁신과 기술에 관한 강의와 자문을 제공한다. 뉴욕대학교에서 철학과 재무학을 전공했다.

대니얼 게타 Daniel Guetta**는** 컬럼비아 경영대학원 조교수이자 컬럼비아 비즈니스 분석 이니셔티브의 책임자다. 금융부터 제약까지 전 세계 다양한 분야의 기업을 자문하며 데이터를 사용해 가장 어려운 문제를 해결하도록 돕는다. 팔란티르 테크놀로지스Palantir Technologies에서 데이터 과학자 겸 인게이지먼트 매니저로 3년 남짓 근무했다. 케임브리지대학교와 MIT에서 물리학과 수학을 전공했고 컬럼비아대학교에서 운용과학 박사 학위를 받았다.

옮긴이 박찬성은 한국전자통신연구원에서 10년간 광역·가입자 네트워크 인프라 플랫폼을 연구하고 개발했다. 머신러닝 분야 GDEGoogle Developer Expert로 선정되어 머신러닝 응용과 운용에 관한 커뮤니티에서 활동하고 있다. 『나만의 스마트워크 환경 만들기』(BJ퍼블릭, 2020)를 썼고, 『실전 시계열 분석』(한빛미디어, 2021), 『주머니 속의 머신러닝』(제이펍, 2021), 『딥러닝을 이용한 정형 데이터 분석』(책만, 2022) 등을 옮겼다.

데이터 경영을 위한 파이썬

펴낸날 초판 1쇄 2023년 10월 23일
지은이 마탄 그리펠, 대니얼 게타
옮긴이 박찬성
펴낸이 이주애, 홍영완
편집장 최혜리
편집3팀 강민우, 장종철, 이소연
편집 양혜영, 박효주, 김하영, 문주영, 홍은비, 김혜원, 이정미
디자인 윤소정, 박아형, 김주연, 기조숙
마케팅 김태윤, 김철, 정혜인, 김준영
해외기획 정미현
경영지원 박소현
도움교정 강민철 본문디자인 김미령
펴낸곳 (주)윌북 출판등록 제 2006-000017호
주소 10881 경기도 파주시 광인사길 217
전화 031-955-3777 팩스 031-955-3778
홈페이지 willbookspub.com 블로그 blog.naver.com/willbooks
포스트 post.naver.com/willbooks 트위터 @onwillbooks 인스타그램 @willbooks_pub

ISBN 979-11-5581-651-6 (03320)